Segurança e Cuidado

Justiça Restaurativa e Sociedades Saudáveis

Elizabeth M. Elliott

Segurança e Cuidado

Justiça Restaurativa e Sociedades Saudáveis

Tradução de
Cristina Telles Assumpção

com revisão técnica de
Tonia Van Acker

Título original: Security with care: restorative justice and healthy societies
© Copyright Fernwood Publications, 2011

Grafia segundo o Acordo Ortográfico da Língua Portuguesa de 1990,
que entrou em vigor no Brasil em 2009.

Coordenação editorial: Lia Diskin
Capa: Jonas Gonçalves
Diagramação: Tony Rodrigues
Revisão: Lidia La Marck, Rejane Moura, Tonia Van Acker

Dados Internacionais de Catalogação na Publicação (CIP)
(Câmara Brasileira do Livro, SP, Brasil)

Elliott, Elizabeth M.
 Segurança e cuidado : justiça restaurativa e sociedades saudáveis / Elizabeth M. Elliott; tradução de Cristina Telles Assumpção. – São Paulo: Palas Athena; Brasília: ABRAMINJ, 2018.

 Título original: Security with care: restorative justice and healthy societies.
 Bibliografia

 1. Justiça restaurativa 2. Mudança social 3. Relações interpessoais 4. Valores sociais I. Título.

18-16378   CDD-364.68

Índices para catálogo sistemático:
1. Justiça restaurativa : Justiça penal: Criminologia : Problemas sociais   364.68

1ª edição – junho de 2018

Todos os direitos reservados e protegidos pela
Lei 9610 de 19 de fevereiro de 1998.
É proibida a reprodução total ou parcial, por quaisquer meios,
sem a autorização prévia, por escrito, da Editora.

Direitos adquiridos para a língua portuguesa no Brasil por
Palas Athena Editora
Alameda Lorena, 355 – Jardim Paulista
01424-001 São Paulo, SP Brasil
Fone (11) 3050-6188
www.palasathena.org.br
editora@palasathena.org.br

Sumário

Apresentação à edição brasileira ... 15
Prefácio à edição brasileira ... 21
Prefácio ... 25
Introdução ... 33

1. A Marcha da Insensatez ... 41
   A Situação dos Estados Unidos ... 44
   O Modelo de Controle do Crime por Encarceramento e Liberdade ... 46
   Política e Prisões nos Estados Unidos ... 49
   O Complexo Industrial-Prisional ... 52
   Conclusão ... 56

2. "Se punição funcionasse, eu seria *santo*." ... 59
   Reconsiderando a Punição ... 61
   Punição e Educação Moral ... 64
   Punição no Sistema de Justiça Criminal ... 74
   Conclusão ... 79

3. A Justiça como Problema Humano ... 83
   O que é Justiça? ... 88
   Justiça no Pensamento Histórico ... 90
   Justiça e Punição: G. H. Mead ... 93
   Justiça em Psicologia e Religião ... 97
   Perspectiva Aborígene de Justiça ... 100
   Conclusão ... 102

4. Justiça Restaurativa: uma visão do bem ... 105
   O que quer dizer "Justiça Restaurativa"? ... 109
   Justiça Restaurativa: Teoria e Prática ... 112
   Apenas mais um Programa de Justiça Criminal? ... 115
   Uma Visão Holística e Expansiva de Justiça Restaurativa ... 119
   Conclusão ... 122

5. Justiça Restaurativa e o Contexto Jurídico Retributivo 125
   Lei e Punição.. 128
   A Justiça Restaurativa e a Lei... 134
   Justiça Restaurativa e Profissionais do Sistema..................... 138
   Justiça Restaurativa, Lei e o Povo Aborígene......................... 143
   Conclusão... 146

6. Valores e Processos: "sendo a mudança"...................................... 149
   Valores Centrais... 152
   Educação em Valores.. 160
   Cuidado e Justiça 163
   Valores de Cidadania.. 169
   Processos... 172
   Conclusão... 173

7. A Geometria dos Indivíduos e dos Relacionamentos................ 177
   Os Indivíduos e as Relações em um Paradigma Retributivo......... 180
   Indivíduos em um Paradigma de Justiça Restaurativa................. 186
   Relacionamentos no Paradigma da Justiça Restaurativa............. 188
   Visões Holísticas do Indivíduo e Relacionamentos................ 193
   Conclusão... 197

8. Psicologia da Justiça Restaurativa:
   a vergonha de ser você mesmo... 199
   Emoções e Justiça Criminal 202
   O que é vergonha?... 205
   Vergonha e Violência... 208
   Vergonha e Justiça Restaurativa.. 214
   Conclusão... 219

9. Psicologia da Justiça Restaurativa: trauma e cura 221
   Justiça Restaurativa como Cura 224
   O que é Trauma?.. 228
   Biologia do Trauma... 232
   Trauma: Sobreviventes e Perpetradores................................... 235
   Trauma: Profissionais e Outros... 239
   O Que Pode Ser Feito? 241
   Conclusão... 244

10. Justiça Restaurativa como Desenvolvimento Comunitário
 e Prevenção de Danos 247
   O que é "Comunidade"? 250
   Comunidade em Justiça Restaurativa 255
   Capital Social 259
   Justiça Restaurativa como Construção de Democracia 262
   Conclusão 268

Conclusão: Declarar sua Posição 271

  Referências 277

Este livro é dedicado aos meus primeiros professores
— meus pais —

Albina Mihelich Elliott e Wallace Elliott

Seres humanos sofrem,
torturam uns aos outros,
machucam-se mutuamente e endurecem.
Nenhum poema, peça ou música
consegue corrigir totalmente o erro
infligido e sofrido.

Inocentes nas prisões
batem juntos nas barras.
O pai de alguém em greve de fome
está em pé no cemitério, como mudo.
A viúva de um policial, de véu,
desmaia no velório.

A história diz: "Não há esperança
deste lado da sepultura".
Mas, então, uma vez na vida,
o tão desejado maremoto
de justiça se eleva
esperança e história harmonizam.

Portanto espere por uma grande mudança no mar
no lado oposto ao da vingança.
Acredite que uma outra costa
pode ser alcançada daqui.
Acredite em milagres
e curas e poços de água curativa.

Seamus Heaney, *The Cure of Troy*, 1961.

Precisei de muito tempo e de atravessar a maior parte do mundo para aprender o que sei sobre o amor, o destino e as escolhas que fazemos, mas pude ter um vislumbre de sua essência em uma fração de segundo, enquanto eu era torturado, acorrentado a uma parede. Entre um grito e outro, de alguma forma percebi que mesmo naquele estado de impotência, algemado e sangrando, eu ainda era livre: livre para odiar os homens que me torturavam ou para perdoá-los. Não parece muita coisa, eu sei. Mas sob o peso e o aperto da corrente, quando isso é tudo o que se tem, tal liberdade representa um universo de possibilidades. E a escolha entre odiar e perdoar pode se transformar na história de nossa própria vida.

Gregory David Roberts, *Shantaram*, 2011.

Apresentação à edição brasileira

É com grande alegria, orgulho e satisfação que a Associação Brasileira dos Magistrados da Infância e da Juventude (ABRAMINJ), em parceria com a Palas Athena Editora, oferece à sociedade brasileira esta grande obra voltada ao tema da Justiça Restaurativa, da professora e escritora canadense Elizabeth Elliott – *Segurança e Cuidado: Justiça Restaurativa para uma Sociedade Saudável*.

Elizabeth Elliott era uma pessoa profundamente conectada com a Justiça Restaurativa, pois dedicou-se, ao longo de uma vida, a pensar e a repensar os fundamentos principiológicos que garantem embasamento humano, plural e transformativo à Justiça Restaurativa. Muito mais do que isso, ela, além de pensar e difundir os valores restaurativos mais profundos, sempre se manteve coerente, no seu fazer pessoal e profissional, com aquilo em que acreditava e sobre o que falava e escrevia, vivenciando valores como respeito, honestidade e responsabilidade consigo mesma, com o outro e com o meio ambiente – base da Justiça Restaurativa.

A Justiça Restaurativa teve início no Brasil no ano de 2005, com três projetos piloto implantados no estado de São Paulo, Rio Grande do Sul e no Distrito Federal, a partir de uma parceria entre, de um lado, os Poderes Judiciários dessas localidades e, do outro, a então Secretaria da Reforma do Judiciário do Ministério da Justiça e o Programa das Nações Unidas para o desenvolvimento (PNUD). Durante estes mais de doze anos de história, a Justiça Restaurativa se espalhou e se enraizou em todo o país, com experiências bem-sucedidas em vários estados da Federação, cada um observando e respeitando, para este processo de implementação, os potenciais e desafios locais, bem como os contextos institucionais e comunitários próprios.

Vale ressaltar que, no âmbito do Sistema de Justiça, a área da Infância e da Juventude, delineada por um arcabouço legal pautado pela lógica da proteção integral, não punição, interinstitucionalidade, intersetorialidade, interdisciplinaridade e articulação comunitária, mostrou-se como o campo fértil e o grande anfitrião para a chegada e o desenvolvimento da Justiça Restaurativa, tendo em vista a convergência de muitos princípios e o trabalho dedicado de boa parte dos integrantes do Sistema de Justiça Juvenil.

Assim, em 2016, o Conselho Nacional de Justiça, ouvindo e dialogando com todos aqueles que, há mais ou menos tempo, vêm fazendo a Justiça Restaurativa se tornar realidade nos mais diversos – e adversos – contextos das diferentes regiões deste país de dimensões continentais, em verdadeiro trabalho de construção coletiva e respeito à história da Justiça Restaurativa no Brasil, promulgou a Resolução nº 225, de 31 de maio de 2016, que *"dispõe sobre a Política Nacional de Justiça Restaurativa no âmbito do Poder Judiciário e dá outras providências"*. A referida normativa nacional traça os balizamentos principiológicos e de fluxo mínimos para a Justiça Restaurativa, de forma a definir sua identidade e a encorajar os juízes e demais integrantes das comunidades a implementá-la, e, ao mesmo tempo, para evitar desvios, mas com abertura suficiente para que as diversas metodologias sejam respeitadas, sem engessá-las em um modelo único e fechado.

Para a adequada compreensão da Justiça Restaurativa e de seus objetivos, mostra-se necessário enxergar o ser humano como multidimensional e relacional, e também que a violência é um fenômeno complexo para, assim, desvelar as suas causas profundas. Nos tempos atuais, boa parte da população mundial, o que se observa também na sociedade brasileira, está inserida em sistemas de convivência humana pautados pelas diretrizes do individualismo, do utilitarismo, do consumismo e da exclusão, os quais fomentam a competitividade, o aniquilamento do outro, os discursos de ódio, a guerra. Em tais sistemas sociais, a identidade da pessoa, o ser "alguém" em meio ao grupo social, resume-se à riqueza acumulada que permite consumir bens.

Inseridos em tal lógica, grande parte dos seres humanos é submetida à violência, não somente aquela de ordem física e psíquica, mas também à violência estrutural e cultural, pois são obstados de acessar serviços e recursos que, em tese, deveriam estar disponíveis a todos, o que coloca boa parte da população à margem da esfera de garantia do bem-estar e gera para tantas pessoas o sentimento de não pertencimento social, contexto este que se mostra como uma fomentador de atos de violência e transgressão.

Assim sendo, para o entendimento profundo da Justiça Restaurativa cabe compreender que, diante da complexidade dos fenômenos conflito e violência, devem ser considerados não só os aspectos individuais e relacionais, não deixando de lado a responsabilidade de cada um pela própria conduta, mas também os comunitários, institucionais e sociais que contribuem para seu surgimento, estabelecendo-se fluxos e procedimentos que cuidem de todas essas dimensões e promovam mudanças de paradigmas, e também provendo-se espaços apropriados e adequados para tanto.

Partindo dessa premissa, primeiramente é importante destacar que a Justiça Restaurativa não se resume a uma técnica especial voltada à resolução de conflitos – apesar de contar com um rol delas –, pois tem como objetivo principal a mudança dos paradigmas de convívio social, a partir de uma série de ações nas esferas relacional, institucional e social, coordenadas e interligadas pelos princípios comuns da humanidade, de compreensão, reflexão, construção de novas atitudes, corresponsabilidade, atendimento de necessidades e paz para a construção de comunidades em que cada qual se sinta igualmente responsável pelas mudanças e pela paz – ou seja, instituindo a ideia da corresponsabilidade, de cooperação e de um poder *com* o outro, de forma a deixar de lado esse poder *sobre* o outro, que é causa de tanta insatisfação e, por conseguinte, de violência.

Nestes termos, a Justiça Restaurativa busca o resgate do justo e do ético nas relações sociais e, portanto, a sua construção, que se faz no coletivo, a partir do compartilhamento das responsabilidades com toda a comunidade, é permanente e apresenta-se como um constante aprendizado. Assim, mostra-se fundamental construir a política pública e os projetos de Justiça Restaurativa com a comunidade e na comunidade – entendido o conceito de comunidade como o conjunto das pessoas que compõem as instituições, públicas e privadas, e aquelas da sociedade civil, que atuem nos mais variados âmbitos do convívio social –, para que a implementação da Justiça Restaurativa seja resultado de uma construção coletiva e para que a comunidade possa garantir suporte às necessidades de todos os envolvidos, direta ou indiretamente, no conflito, em procedimentos de resolução de conflitos plurais, dialógicos e coletivos, como ocorre nos processos circulares, muito utilizados em nosso país.

Aqui se resgata a memória de um fato importante, quando Elizabeth Elliott esteve no Brasil, em 2010, logo nos primeiros anos da Justiça Restaurativa no país, e, motivada pelo seu senso de humanidade e por sua visão voltada ao protagonismo comunitário na Justiça Restaurativa, visitou o projeto piloto de Justiça Restaurativa de Heliópolis, na capital do estado de São Paulo, pois, desde o início, e sempre, a Justiça Restaurativa paulista se construiu a partir do envolvimento de todos os segmentos sociais, em especial, a rede de educação e suas escolas. Mesmo quando os projetos vêm desencadeados por juízes, estes convidam as demais instituições públicas e privadas, assim como a sociedade civil, para repensar coletivamente as formas de convivência e para construir uma Justiça Restaurativa que não se desvie de seus princípios e valores.

Pode-se dizer, portanto, que a Justiça Restaurativa, nas palavras de Egberto Penido, *"constitui-se como um conjunto ordenado e sistêmico de princípios, métodos, técnicas e atividades próprias, que visa à conscientização sobre os fatores relacionais, institucionais e sociais motivadores de conflitos e violência, de forma a envolver a corresponsabilidade individual e coletiva, para fins de se entender as causas estruturais do conflito e as necessidades daí advindas, possibilitar a reparação dos danos – a partir da responsabilização ativa dos responsáveis e corresponsáveis – e, ainda, recompor as relações interpessoais e sociais esgarçadas".*

É de fundamental importância, neste ponto, agradecer ao professor João Salm, que leciona na Governors State University, em Chicago, um brasileiro que ostenta importância no cenário mundial da Justiça Restaurativa, que tanto tem contribuído para que a Justiça Restaurativa, no mundo e no Brasil, não se afaste de sua essência principiológica, e que constrói "pontes", para os brasileiros, com aqueles que, no exterior, mormente na América do Norte, pensam, escrevem, lecionam e desenvolvem a Justiça Restaurativa. E razão da intensa e próxima relação de amizade que o professor João Salm teve com Elizabeth Elliott, de quem foi aluno e amigo, e, de outra banda, pelo carinho que ostenta para com brasileiros que atuam na Justiça Restaurativa, é que a publicação desta edição brasileira da obra dela foi possível, para o que o professor João Salm muito batalhou.

Um agradecimento especial à Palas Athena Editora, na pessoa de sua fundadora e presidente, professora Lia Diskin, e à equipe dessa relevante instituição que tornaram possível a publicação desta obra. A Palas Athena é uma grande difusora da Justiça Restaurativa e da Cultura de Paz por meio da publicação de obras específicas, nacionais e estrangeiras, da realização de eventos e do desenvolvimento de práticas voltadas à construção de uma nova consciência humana, colocando-se, portanto, na sociedade brasileira, como um irradiador de transformações positivas e necessárias à evolução.

Como se pode notar, a Justiça Restaurativa demanda um trabalho árduo, de grandes dimensões e, por consequência, com imenso potencial transformador, que, para tanto, deve contar com a participação dos Poderes Públicos, da sociedade como um todo e de cada pessoa da comunidade. Justamente por isso, a Justiça Restaurativa pertence a todos, unidos e corresponsáveis pela construção de um mundo mais justo.

A Justiça Restaurativa aponta para um futuro de uma humanidade mais humana, pois visa à realização da justiça como um valor, no seio comunitário, em todos os âmbitos da existência e da coexistência das pessoas. E o Brasil atualmente vive um momento histórico em termos de construção e desenvolvimento da Justiça Restaurativa, pois muitas experiências vêm sendo realizadas nos quatro cantos do país e nos mais diversos ambientes e contextos.

Todavia, existem riscos de a Justiça Restaurativa ser cooptada pelos sistemas de interesses que pautam a lógica social e institucional para, de forma velada, manter ou reforçar as estruturas de poder sobre o outro e servir àquilo a que ela não se propõe, limitando-se, assim, a fazer "mais do mesmo" sob uma nova roupagem. Tal pode ocorrer quando, por exemplo, as práticas de Justiça Restaurativa são utilizadas como verdadeiros julgamentos ou quando se classificam como "restaurativas" ações institucionais ou institutos essencialmente punitivos, mas um pouco mais brandos, dizendo-se que há nisso algum "grau" ou "enfoque" restaurativo ou, ainda, buscando-se "engessar" a Justiça Restaurativa em um modelo normativo nacional ou internacional único e rígido.

E o norte, que deve guiar os caminhos restaurativos, para que a Justiça Restaurativa não se afaste de seus objetivos como instrumento de transformação social, são os seus princípios e valores fundantes.

Portanto, em boa hora chega esta obra, que se alicerça na ideia de uma Justiça Restaurativa conectada com sua base principiológica profunda do respeito, da corresponsabilidade e da honestidade, do resgate do valor justiça que se faz pela comunidade e na comunidade, voltada ao cuidado e à responsabilidade para com as pessoas e suas necessidades, a partir da ideia de que a construção do "eu" está diretamente conectada à valorização do "outro".

Assim, a ABRAMINJ, ciente de suas obrigações para colaborar com o desenvolvimento de comunidades mais justas e éticas com crianças e jovens, que garantam a estes pertencimento, o que necessariamente passa pela justiça para com todas as pessoas, com muita honra e com atuação intensa, está diretamente envolvida nesse marco histórico para a sociedade brasileira: a Justiça Restaurativa, pautada por todos os seus princípios e valores pétreos, um verdadeiro "salto quântico" para o futuro da humanidade. E este livro, *Segurança e Cuidado: Justiça Restaurativa para uma Sociedade Saudável*, que ora se apresenta aos brasileiros, mormente àqueles preocupados com a integridade da Justiça Restaurativa, é mais uma contribuição da ABRAMINJ em termos de uma Justiça Restaurativa comprometida com as questões estruturais e culturais da convivência social e com a construção de comunidades mais seguras e cuidadosas para com seus integrantes, mormente aqueles que mais precisam.

Renato Rodovalho Scussel
Presidente da ABRAMINJ

Marcelo Nalesso Salmaso
Coordenador do Núcleo de Justiça Restaurativa da ABRAMINJ

Prefácio à edição brasileira

A professora Elizabeth Elliott era um desses casos raros de coerência absoluta. Ela acreditava no que escrevia, fazia o que dizia e agia de acordo com esses princípios – talvez seja esta a palavra que perpassa todo este livro, do começo ou fim. Falar sobre os fundamentos teóricos e filosóficos da Justiça Restaurativa é falar de princípios.

Quem poderia abordar o tema melhor do que ela? Ninguém conheceu, desenvolveu e explicou de maneira tão profunda e ao mesmo tempo tão clara os fundamentos da Justiça Restaurativa (JR). Este livro se tornou uma referência teórica em todos os países em que foi lançado. É uma leitura fundamental para quem conhece a fundo o tema ou para quem quer conhecê-lo, para todos os estudiosos e praticantes. Por isso, esta tradução brasileira chega em boa hora.

O Brasil, mais do que nunca, precisa da Justiça Restaurativa. Nestes tempos de intolerância e violência, a voz da professora Elizabeth Elliott ecoa como um caminho de sabedoria e esperança. Ela enxergava este campo do conhecimento como uma possibilidade de Justiça direcionada ao fortalecimento das relações com outros seres humanos e com o meio ambiente, alinhada a uma ideia de responsabilidade coletiva.

A autora entende a Justiça Restaurativa como comunidade. Destaca o poder da inclusão e de valores como respeito, justiça e honestidade; percebe que o "eu" se constrói a partir do "outro". "As pessoas que têm o benefício de uma comunidade", sustenta Elliott, "são menos propensas a cair no tratamento de despersonalização dos órgãos estatais. Em uma comunidade saudável, as pessoas estão cientes dos problemas uns dos outros e se ajudam em tempos de necessidade ou de crise".

"Por outro lado", ela continua, "as pessoas submetidas aos programas de bem-estar social e agências de Justiça Criminal sofrem um processo de desumanização. As instituições de ensino punitivo segregam e estigmatizam ainda mais as pessoas oprimidas a vida toda". Ao buscarmos justiça por meio de leis e de processos formais rígidos, perdemos a chance de fortalecer as relações entre os indivíduos envolvidos, e entre os indivíduos e suas comunidades. Elliott argumenta: "O caminho para prevenir os crimes e mudar as pessoas não está na lei, mas nos relacionamentos comunitários. As leis podem ser necessárias para manter as instituições; entretanto, as pessoas são mais propensas a sentir uma conexão emocional com outro ser humano do que com uma instituição".

Essas convicções foram construídas por décadas de reflexão teórica, de pesquisas e de diálogo permanente. E também a partir da convivência com populações criminalizadas e oprimidas, grupos com os quais trabalhou: presos, comunidades empobrecidas, imigrantes, populações afrodescendentes e indígenas.

É preciso que se diga: Elliott foi a primeira a trilhar este caminho, a primeira a compreender sua complexidade, sua riqueza e seus obstáculos. Ela sabia o que queria e aonde poderia chegar. Fez o caminho e o recriou coletivamente. Fez questão de compartilhar suas descobertas e suas dúvidas também.

E nisso eu tive uma grande sorte, tirei o bilhete premiado, porque fui seu aluno, depois nos tornarmos amigos e, por fim, colaborei em alguns de seus projetos. E, se me permitem, gostaria de contar algo pessoal.

Em julho de 2009, após receber meu diploma de PhD, mudei-me para Vancouver, no Canadá. Tornei-me residente e depois cidadão. Conhecida por sua beleza natural e pela qualidade de vida, a cidade era uma referência – e continua sendo – em Justiça Restaurativa. Um local específico da cidade tornou a JR conhecida e admirada em todo o mundo: a Simon Fraser University. Foi ali que conheci a professora Elizabeth Elliott, então diretora do Centro de Justiça Restaurativa daquela instituição. Os alunos e colegas a chamavam de Liz.

Nós conversamos e ela imediatamente me incluiu nas suas aulas e me fez cofacilitador dos seus cursos. Eu era estrangeiro, com um currículo modesto e pouca experiência na área, mas mesmo assim ela acreditou em mim e na minha vontade de aprender.

Um ano depois, já mais adoecida, Liz confiou a mim todos os seus cursos e palestras. Entregou-me todo seu conhecimento sobre Justiça Restaurativa e Justiça Indígena. Ela nunca se sentiu "proprietária" do assunto e muito menos tentou torná-lo um negócio, muito pelo contrário. O que a motivava era trabalhar em equipe, de maneira coletiva e solidária, longe das disputas e das vaidades. A intelectual e a humanista andaram sempre de mãos dadas, uma complementando a outra.

Liz conheceu o Brasil em agosto de 2010. Foi amor à primeira vista. Eu a levei a São Paulo e Florianópolis, com o apoio dos magistrados Egberto Penido e Alexandre Morais da Rosa. Ao retornar ao Canadá, ela montou um "altar" de presentes e lembranças brasileiras em seu escritório na universidade. Como consequência dessa viagem – e com o apoio do Consulado Canadense de São Paulo e do Poder Judiciário desse estado –, criamos uma ponte entre os dois países na área da Justiça Restaurativa. Trouxemos ao Brasil nomes como Susan

Sharpe, George Pavlich, Barry Stuart, Dorothy Vaandering, Aaron Lyons, Carolyn Boyes-Watson, Mary Hicks, J. J. Beauchamp e Catherine Bargen. Hoje, essa parceria rende frutos em todos os estados do Brasil.

Em razão da potencialidade do projeto, Liz e eu decidimos que era hora de traduzir para o português este livro. Ela faleceu em 2011 e não viu esta tradução, mas sabia que seria publicada.

Era um sonho nosso e ele só se realizou porque tivemos muito apoio de pessoas que acreditaram nesse sonho junto conosco, entre elas: os juízes Renato Scussel, presidente da Associação Brasileira dos Magistrados da Infância e da Juventude (ABRAMINJ), Egberto Penido e Marcelo Salmaso. Também a Palas Athena, instituição filantrópica da sociedade civil brasileira que coeditou esta obra.

Sem o apoio de Milt Gluppe, marido da Liz, seus filhos, Maya e Kristofor, seus pais, Albina e Wallace Elliott, seu irmão Peter Elliott, suas amigas Cathie Douglas, Merlyn Horton, Mai Iverson, Susan Underwood e sua professora e amiga Karlene Faith, esta tradução não existiria. Gostaria de agradecer ainda a Errol Sharpe, da editora Fernwood, por ter percebido, desde o início, a importância de compartilhar com os leitores brasileiros as reflexões, inquietações e provocações de Elizabeth Elliott.

Este livro é a base das aulas que ministro na Governors State University, em Chicago. Meus alunos, inteligentes e curiosos, são em sua maioria pobres e afrodescendentes. Agora eles utilizam esta obra em suas comunidades, com o intuito muito claro de transformá-las e, assim, nesse processo, estão transformando a si mesmos. O que de mais bonito pode gerar uma obra como esta?

Que este livro e o legado de Liz continuem inspirando e educando os oprimidos do mundo inteiro.

João Salm
Chicago, maio de 2018

Prefácio

Comecei minha jornada no mundo da Justiça Restaurativa Criminal em 1981. Era uma jovem adulta recém-saída da universidade, acabara de voltar de algumas viagens de aventura e estava pronta para algo completamente diferente. Justiça Criminal não estava nem perto do meu foco de atenção. Então, quando fui contratada por uma sociedade sem fins lucrativos para fazer pesquisas e escrever, a ideia de ir às prisões de repente me pareceu mais uma aventura exótica. Até aquele momento eu nunca havia pensado muito em prisões. Uma vez nas prisões, os pensamentos que norteavam minhas suposições e as imagens que não saíam da mente me compeliram ao mundo da assistência social. Meu ambiente natural tornou-se o dos Tribunais, das prisões, das casas de passagem e dos escritórios de organizações com poucos recursos. O trabalho nunca era chato, mas tornou-se pesado. Cada ser humano – prisioneiro, vítima, profissional da Justiça Criminal e as pessoas que se importam com eles – era importante e tinha valor, mas eram tantos, e a maioria ainda lutava com seus problemas particulares terríveis. Como poderíamos ajudar a todos se havia tão poucos de nós desejando realizar esse trabalho?

Deixei a assistência social em 1986, quando o trabalho duro tornou-se econômica, ética e pessoalmente exaustivo. Entendi meu problema no ano seguinte, quando, no primeiro semestre do meu doutorado na Escola de Criminologia da Simon Fraser University, me deparei com esta passagem em um dos textos dos cursos teóricos, *Visions of Social Control*, de Stanley Cohen (1985: 236-7):

> Lembro-me de ter ouvido [...] uma parábola de Saul Alinsky, que um organizador radical da comunidade americana usou para falar. Era algo mais ou menos assim: um homem está andando às margens de um rio quando nota um corpo boiando rio abaixo. Um pescador pula no rio, puxa o corpo para a margem, faz ressuscitação boca a boca e salva a vida daquela pessoa. Alguns minutos depois, a mesma cena acontece; e depois, mais uma vez; e assim sucessivamente. De repente, mais um corpo flutua. Nesse momento, o pescador ignora completamente a pessoa que se afoga e começa a correr rio acima ao longo da margem. O observador pergunta ao pescador: "Que raios está fazendo?

Por que não está tentando salvar este que está se afogando?" "Neste momento", responde o pescador, "estou indo rio acima para descobrir que diabo está empurrando estes pobres coitados na água".
Esta é uma mensagem impressionante para um assistente social: se você não fizer nada a respeito das causas originais, continuará simplesmente a puxar os corpos para fora, computando as baixas. Aqui mora a promessa da sociologia: chegar à estrutura, ao poder, à história e à política – à real causa dos problemas sociais. Mas Alinsky deu uma remexida na estória: enquanto o pescador estava ocupado correndo ao longo da margem para descobrir a verdadeira fonte do problema, quem ajudaria os pobres desgraçados que continuavam a flutuar rio abaixo?

Minha resposta ao dilema foi fazer um pouco dos dois: prosseguia meus estudos de doutorado e ensinava criminologia nas instituições de Kent e de Matsqui para o agora extinto Programa de Educação na Prisão (PEP). Também me tornei mãe de duas crianças e era instrutora de departamento na universidade por ocasião do fechamento do PEP. Naquela época eu era instrutora em tempo integral na universidade, meus filhos estavam na escola e meu trabalho na prisão tornou-se voluntário.

Naquela época, as imperfeições do Sistema de Justiça Criminal haviam se tornado o elefante branco dentro da sala. O problema é que muito poucos esforços para reformar o sistema, a fim de torná-lo menos danoso e tóxico, tiveram êxito. No início dos anos 1980, fui apresentada aos conceitos da mediação e da resolução vítima-ofensor, os quais eram habitualmente mencionados dentro de uma longa lista de alternativas ao encarceramento. O movimento do abolicionismo penal, motivado pelo entendimento de seus membros acerca dos danos causados pela prisão em si, buscou reduzir a prática da privação de liberdade. Ao mesmo tempo, as vítimas de crimes estavam expressando seu descontentamento com o *status quo* da Justiça Criminal. Isso começou com os esforços da comunidade feminista em estabelecer casas de mulheres e crianças, procurando deixar para trás as crises que ocorriam nos centros permeados por relações violentas e assédio sexual. Procurando *lobby* político para grupos de vítimas, essas mulheres buscaram alívio na única via disponível para elas: sentenças de prisão mais longas para os ofensores.

Então, em 1990, o livro de Howard Zehr, *Trocando as lentes*, delineou as primeiras ideias para um paradigma diferente: "Justiça Restaurativa" (JR). As questões de todas as pessoas afetadas pelo crime pareciam estar contempladas neste novo paradigma, e as ideias do criminologista norueguês Nils Christie em um artigo de 1974, "Conflicts as Property", pareciam então mais intrigantes. A catarse final foi o casamento dessas ideias com os ensinamentos dos amigos aborígenes que fiz através de meu trabalho. Com esses professores, aprendi que os problemas são mais profundos do que um Sistema de Justiça Criminal imperfeito, e que nosso trabalho precisa ter início no relacionamento mútuo e com o mundo natural e, mais importante, consigo mesmo. Uma nova gama de possibilidades se abriu e, apesar do enorme desafio, tudo parecia mais esperançoso.

Os temas de *Segurança, com Cuidado* emergiram de minha experiência nas últimas três décadas no centro do Canadá e na costa oeste, onde tive a sorte de me conectar com muita gente mais sábia, mais experiente e mais apaixonada na minha jornada de cura e esperança, e fui apresentada a parceiros de todas as partes do mundo. A contribuição deles foi incomparável.

Meus primeiros professores na área – Ruth Morris, Art Solomon e Claire Culhane – ajudaram a mim e a outros a encontrar nossa própria voz e encorajaram nossa paixão quando o peso do Sistema de Justiça Criminal pareceu demais; todos eles já se foram. Bob Gaucher, recém-aposentado do Departamento de Criminologia da Ottawa University, sempre estimulou meu pensamento intelectual e continua a exercer um papel importante como mentor e amigo. Graham Stewart, da John Howard Society, era e continua a ser um inteligente mentor de princípios referentes ao meu entendimento sobre a política da Justiça Criminal. Todos os meus amigos, antigos colegas e prisioneiros no âmbito da Justiça Criminal, de Toronto a Kingston, ensinaram-me lições importantes no início de minhas viagens, muitos dos quais me ajudaram a desenvolver pensamentos críticos acerca da "sabedoria convencional".

Na Colúmbia Britânica, os professores pareciam se multiplicar, especialmente quando meu foco mudou de Justiça Criminal para Justiça Restaurativa. Logo fui beneficiada pelas perspectivas das antigas lideranças, como o juiz aposentado Barry Stuart, que, além de inovar através dos Círculos de Sentenciamento no território de Yukon, foi um apoiador entusiasta da Justiça Restaurativa de base comunitária e continua a servir como uma conexão importante entre as comunidades e o sistema formal de Justiça desde sua realocação em Vancouver. Através de Barry, veio Kay Pranis, em Minnesota, e Molly Baldwing, em Roca, Massachusetts; duas mulheres que combinam humanidade, intelecto, coração e paixão por mobilizar indivíduos e comunidades a agir de acordo com valores. As contribuições de Kay e Molly continuam a inspirar muitos de nós nesta jornada de mudança.

Tive a sorte de ter a Fraser Region's Community Justice Initiatives Association (CJI) a 40 minutos de distância tanto da minha casa como do meu trabalho, local este das contribuições da comunidade menonita para a reconciliação de conflitos. Os codiretores Sandi Bergen e David Gustafson, depois de uma década de facilitação do programa de mediação vítima-ofensor no início dos anos 1990, foram pioneiros em um processo sensível de mediação vítima-ofensor em casos de violência severa. O trabalho deles, evidenciado pelos depoimentos de dezenas de participantes satisfeitos com o processo do CJI, foi significativo para nosso entendimento das implicações do trauma nas práticas da Justiça Restaurativa. Este contato chamou minha atenção para o Projeto Colaborativo de Justiça Restaurativa de Ottawa (PCJR) e seu então coordenador Jamie Scott, ministro da United Church, agora trabalhando com as responsabilidades provenientes das escolas residenciais dos índios do Canadá. O PCJR continua a demonstrar o valor do processo da JR dentro dos tribunais, nas fases de pós-condenação e pré-sentença.

A rede de Justiça Restaurativa de base comunitária na Colúmbia Britânica, criadora de processos flexíveis que variam de acordo com a situação da comunidade, tem proporcionado histórias e lições de suas experiências. Jacquie Stevaulk, atualmente aposentada da North Shore Restorative Justice, ofereceu inúmeras diretrizes na navegação de Scylla e Charybdis no desenvolvimento da JR de base comunitária no Sistema de Justiça Criminal. Larry Moore e Cathie Douglas, que antes estavam na Sociedade de Justiça Restaurativa de Kalso, na região de Kootenay, hoje continuam a dar enormes contribuições através de seu conhecimento da JR de base comunitária e de suas habilidades educacionais como produtores de vídeo. Larry e Cathie, além de oferecerem a melhor conversa sobre JR antes mesmo de terminar a primeira xícara de café da manhã, têm sido colaboradores generosos para a Justiça Restaurativa em todo o mundo e na minha sala de aula através de seu trabalho com Heartspeak Productions. Os coordenadores e voluntários passados e presentes de inúmeras organizações – Communities Embracing Restorative Action, North Shore Restorative Justice, Vancouver Association for Restorative Justice, Abbotsford Restorative Justice Association, Restorative Justice OakBay, Vancouver Aboriginal Transformative Justice Services, Restorative Justice Victoria, Prince George Urban Aboriginal Justice Society e o Nanaimo Restorative Justice Program, apenas para nomear algumas poucas com as quais tive contato ao longo dos anos –, todos continuaram com adversidades e desafios referentes a verbas para trazer a filosofia e as práticas da JR a um nível comunitário. Os profissionais e os voluntários dessas organizações são o cerne e a alma da Justiça Restaurativa em nossa região. Especial agradecimento para Darryl Gehlen e Mai Inverson do meu grupo de Mission Restorative Resolutions.

Não foi pouca a influência dos prisioneiros e voluntários comunitários nos pequenos santuários de JR encontrados nas prisões. Ao longo dos anos, tive o privilégio de participar de círculos em prisões como parte do Projeto de Alternativas à Violência, um círculo de conversa chamado FAVOUR e muitos *workshops*. Em particular, muitos membros da comunidade local contribuíram para o meu entendimento de JR no contexto prisional, incluindo Alana Abramson, Dan e Heather Basham, Deltonia "Malik" Cook, Carly Hoogeven, Carley Julien, Colleen McLeod, Marion Robinson, Robert Seto, Nicky Spires, Suzan Underwood e Mako Watanabe. Warren McDougall foi de especial ajuda ao realizar uma leitura completa do manuscrito deste livro, oferecendo vários comentários úteis. As contribuições dos prisioneiros durante os últimos anos, tanto da Ferndale Institution como da Mission, foram muito inspiradoras e enriqueceram meus cursos na universidade pelo fato de alguns prisioneiros (escoltados) irem falar nas aulas. Com sua permissão, menciono o grupo de colaboradores da FAVOUR: Larry Bembin, Ron Caldwell, Yves Coté, Mark Jarman, Kirill Kovtchega, Roger Warren, Gary Weaver e Fred.

Os colegas acadêmicos foram interlocutores formidáveis e me apoiaram ao longo dos anos enquanto este livro estava sendo elaborado. Na Escola de Criminologia, estou em dívida com seu diretor, Robert Gordon, que acreditou no valor da abordagem restaurativa e que, em 2002, ajudou a acelerar o estabelecimento do Centro de Justiça Restaurativa. Mais recentemente, fui beneficiada de maneira pessoal pela presença da minha colega Brenda Morrison, cujo trabalho com JR em escolas, aprendizado socioemocional e violência nas escolas ajudou a concretizar interessantes áreas de atuação da JR nas escolas, tanto dentro das escolas como internacionalmente. Jane Miller, que passou alguns anos conosco na Simon Fraser como instrutora de Justiça Restaurativa, foi uma colega muito bem-vinda; muitas de nossas conversas ao longo dos anos ajudaram-me a delinear alguns dos meus pensamentos de maneira diferente. Karlene Faith, agora aposentada, e eu fomos autoras de uma versão do CRIM 315 para o Centre for Online and Distance Education da universidade; ela continua a ser uma amiga querida. Transmito ainda o conselho de Karlene aos estudantes: "Encontrem o que vocês amam fazer. Aprendam a fazê-lo bem. E façam isto para o bem das pessoas". O Centre for Online and Distance Education, em particular John Whatley, foi um patrocinador que deu suporte à primeira versão deste livro; Lynne Malcombe foi uma grande editora. Da Editora Fernwood, agradeço a Errol Sharpe, Brenda Conroy, Beverly Rach e Debbie Mathers. Também devo agradecer aos colegas das escolas de JR fora da Simon Fraser University e em outras partes da comunidade no mundo: Gordon Bazemore, Stephan Parmentier, Paul Redekop, João Salm, Denis Sullivan, Juan Tauri, Elmar Weitekamp e Howard Zehr.

Meus alunos ao longo dos anos – bem como estudantes graduados e professores assistentes (PAs) – que realizaram o primeiro curso de JR da Escola de Criminologia (CRIM 315) comigo deram grande contribuição para este livro e foram os primeiros consumidores e editores deste conteúdo. (Obrigada especialmente a uma de nossas mais firmes e duradouras PAs e amiga, Melissa Roberts). A curiosidade e a coragem deles em considerar a mudança de paradigma (migrando da mais familiar filosofia retributiva ao campo da Justiça Restaurativa) produziram questões valiosas e revelaram inúmeras lacunas. O desejo deles de compartilhar suas questões, dúvidas, consentimentos e histórias, e por se mostrarem totalmente preparados a se comprometerem com os muitos exercícios experienciais e encontros em círculo associados ao curso, foi um gesto de confiança muito apreciado. Ensinar em uma universidade é também um privilégio uma vez que proporciona envolvimento com muitos jovens motivados que estão herdando o mundo que estamos lhes deixando. Espero apenas que eles venham a nos desculpar.

Embora haja muitos colegas a quem já agradeci, há também amigos de fora do âmbito do assunto específico do livro que ofereceram muito suporte e cuidado durante vários momentos difíceis na gênese deste livro. Obrigada especialmente a David Antrobus, Carey Christiansen, Ron e Jannette Cooney, Tom Crean, Carol Fissel, Heidi Graw, Merlyn Horton, Jay Jones, Barbara Roddick, David Snook, Jo Ann Turner e Jim Wilson. O livro jamais teria sido escrito se não fosse pela atenção astuta e pelo excelente trabalho do Dr. Steve Mitchinson (médico de família) e do Dr. Damien Byrne (cirurgião), que, respectivamente, detectou e tratou meu câncer quando ele apareceu. Meu oncologista, Dr. Robert Winston, foi tanto um professor excepcional como um ser humano compassivo. Obrigada pelo bom trabalho, pela delicadeza e pelo cuidado de darem a mim o presente do tempo, e de me lembrarem, de formas inesquecíveis, do valor da pesquisa no aprimoramento de resultados em qualquer esforço.

Finalmente, meu maior agradecimento vai para a minha família, comunidade primária a qual pertenço: meu companheiro, Milt Gluppe, que resistiu a muitas tempestades comigo tanto dentro como fora do barco; meu filho Kristofor, que me ensinou a construir uma comunidade e a ser valente diante de um desafio inesperado; minha filha Maya, cujo intelecto e notável sabedoria me abasteceram de esperança para o futuro; meus pais, Albina e Wallace, a quem dedico este livro; meu incrível irmão Peter, sempre a postos quando preciso dele mesmo a milhares de quilômetros de distância; minha cunhada Collen e meus sobrinhos Shannon e Megan, que têm sido sempre generosos, delicados e de muito apoio.

Dineamaaganik.[1] Que pertence a todas as coisas.

Nota

1. O significado desta palavra de origem Ojibway é explicado por Chris Corrigan em um *blog* sobre a experiência que teve próximo à Baía Thunder, Ontário, com um grupo de anciãos Ojibways em um encontro para trabalhar a governança tradicional dos direitos e títulos aborígenes. O termo *dineamaaganik*, que Corrigan pensava significar "todas as minhas relações", de fato significa "que pertence a todas as coisas". Para a história completa, veja <http://chriscorrigan.com/parkinglot/?p=2015>.

Introdução

O sangue flui quando carne e aço se unem
Secando à cor da tarde ensolarada
A chuva de amanhã lavará as manchas
Mas algo em nossa mente fica.
Talvez este ato final pretendia
Encerrar um argumento da vida toda
Mas nada vem pela violência e jamais virá
Para aqueles nascidos sob uma raivosa estrela
Não esqueçamos quão frágil somos.

Sting, "Fragile", 1987.

Imagine a seguinte cena: você acabou de desembarcar do ônibus em uma cidade, por volta da meia-noite, quando de repente vê uma mulher angustiada caída no chão e seu filho encolhido, com medo, ao seu lado. Você vê uma sombra fugaz desaparecendo em um beco. Qual seria a primeira coisa que você faria?

Diante dessa hipótese, a maioria das pessoas responde que atenderiam as necessidades da mulher no chão. A segunda preocupação é cuidar da criança, e depois, talvez, ir procurar a pessoa no beco. Nossa sensibilidade tende a ter o foco na vítima, depois nos outros afetados pelo dano e finalmente no ofensor. Isto é o que aprendemos em casa, na escola e na comunidade.

Mas esta não é a maneira como o Sistema de Justiça Criminal responde ao dano. A primeira atenção é dedicada ao ofensor; e também a preocupação posterior do sistema é com o ofensor. Quando se dá atenção à vítima, geralmente é como testemunha, uma vez que em nosso Sistema, o Estado usurpa o papel da vítima. Este é o motivo pelo qual o *Código Criminal* de ofensas no Canadá cita "R. *versus* John Smith" com o "R" representando "Regina" ou "Rex" (Rainha ou Rei). Os grupos de apoio da vítima e do ofensor e a comunidade onde eles moram não são atendidos.

A hipótese acima foi apresentada por Dennis Maloney para demonstrar o descompasso entre o que queremos do Sistema de Justiça e o que temos. Até sua morte em 2007, durante sessenta anos, Dennis foi diretor do Departamento Deschutes County de Justiça comunitária no Oregon e foi diretor associado do Cascade Center for Community Governance. Como muitas outras pessoas envolvidas no trabalho da Justiça Restaurativa, Dennis iniciou sua carreira trabalhando dentro do Sistema de Justiça Criminal retributivo. Seu ingresso na Justiça Restaurativa começou pelo seu interesse em como algumas das comunidades aborígenes com as quais ele trabalhava lidavam com os problemas que categorizaríamos como crime. Em última análise, ele viu as possibilidades de desenvolvimento da Justiça Restaurativa na comunidade e os benefícios da prevenção do crime derivadas de sua filosofia holística.

A apreciação de Maloney sobre a maneira tradicional dos aborígenes trabalharem com seus problemas aparece neste livro, que usa principalmente exemplos canadenses e norte-americanos para ilustrar temas relevantes à expressão plena da Justiça Restaurativa. A ênfase canadense é um resultado óbvio de minha própria nacionalidade e experiência, e é útil particularmente para a história do contato entre colonizadores europeus e o povo nativo – as Primeiras Nações. O intelectual canadense John Ralston Saul, no seu intrigante livro *A Fair Country* (2008), desafia a premissa histórica canadense de que a nação foi fundada somente por britânicos e franceses. Usando registros históricos ele demonstra persuasivamente que o povo das Primeiras Nações influenciou fortemente a evolução da cultura canadense – como se nota em nossa preferência pela negociação sobre a violência, a nossa aceitação de diversas opiniões entre indivíduos e grupos e a nossa crença em igualitarismo. Os colonizadores europeus que chegaram na metade norte do continente eram dependentes da hospitalidade e orientação do povo indígena, que viveu com sucesso em um clima hostil. Os franceses, em particular, envolveram-se com os indígenas em um nível pessoal através do casamento, resultando no novo agrupamento cultural conhecido como Métis. A afirmação de Saul é que o Canadá é uma nação Métis [mestiça], um país formado por pensamentos e maneiras europeias e aborígenes.

O significado dessa diversidade histórica pode ser encontrado na maneira como as abordagens canadenses de Justiça Restaurativa diferem das norte-americanas, das do Pacífico do Sul e de outras formas pioneiras de Justiça Restaurativa. A maior parte do que já foi escrito sobre Justiça Restaurativa tinha sido guiada pelo ponto de vista cultural dos autores; este livro é similar uma vez que reflete meu próprio contexto e experiências canadenses. Ao estabelecer esta forma de iniciar, é também necessário notar que o Canadá é um país grande, com dez províncias e três territórios, delimitado por três oceanos e pelo paralelo 49°. Expressões únicas de Justiça Restaurativa estão salpicadas pelo país. Na Nova Escócia, por exemplo, a Justiça Restaurativa é implementada através de instituições governamentais para a comunidade. Na Colúmbia Britânica, onde resido, a tradição da Justiça Restaurativa foi primariamente baseada na comunidade.

Introdução

A afirmação de Saul sobre a profunda influência da maneira aborígene na cultura canadense atual tem relevância particular no contexto da Colúmbia Britânica. Grupos de JR baseados na comunidade se beneficiaram de ensinamentos de seus vizinhos aborígenes da própria província e na fronteira do território de Yukon. Temos sido desafiados através desses relacionamentos a aprofundar nosso entendimento sobre o que chamamos de "Justiça Restaurativa" e a considerar um contexto mais holístico para o conflito. Isso significa que há uma tendência de ver a promessa de mudança como algo que emerge das raízes de nossa sociedade, em vez de ser institucionalmente conduzida.

As expressões canadenses de JR também vêm sendo implementadas pelas valiosas contribuições das organizações menonitas de todo o país. O primeiro exemplo contemporâneo de Justiça Restaurativa foi globalmente conhecido em 1974 e partiu de uma pequena cidade na região sul de Ontário chamada Elmira, onde Mark Yantzi implementou uma versão rudimentar de mediação vítima-ofensor no caso de dois jovens adultos que passaram a noite vandalizando propriedades. A origem menonita de Yantzi e o aconselhamento com idosos de sua comunidade influenciaram sua abordagem experimental; e desde então a Iniciativa Menonita de Justiça Restaurativa de Base Comunitária (tanto em Waterloo, Ontário, como Langley, Colúmbia Britânica) emergiu como liderança, em particular, da JR como abordagem de mediação. A Fraser Region Community Justice Initiatives Association também tem sido importante para o reconhecimento internacional da abordagem da mediação com ofensas violentas. Neste livro, a atenção ao trauma foi catalisada pelo envolvimento com esta organização.

Uma contribuição recente para a literatura, de Jarem Sawatsky (2009), da comunidade menonita da província de Manitoba, mostra o caso de uma abordagem holística de *"peace building"* [construção da paz] que ele chama de "Justiça Curativa". Em uma parte de sua exposição, ele questiona a JR por suas limitações de expressão e sua dependência das instituições de Justiça Criminal. A visão de Sawatsky do que se requer para desenvolver comunidades pacíficas foi parcialmente influenciada por sua pesquisa com a comunidade das Primeiras Nações de Hollow Water. Usando uma metáfora com a estrutura médica de cuidados primário, secundário e terciário, Sawatsky argumenta que a maior parte da JR recai sobre a última categoria, onde é implementada como uma resposta ao dano que já ocorreu. A prevenção do dano direcionada para as pessoas sob alto risco de precisarem de intervenção terciária está, porém, na competência dos cuidados secundários. JR em escolas é um exemplo disso. Cuidado primário é aquele focado na mudança de toda a sociedade, de modo que estaríamos mais propensos a nem chegar a nos metermos em encrencas.

Essa contribuição nos desafia novamente por pensar fora do contexto no qual a JR se vê inserida – como um programa complementar de Justiça Criminal.

A fim de evitar armadilhas de cooptação e rebaixamento para as margens do Sistema Criminal de Justiça, a JR precisa ser afirmada como algo diferente de um programa. Em termos acadêmicos, é mais útil conceituar JR como um paradigma – que sustente seu próprio arcabouço filosófico e teórico – focando em teorias que se propõem a explicar fenômenos relevantes e que encorajam pesquisas que testem estas proposições. Em termos de desenvolvimento de comunidade, JR pode ser vista como uma abordagem holística embasada em valores centrais que ajudam através da criação das sociedades pacíficas que dizemos querer. Em um nível mais pessoal, JR é frequentemente descrita como um modo de vida, uma abordagem de conduta individual que promete relações mais saudáveis.

Este livro apresenta inúmeros conceitos-chave necessários para o entendimento dos traços mais amplos e fundamentos da Justiça Restaurativa. Seu conteúdo emerge da base de onde estamos atualmente – JR como uma abordagem do conflito – e vai para uma apreciação da JR como algo bem diferente de processos individualistas e benefícios retributivos.

A fim de ampliar as possibilidades da Justiça Restaurativa, é necessário olhar onde estamos exatamente agora. Esse ponto de partida implica uma visão geral do Sistema Criminal de Justiça canadense hoje, mas também um olhar para uma estrada que ainda não traçamos, embora já se manifeste nos sistemas dos nossos vizinhos do sul. Os Estados Unidos são um amplo experimento carcerário no contexto mundial, e o que está acontecendo lá nos oferece algum discernimento acerca das consequências de uma política penal em particular. Esse é o assunto do Capítulo 1.

A fim de possibilitar uma melhor análise crítica, precisamos revisitar temas familiares como punição e justiça para considerar o que querem dizer e como eles moldam nossas crenças sobre qual deve ser a resposta apropriada para o ato danoso. Uso o termo "ato danoso" em vez de "crime" deliberadamente, uma vez que Justiça Restaurativa não é meramente Justiça Criminal, mas pertence a um amplo terreno de interação social, relações parentais, escolas e trabalho, chegando aos relacionamentos em geral.

No Capítulo 2, desmancharemos uma das mais pesadas malas da bagagem dessa jornada – a punição. A ideia da punição é axiomática; debateremos os estilos ou intensidade de implementação, mas raramente sua utilidade. Nesse capítulo, veremos várias teorias sobre punição – o que é, para quê, como funciona e se realiza, o que promete – e veremos o que funcionaria no lugar dela.

No Capítulo 3, nossa curiosidade sobre punição extravasa para a arena da justiça; perguntaremos: o que é justiça? Filósofos, de forma antagônica, examinaram a justiça como uma característica do Estado democrático, como a propriedade dos Sistemas e como um traço de caráter dos indivíduos. Será que temos um entendimento comum de justiça e, considerando nossas divergências a respeito, como isso se reflete nos Sistemas Disciplinares do Sistema de Justiça Criminal, na escola e na família? Precisamos examinar o significado da justiça, depois precisamos estar preparados para nos comprometer com uma estrutura diferente para isso ao mudar para um paradigma restaurativo.

Finalmente, no Capítulo 4, nos envolveremos diretamente com a Justiça Restaurativa em si. O conceito de Justiça Restaurativa, em suas diferentes expressões, é apresentado tanto nas maneiras de questionar o dano e seus efeitos, como no modo de focar este fenômeno. Esse fenômeno-chave é abordado em maiores detalhes nos Capítulos 6, 7, 8 e 9, mas no Capítulo 4 esboço seu significado para as lentes da Justiça Restaurativa em geral e, em particular, em termos de sociedades democráticas saudáveis. A Justiça Restaurativa trata de reparar danos, o que não é necessariamente a ordem do Sistema Retributivo. Inevitavelmente, isso nos leva a ponderar as reais possibilidades da Justiça Restaurativa dentro do contexto do nosso Sistema atual, e muitos de nós tendem a pensar especificamente no Sistema de Justiça Criminal.

Ainda há algumas concordâncias e contradições difíceis e intrigantes entre o paradigma retributivo e o restaurativo; no Capítulo 5, temos algumas ideias desafiadoras sobre o papel da Justiça Restaurativa em sociedades governadas pelo império da lei. Tanto filosófica quanto praticamente, a Justiça Restaurativa pergunta o que é necessário para viver coletivamente e como "dar o melhor de nós mesmos".

No Capítulo 6, abordaremos o fenômeno delineado no Capítulo 4: valores e processos. Justiça Restaurativa nada mais é que valores presentes tanto em pensamentos como em ações. Também se inicia com cada indivíduo, em vez de começa quando algo é "feito" a alguém. Valores centrais são aqueles que parecem considerar certa universalidade, que ajudam em conflitos interculturais. Mas valores requerem expressão, e é um objetivo da Justiça Restaurativa que estes valores informem e deem corpo ao processo usado para desenvolver o trabalho em comunidades com conflitos. Os conflitos são geralmente, embora nem sempre, o foco do processo restaurativo. E os conflitos dizem respeito a indivíduos que não são "corretos nos relacionamentos".

No Capítulo 7, consideramos o indivíduo e as relações dentro do paradigma da Justiça Restaurativa. Indivíduos são autônomos, agentes de suas próprias ações, e cada um é único a seu modo. Cada um está em sua própria jornada e carrega consigo sua experiência de vida própria e variada. Os próximos dois capítulos examinam mais de perto dois focos significativos na psicologia da

Justiça Restaurativa que se apresentam nos indivíduos antes do dano, ou como resultado da consideração do dano. Estes são mais bem compreendidos quando olhamos um indivíduo em relação a outros. Justiça Restaurativa é sempre caracterizada como sendo *relacional*, de modo que a fonte tanto do dano como da cura dos indivíduos está nas relações.

O Capítulo 8 revê o conceito de vergonha, que alguns teóricos consideram um afeto inato. "Afeto" é a porção biológica da emoção. Embora a consciência do ato danoso tenda a gerar algumas emoções naqueles que sofreram o dano, naqueles que cometem o ato danoso e naqueles da comunidade que inclui a todos, o nosso Sistema Retributivo de resolução do conflito não é estruturado para lidar com as emoções que antecedem e que são geradas pelo conflito. Vergonha é uma emoção central nesse contexto, tanto para aqueles que sofreram o dano como para aqueles que causaram o dano. Os Processos Restaurativos se esforçam para criar locais seguros para conversas difíceis, que envolvem cuidado ao lidar com a vergonha.

Outro foco psicológico da Justiça Restaurativa é o trauma, assunto do Capítulo 9. O trauma foi extensivamente examinado desde os anos 1970, principalmente devido ao trabalho terapêutico com veteranos do Vietnã e vítimas de abuso sexual. O conhecimento sobre os efeitos do trauma nos ajuda a entender melhor o comportamento tanto daqueles que sofreram o dano como daqueles que cometeram o dano, o que é particularmente crítico em casos que envolvem crimes violentos ou genocídio. Traumas ocorridos no início da vida são com frequência fatores centrais no comportamento ofensivo e obstáculos na cura da vítima. A Justiça Restaurativa não apenas abre nossa consciência para as possíveis implicações subjacentes ao trauma, mas também nos lembra que, ao responder ao dano, precisamos, no mínimo, não provocar novos danos.

No Capítulo 10, examinamos o componente crítico da comunidade na Justiça Restaurativa. A ideia de "comunidade" tem sido criticada por suas conotações idealistas, geralmente de modo correto. Esse capítulo aborda diferentes definições de comunidade e considera as formas pelas quais as comunidades constituem a rede de relacionamentos necessários para dar suporte aos esforços de cura dos danos das partes. Mas as comunidades podem também ser construídas ou revigoradas quando seus membros se envolvem em processos restaurativos, à medida que os indivíduos amadurecem para se tornarem cidadãos mais competentes. Processos restaurativos podem ser oportunidades de clarear valores comunitários. Nesse capítulo, a JR abre-se para sua mais ampla expressão como forma comunal e individual de ser, cultivada nas sociedades mais pacíficas.

O capítulo final conclui com um olhar para o que a Justiça Restaurativa deve significar para nós como indivíduos "que fazem o que podem". Talvez o aspecto mais difícil da Justiça Restaurativa seja que ela nos pede que, começando por nós mesmos, trabalhemos por uma "transformação do ser baseado no poder" (Sullivan e Tiff: 2005: 154-57). Isso requer que pensemos para além da distinção sujeito-objeto do paradigma de Justiça Retributiva, para evoluir da crença de que "fazemos" justiça para os outros ou que "os trazemos" à justiça em direção ao entendimento de que devemos *ser* justos enquanto indivíduos em nossa vida diária. A Justiça Restaurativa não pode ser realizada meramente através da implementação de uma nova Justiça Criminal ou de outra política embasada em sistemas. Se ela não representar quem somos, as políticas não serão sustentáveis. Em todo caso, a ideia é tornar-se mais competente e comprometido como cidadão, em casa e na comunidade, de modo a precisar se apoiar menos em instituições governamentais formais para resolver nossos problemas. Justiça Restaurativa diz respeito a *nós*, como somos no mundo em nossa vida diária, como encaramos os problemas com os quais nos confrontamos e como respondemos a eles. Sua base é a crença de que "não podemos alcançar algo bom de uma maneira ruim – *nunca*".

Nota

1. Esta frase tem sido afirmada constantemente por Molly Baldwin, diretora-executiva do Roca, "organização embasada em *performance* e direcionamento para resultados que ajuda jovens a transformar seu comportamento e a mudar sua trajetória de vida através de um Modelo de Intervenção para Jovens de Alto Risco." Roca atende vários jovens de alto risco em Chelsea, Revere e East Boston, MA. Veja www.rocainc.org

1
A Marcha da Insensatez

Condenado criado pelo Estado
Jack Henry Abbot

Aquele que foi criado pelo Estado desde tenra idade, após ter sido retirado do que o Estado chama de "lar desestruturado", aprende reiteradamente, todos os dias de sua vida, que as pessoas da sociedade podem fazer qualquer coisa a ele sem serem punidas pela lei; fazer qualquer coisa a ele com o respaldo do poder estatal.

Quando criança, era obrigado a marchar em fila para as refeições em um imenso refeitório. Só podia ter três camisas, duas calças e um par de sapatos.

As pessoas da sociedade vinham a ele através do Estado e o ofendiam. Todos da sociedade com quem ele tinha contato eram funcionários do Estado. Ele aprendeu a evitar as pessoas da sociedade. Ele as evita a cada passo.

Em qualquer estado norte-americano, um condenado a ser criado pelo Estado pode receber um tiro e ser morto como um cachorro por qualquer pessoa que não tenha "antecedentes criminais", com total impunidade. Não estou exagerando nem um pouco. É um fato totalmente normal na mente de qualquer prisioneiro que tenha sido criado pelo Estado, sendo esta uma questão de senso comum. Se um prisioneiro tiver uma atitude cética sobre coisas dessa natureza, o restante de nós conclui que ele está perdendo a cabeça. Ele está questionando o que seria evidente para nós: uma realidade prática da vida [...]

Minha mente fica revendo um dos aspectos principais da prisão que separa o prisioneiro comum – que em certo momento da vida cumpre alguns anos de pena e nunca retorna ou, se retornar, é por pouco tempo e nunca mais – do detento condenado a ser criado pelo Estado, por exemplo, aquele prisioneiro que passa da infância à idade adulta em instituições penais.

Toda sociedade oferece a seus homens e mulheres a prerrogativa de ser homem e mulher, *como adultos*. Os homens recebem seus direitos. Após certa idade, você é visto como homem pela sociedade. É chamado de "senhor"; ninguém interfere em seus compromissos, prende suas mãos ou o ignora. Demonstram-lhe respeito. Aos poucos seu julgamento vai se tornando mais moderado pois você percebe que ele tem efeitos reais, que impacta a sociedade, o mundo. A experiência suaviza suas emoções porque você está livre para ir a qualquer lugar, trabalhar e fazer qualquer coisa. Você aprendeu pela própria experiência do convívio social, pelas coisas que vêm e vão segundo suas intenções, pela natureza de suas próprias emoções – e você aprende sobre si mesmo, seus gostos, suas forças e fraquezas. Você, em outras palavras, amadurece emocionalmente.

Não é assim para um condenado criado pelo Estado. Um garoto em um reformatório é punido por ser um menino pequeno. Na prisão, ele é punido por tentar ser um homem no sentido acima descrito. Ele é tratado como adolescente na prisão. Exatamente como um adolescente quando lhe é negada a chave do carro da família por qualquer desobediência, qualquer travessura; o condenado é submetido à solitária por qualquer desobediência, qualquer travessura [...]

Nos regimes prisionais, os prisioneiros tomam decisões extremas diante de questões moderadas, decisões que têm por opções lógicas apenas isto ou aquilo. Nenhuma contradição é abertamente permitida. Não se tem permissão para mudar. Só há permissão para submeter-se; não existem acordos (eles implicam igualdade). O prisioneiro é o adolescente rebelde que deve obedecer e submeter-se ao julgamento dos que são "crescidos" – "tiranos", assim nos referimos a eles.

Um prisioneiro que não foi condenado a ser criado pelo Estado tolera a situação por causa da maturidade anterior ao encarceramento. Ele sabe que as coisas são diferentes fora da prisão, mas o condenado criado pelo Estado não conhece algo diferente. Falta-lhe experiência e, consequentemente, maturidade. Seu julgamento não tem moderação, é precipitado; suas emoções são impulsivas, cruas, imaturas [...]

O que relaciono acima sobre emoções é o lado escondido, obscuro, dos condenados criados pelo Estado. O lado negro que todos escondem dos outros. Há algo mais. É a outra metade, a preocupação com julgamento, razão (moral, ética, cultura). É o manto de orgulho, a integridade, a honra. É a alta estima que naturalmente temos pela violência, pela força. Isso é o que nos torna eficazes, homens cujos julgamentos impactam aos outros e ao mundo. Os assassinos perigosos que agem sozinhos sem emoção nem princípios, que agem de forma calculada para vingarem a si mesmos, estabelecem e defendem seus princípios em atos de assassinato que usualmente escapam do processo legal; este é o conceito de masculinidade dos condenados a serem criados pelo Estado, no sentido mais elevado. (Abbot 1981: 12-15)

✽ ✣ ✽

A reflexão acima foi escrita por um dos prisioneiros mais conhecidos dos Estados Unidos: Jack Henry Abbot. Ele chamou a atenção pública através de sua correspondência com o escritor norte-americano Norman Mailer e apresentou uma visão hostil sobre a inabilidade das instituições estatais em cuidar das suas crianças. A resistência de Abbot contra a ideologia da prisão parece estar relacionada com suas experiências de ter sido custodiado pelo Estado. A maioria dos canadenses e norte-americanos nunca foi a uma prisão, e muitos nem sequer se aventuraram a ficar atrás das cercas de arame farpado que contornam a maioria das prisões e celas nesses países. Nossa imaginação sobre o funcionamento interno de uma prisão varia de uma realidade diária de violência brutal retratada por séries de televisão, como Oz[1], até a existência preguiçosa de prisioneiros mimados, na opinião de políticos e jornalistas "durões".[2] Em contraste, a descrição de James Blau sobre o encarceramento em uma prisão nos Estados Unidos (no final do capítulo) parece mais um reflexo da experiência de Phill Connors no filme de Harold Ramis, *Feitiço do Tempo* (1993) – estória de um homem preso no tempo, que acorda sempre no mesmo dia, vive sempre a mesma rotina e tem as mesmas conversas com as mesmas pessoas repetidas vezes.

A história de encarceramento como punição ao crime no Canadá é anterior à Confederação. De 1790 a 1825, a pena primária imposta pelas Cortes Criminais do Canadá Superior (atual Ontário) era o castigo corporal, como "queimaduras nas mãos", tronco para surras, mutilação, e banimento, pena de morte e pequenos períodos de aprisionamento, sendo este um componente secundário a uma das outras punições.[3] Durante os anos de 1820, na transição entre a primeira e a segunda metade da década, uma interessante mudança no padrão da punição legal começou a ocorrer. Enquanto as punições "vergonhosas" – queimadura nas mãos, violência corporal e mutilações – diminuíram em número (totalmente, ou pela metade, ou dois terços) e os banimentos se reduziram à metade, os registros mostram que o número de sentenciados triplicou. Conforme aponta Peter Oliver, essa tendência continuou nas décadas subsequentes. "Entre 1836 e 1841, todos os condenados pelos Tribunais Criminais foram sentenciados ao aprisionamento" (1988: 14-15). Em 1867, na Confederação existiam três penitenciárias: em Kingston, Halifax e Saint John. As últimas duas passaram à autoridade das províncias em 1880. Naquele ano, cinco penitenciárias foram distribuídas pelo país: próximo a Kingston (1835), Montreal (St. Vincent de Paul, em 1872) Winnipeg (Stony Mountain, em 1875), New Westminster (Penitenciária da Colúmbia Britânica, em 1878) e Moncton (Dorchester, em 1880) (Gosselin 1982: 71-74).[4] Hoje, 175 anos depois, há 53 instituições penais de segurança máxima, média e mínima no Canadá.

Como explicar o repentino entusiasmo pelo encarceramento como punição em 1830? Uma possibilidade é que a tecnologia para esse tipo de resposta punitiva – os edifícios de forte segurança das prisões – tornou-se disponível com a abertura da Penitenciária de Portsmouth, nos arredores da cidade hoje conhecida como Kingston, em Ontário (Curtis et al. 1985; Hennessy 1999). Mais tarde, a Penitenciária de Portsmouth tornou-se a Penitenciária de Kingston, que ainda está em operação como instituição de segurança máxima sob os cuidados do Serviço Correcional do Canadá. Os historiadores atuais têm várias explicações para o surgimento da primeira penitenciária (por exemplo, veja Oliver 1998; Hanessy 1999; Gosselin 1982; Curtis et al. 1985); a maioria concorda que o Canadá Superior nos anos 1830 via o crime como uma questão de interesse público. No entanto, também notou-se que foi difícil o caminho que levou à aceitação da penitenciária pela opinião pública, caminho marcado por conflitos entre residentes locais e negociantes, por um lado, e as elites no poder, de outro (Smandych 1991).

Desde então, o aprisionamento manteve a primazia como método punitivo; metaforicamente como "solução" para a decadência moral, e instrumentalmente como uma ferramenta significativa para atingir os fins de dissuasão, reabilitação, proteção da sociedade e punição. No entanto, desde o início, houve consistentes críticas públicas e políticas quanto à sua eficácia para atingir esses objetivos. Os múltiplos períodos de encarceramento, que marcaram a maior parte dos registros de prisioneiros criminais federais, contradizem ideias como a de que o aprisionamento intimida o criminoso, ou de que as estratégias de reabilitação mudam radicalmente a maioria dos prisioneiros. Embora o aprisionamento de pessoas violentas e contumazes ofereça alguma segurança à sociedade, melhor proteção poderia ser proporcionada pela prevenção ou mitigação do ato danoso, em vez da imposição de consequências punitivas após o ato. Para aqueles que perderam a liberdade pela sentença de privação de liberdade, o encarceramento é visto como punição, ainda que a crença de que o aprisionamento não seja repressivo o bastante seja ainda uma crítica conservadora comum.

No entanto, a situação corrente do Canadá no tocante ao encarceramento é modesta em comparação com a situação dos Estados Unidos, onde o uso de prisões como resposta às infrações teve uma aceleração sem precedentes e aparentemente acompanhada de entusiasmo desenfreado a partir dos anos 1980 até o presente. Os canadenses deveriam considerar o exemplo de nossos vizinhos como um aviso sobre os perigos das políticas de Justiça Criminal apresentadas brevemente nos discursos sobre controle do crime e nas promessas de "segurança". Para ver a manifestação desse fenômeno claramente, é necessário descrever todos os seus aspectos: sua aparência, o que o constitui, o que o torna possível, quem se beneficia dele e quais efeitos ele tem na política de Justiça Criminal como um todo.

A Situação dos Estados Unidos

Em um mundo de prisões, nenhum país abraçou o encarceramento tão efusivamente quanto os Estados Unidos. No início de 2000, o número de pessoas encarceradas nos Estados Unidos passava da marca de dois milhões.

Um pesquisador notou que em 2002 a taxa da população global em prisões era de aproximadamente 140 por 100 mil cidadãos, sendo a taxa nos Estados Unidos era de cerca de 700 em cada 100 mil habitantes (Walmsley 2003: 65); em 2008 a taxa nos Estados Unidos subiu para 740 (ICPS 2008). Em forte contraste, a Suécia, país com a mais baixa taxa de encarceramento, prende um cidadão em cada 2 mil, enquanto os Estados Unidos encarcera 150 (Tonry 1999: 419). No Canadá, a taxa de encarceramento em 2007 era de 116 em cada 100 mil. Com com um índice cinco vezes maior que a média mundial, os Estados Unidos recebem o título dúbio de "a capital prisional mundial".

Este fenômeno – também chamado de aprisionamento em massa – é marcado por duas características: números altos e a presença de grupo-alvo de encarceramento. Garland aponta: "O aprisionamento torna-se um *aprisionamento em massa* quando o encarceramento do ofensor individual cessa e torna-se *aprisionamento sistemático* de grupos inteiros de população. No caso dos Estados Unidos, o grupo preocupante é com certeza o de jovens negros em grandes centros urbanos" (2001:6). Isso se desenvolveu, não como resultado de uma política social cuidadosa, coordenada e coesa, em direção a um objetivo coletivo, mas como consequência de uma política descuidada, de um oportunismo profissional e econômico.

O fenômeno de aprisionamento em massa nos Estados Unidos tornou-se o que Marc Mauer descreve como "a corrida do encarceramento" (1999), especificamente para condenar um número desproporcional de homens jovens afro-americanos. Com base nas taxas de prisão de hoje em dia, um em cada três homens afro-americanos pode ser preso em algum momento de sua vida, em comparação com um em cada dezessete jovens brancos (Sentencing Project Website, s.i). Mulheres afro-americanas não estão em condição muito melhor, compreendendo 38% das mulheres presas nos Estados Unidos. Mulheres latinas, em compensação, são 17% dessa população. As consequências de manter esse alvo nas minorias raciais, principalmente através da condenação abusiva por infrações ligadas a drogas, alcançam não apenas as penitenciárias mas chegam às comunidades dessas minorias. As consequências do encarceramento são sentidas profundamente pelos filhos de presidiários e gerações subsequentes, em particular pelos filhos de detentas, que sofrem traumas como resultado de desintegração familiar, deslocamentos e pobreza (Radosh 2002).

Outra característica da situação dos Estados Unidos é a proliferação das prisões de "segurança máxima" e o aumento do uso de confinamento solitário total, onde as condições são caracterizadas por isolamento dentro do encarceramento – usualmente 23 horas por dia de permanência na cela. No final do século 20, o psicólogo prisional Richard Korn mostrou sérias preocupações sobre os efeitos psicológicos causados pelas unidades de segurança máxima como as de Lexington (1992). Ao final deste século, aproximadamente 20 mil prisioneiros estavam confinados nestas unidades nos Estados Unidos (Human Rights Watch 2000). O problema com esta prática é resumido por Craig-Haney[5]: "Há poucas, ou talvez nenhuma outra forma de aprisionamento que produza tantos traumas psicológicos, dentre os quais inúmeros sintomas de psicopatologias." (2003: 125). Os efeitos específicos dessa prática em prisioneiros encarcerados nas condições das prisões de segurança máxima incluem: atitudes e afetos negativos; insônia; ansiedade; pânico; isolamento; hipersensibilidade; pensamentos repetitivos; disfunção cognitiva; alucinações; perda de controle; irritabilidade; agressividade e raiva; paranoia; desesperança; letargia; depressão; um sentimento de colapso eminente; automutilação, e ideias e comportamentos suicidas (Haney 2003: 130-31).

O Modelo de Controle do Crime por Encarceramento e Liberdade

As unidades de controle (23 horas trancafiados) em proliferação nos Estados Unidos são um sintoma da mudança na política de Justiça Criminal em direção ao modelo de controle do crime, conforme descrito por Herbert Parker (1964). Este modelo, que enfatiza a apreensão e punição dos criminosos em benefício dos "cidadãos de bem", funciona como ferramenta de expressão política da cultura de "combate implacável ao crime". Portanto, a imagem de campos de treinamento também se tornou popular, apesar de as evidências das pesquisas mostrarem que "o modelo de orientação disciplinar tradicional dos campos de treinamento não são efetivos em reduzir a reincidência" (Kempinem e Kurlychek 2003: 582). Politicamente, o encarceramento, enquanto resposta ao crime, não é mais suficiente. Hoje em dia a grande preocupação são as condições do confinamento: em vez de refletirem a civilidade da nação em si – como argumentou Winston Churchill no início do século 20[6] – simbolizam o quanto os legisladores são implacáveis com o crime.

As consequências do encarceramento, no entanto, não ficam confinadas às paredes da prisão. A maioria das pessoas presas é finalmente libertada, e tanto os efeitos simbólicos como os reais do encarceramento espalham-se pelas ruas, principalmente em áreas urbanas. Se a segurança da comunidade é o principal pretexto para o encarceramento excessivo e em massa, o quanto este interesse serve para as abordagens e mecanismos do Sistema no momento em que se libertam os presos? As questões sobre liberdade condicional e custódia foram recentemente retomadas e as respostas a elas requerem uma análise detalhada de variáveis, a maioria das quais tem a ver com políticas e administração de Sistemas Correcionais. Além disso, como James Austin ironiza: "Para aqueles que têm trabalhado nos vinhedos das prisões por muitos anos, este novo interesse em liberação de prisioneiros tem encontrado um alto grau de ceticismo e desconfiança". (2001:314)

Uma pesquisa sobre as práticas de admissão prisional, libertação e supervisão comunitária em oito estados da América do Norte[7] levanta um bom número de considerações (Austin 2001). Através das amostras, vê-se que cerca de 40% das admissões em prisão foram de violadores de liberdade condicional; e a maioria dos 60% restantes foi de pessoas em liberdade condicional que violaram as condições técnicas e/ou que acumularam novas acusações criminais que resultaram na primeira prisão referente ao seu mandado original. Austin nota que o crescimento continuado de sentenças de aprisionamento prevê não somente sentenças mais longas para novas admissões prisionais, como também a reciclagem de antigos presos como violadores de liberdade condicional (318). Isso sugere que qualquer aumento na taxa de falha na liberdade condicional impactará, da mesma forma, as taxas de encarceramento. Austin também constata que o sistema de classificação colocou a maioria dos presos em instituições de segurança média e mínima, indicando que a população de presos é constituída principalmente por prisioneiros de baixo risco, a maioria dos quais não é detida nem reencarcerada independentemente de terem participado de algum programa de pré-liberdade. Apesar disso, no entanto, a liberdade condicional é usada com moderação, permitindo uma redução considerável das taxas ao longo dos anos, de 70% em 1977 para 28% em 1997. (Seiter e Kadela 2003:365)

Outros pesquisadores têm investigado a eficácia de diferentes programas de readaptação de presos à vida fora da cadeia. Richard Seiter e Karen Kadela, por exemplo, têm notado que a "nova penologia" (Feeley e Simon 1992) tem mudado a abordagem da liberdade condicional, de "ajuda e aconselhamento" para "gerenciamento de risco e vigilância" (2003: 366). Seu estudo sugere que os tipos de programa que mais parecem reduzir a reincidência incluem treinamento vocacional ou programas de trabalho, reabilitação de drogas, educação em meio período e programas que focam em temas de pré-liberdade (380). Na perspectiva dos prisioneiros, garantir um emprego é muitas vezes a preocupação mais premente (367). Os autores de um estudo apontam que, apesar de vários problemas para determinar qual é o efeito do aprisionamento em empregos subsequentes, eles puderam ao menos concluir que o tempo de reclusão diminui os ganhos dos prisioneiros em 10-30% (Western, Kling e Weiman, 2001). Ao mesmo tempo, no entanto, os trabalhos pós-encarceramento podem ser menos afetados pelo encarceramento em si do que pelos dados demográficos. O último surto de crescimento da população prisional dos Estados Unidos mostra uma alta concentração de jovens, com baixa qualificação profissional, vindos de grupos minoritários (Weatern, Kling e Weiman 2001:411), cujas perspectivas de emprego eram diminutas mesmo antes do encarceramento. Essa condição retoma as teorias neomarxistas, que sugeriam a utilidade da prisão como um contêiner para o excedente de trabalho.[8]

O decréscimo geral em libertações precoces com condicional devido às iniciativas de "verdade nas sentenças"* , bem como à preponderância de prisioneiros de baixa periculosidade, significou que recursos escassos estão sendo vigorosamente utilizados para fins duvidosos de segurança da comunidade. Mais pessoas estão sendo presas por períodos mais longos de tempo, como punição a crimes não violentos, principalmente para servir de vitrine para o discurso político do combate implacável à criminalidade. Ao mesmo tempo, a retórica leva a outra prática que expõe uma preocupação bastante diferente: a liberdade de prisioneiros provenientes de confinamentos segregantes, em prisões de segurança máxima, diretamente para as ruas. Austin nota: "A liberdade de internos de alto risco/alta custódia é comum em todos os estados" (2001: 327). Dada a discussão prévia sobre os efeitos do confinamento em solitárias no estado psicológico dos indivíduos, esta é também uma situação bastante grave.

Nos Estados Unidos, todo ano, cerca de 40% de todos os prisioneiros são libertados. Em 1995, 460 mil pessoas iniciaram a liberdade condicional. Em 2005, 887 mil foram soltos. Os custos sociais disso são tremendos. As áreas operárias de risco e os distritos pobres não conseguirão manter uma vizinhança saudável enquanto estiverem absorvendo esse número enorme de pessoas em liberdade condicional, a maioria das quais com poucas qualificações de trabalho. Há raros equipamentos comunitários para lhes dar assistência na reintegração. Suas famílias quase sempre foram desestruturadas como consequência de sua prisão. Um registro criminal automaticamente os priva de vários benefícios sociais, tais como subsídios de moradia e bem-estar social. Anos de isolamento, inclusive com períodos de confinamento em solitárias, trazem, no mínimo, transtornos para lidar com as dificuldades do mundo lá fora. Em resumo, os problemas sociais que levam tantos indivíduos ao aprisionamento, em um primeiro momento, são ainda mais exacerbados para aqueles que retornam à vida ao saírem das prisões.

---

* Verdade na sentença é um conjunto de posições de política pública diversas, mas relacionadas, na condenação dos prisioneiros por crimes no Sistema de Justiça. Na maioria dos contextos, refere-se a políticas e legislação que visam abolir ou restringir a liberdade condicional para que os condenados cumpram o período ao qual foram sentenciados. [N. da T.]

Política e Prisões nos Estados Unidos

Ernie Prate, procurador-geral da Pensilvânia, foi um proeminente incentivador da iniciativa "guerra contra as drogas", com a qual prometeu fazer da Pensilvânia o líder na implementação de sentenças compulsórias para delitos relacionados a drogas. Também defensor vigoroso da pena de morte, Prate parecia bem posicionado para receber a nomeação de seu partido para concorrer ao governo do estado em 1993. No entanto, suas aspirações desmoronaram quando surgiram histórias de fraude postal e não divulgação das contribuições da campanha da década anterior. Sentenciado a catorze meses de prisão, Prate encontrou-se em companhia do tipo de homens que contribuíram para a construção de sua carreira de resistência ao crime – afro-americanos e hispânicos que na maioria cumpriam pena por uso de drogas. Ele se confrontou com o que havia feito na primeira vez em que se colocou na fila para a refeição na prisão federal de Duluth, Minnesota, em 1996. "Era um mar de faces negras. Disse a mim mesmo: 'Ai, meu Deus, eu ajudei a criar isto' "(Westcott 2002:73).

A transformação de Prates de promotor da "lei e da ordem" para defensor da Justiça Restaurativa veio de suas experiências subsequentes ao ajudar colegas de prisão a preencher formulários formais de petição, a contestar a extensão de suas sentenças e as datas de sua liberdade. Nesse processo, ele foi compelido a questionar o próprio Sistema ao qual ele tinha dedicado sua vida: "Francamente, eu fiquei chocado com o número daqueles que não haviam recebido aconselhamento jurídico [...] Todo nosso Sistema é baseado em advocacia, e estava claro que esses prisioneiros não tinham tido advogados competentes" (Westcott 2002: 74). Ao ouvir as histórias dos prisioneiros, ele também passou a vê-los de modo diferente. "O que eu estava encontrando ali na prisão eram muitas pessoas boas que haviam cometido erros. Contrariamente à opinião pública, de que eles são um mal ameaçador, a grande maioria não é".

A maior parte dos promotores e políticos nunca terá o benefício da experiência de imersão de Ernie Prate para levar suas aspirações políticas e ações. Em vez disso, a maioria deles continuará embasada na postura dura favorecida por interesses de grupos especiais como a Associação Correcional de Oficiais de Paz da Califórnia e a Associação Nacional de Rifles dos Estados Unidos (NRA). O exemplo da NRA é particularmente poderoso. O propósito da NRA é defender o direito constitucional de cidadãos comuns à posse e porte de armas de vários calibres, inclusive metralhadoras automáticas. A Lei Nacional da Comissão de Justiça Criminal conjecturou que a NRA, com 3,4 milhões de membros e um orçamento anual de 150 milhões de dólares, tem mais influência na política criminal dos Estados Unidos do que qualquer outra organização privada (Donziger 1996). Em 1994, a NRA impulsionou com sucesso o Congresso a aumentar de 14 para 21 bilhões de dólares o montante destinado à construção de novas prisões e a eliminar programas de prevenção ao crime. Ela também bancou a primeira iniciativa "três crimes e você está fora" no estado de Washington. Mais tarde, ela ajudou a financiar uma iniciativa de votação similar à da Califórnia custeando uma campanha para convencer o Legislativo do Texas a gastar um bilhão de dólares em novas prisões. A NRA e outras instituições que pregam o medo público de estranhos desviam a atenção da legislação do controle de armas para uma aplicação mais rigorosa da lei e da expansão das prisões. (Wright 1998)

A mídia de massa também tem um papel-chave ao gerar e sustentar o medo público de crimes aleatórios. Nas democracias o foco no crime é apreciado em todas as classes, particularmente quando a desigualdade econômica é pronunciada (Chevigny 2003). Os políticos, por sua vez, manipulam as histórias do crime para elevar sua imagem de defensores da segurança pública, prometendo *ad infinitum* "combater duramente o crime". Um exemplo impressionante ocorreu durante a campanha presidencial de 1988, quando George Bush estava na disputa como candidato republicano contra o democrata Michael Dukakis. Quando Dukakis era governador de Massachusetts, um prisioneiro do estado chamado William ("Willie") Horton iniciou sua liberdade assistida. Logo depois, ele foi condenado por ter matado um homem e acusado de abuso sexual a uma mulher. Incidentes sérios como estes, com prisioneiros recém-libertados, ou em liberdade assistida, não são comuns, mas eles fomentam manifestações públicas pela lei e pela ordem. A campanha de Bush incluía anúncios frequentes em apresentações de TV sobre indultos e altos índices de reincidência da Justiça Criminal, sugerindo que Dukakis era brando com crimes violentos e estava libertando pessoas perigosas (Jamieson 1993). A opinião pública concordou, e isso alterou a eleição em favor de Bush.

A criação de uma campanha política baseada no medo usando Horton como alvo foi fortemente criticada pela distorção dos fatos deste caso. Horton posteriormente foi entrevistado pelo jornal *The Nation*:

> O fato é que meu nome não é "Willie". É parte de um mito deste caso. Esse nome me irrita. Foi criado para ser um estereótipo racial: grande, feio, burro, violento, negro – Willie. Me ressinto por isso. Eles criaram um personagem fictício – que parece real, mas que não existe. Eles me despojaram de minha identidade, distorceram os fatos e roubaram meus direitos constitucionais. (Elliot 1993)

As críticas também focaram na maneira como as publicações imprecisas "reforçaram as suposições errôneas de que os crimes violentos são cometidos muito mais por negros, por ofensores negros contra vítimas brancas e decorrentes de ações de homens negros contra mulheres brancas" (Jamieson 1993: 9). Ao contrário: os afro-americanos e as pessoas economicamente desfavorecidas são com mais frequência *vítimas* de violência, com mais frequência as vítimas são homens e não mulheres, e a maioria dos crimes são intrarraciais. O mau uso do caso de Horton para ganho político também legitima o racismo por alimentar "o senso comum da teoria do crime de homens-negros-selvagens" (Galliher 1991:246), refletindo o tratado de Stanley Cohen (1972) sobre demônios populares e pânico moral.

Dos anos 1930 até o final dos anos 1960, o crime era raramente, ou quase nunca, considerado um problema de maior importância nas pesquisas de opinião pública nos Estados Unidos (Chambliss 1999). A mudança no final dos anos 1960 em direção a uma maior sensibilidade pública ao crime decorreu de uma estratégia calculada por parte dos conservadores, que haviam sido relegados às margens do poder político. O discurso da lei e da ordem que reforçou a campanha presidencial republicana em 1968 foi "construído sobre estereótipos raciais de criminosos negros violentos, fora de controle e fora do alcance da lei", configurando o *status quo* para o mito de Horton vinte anos depois. O republicano Richard Nixon atacou o foco "permissivo" do presidente Johnson nas condições sociais nas quais o crime emergiu, oferecendo uma alternativa assertiva através da execução vigorosa da própria lei. Ao disseminar estas sementes, um pensamento de ordem de resistência ao crime emergiu às margens da Justiça Criminal tornando-se o *status* convencional, a "sabedoria de senso comum".

Em entrevista ao *New York Times* alguns anos atrás, o ex-presidente dos Estados Unidos Jimmy Carter falou de um tempo em que a ligação entre política e encarceramento era bem diferente disso que está atualmente em voga. "Ele disse que, como jovem governador da Geórgia, ele e alguns contemporâneos, como Reubin Askwin, da Flórida, e Dale Bumpers, do Arkansas, mantinham uma 'acirrada competição' de quem tinha a *menor* população prisional. 'Agora é totalmente o oposto', disse Carter. 'Agora os governantes vangloriam-se de quantas prisões construíram e de quantas pessoas conseguem manter na cadeia por quanto tempo' " (Matter 1999: 56). Os comentários de Carter sublinham o fenômeno de que os encarceramentos constituem um tipo de política de moeda de troca, na qual a taxa de aprisionamento é usada como indicador de sucesso ou de um governo de mão de ferro, no lugar de indicar uma falha do governo em atender as necessidades de seu povo.

O Complexo Industrial-Prisional

A política e os interesses de pequenos grupos não são os únicos a se beneficiarem da posição "tranquem eles e joguem fora as chaves" da política do Sistema de Justiça Criminal. O papel de uma economia de livre mercado e as noções de gestão e serviços de qualidade, que ganharam impulso no final do último século, também contribuíram para a expansão das prisões nos Estados Unidos. Em um momento em que a taxa criminal estava decaindo (Hallett 2002), uma ampla gama de fábricas, distribuidores e prestadores de serviços trouxeram interesse comercial para lidar com a situação, fornecendo ferramentas, bens e serviços (Parenti 2000). Firmas de arquitetura e construção, investimentos em bancos da Wall Street que lidam com assuntos ligados a presídios e investem em prisões privadas, empresas de suprimentos de material hidráulico, companhias que vendiam de tudo, desde câmeras de segurança resistentes a balas e "*scanners* de segurança até dispositivos acolchoados para orifícios corporais" (Lynch 2002) – todos tinham interesse em investir na expansão das prisões. As empresas não apenas faziam dinheiro vendendo essa parafernália correcional para construtores e operadores de prisões, mas também economizavam custos com folha de pagamento empregando prisioneiros como mão de obra barata (Scholosser 1998). Como Joel Dayer afirmou, "o motivo por trás do crescimento sem precedentes da população prisional nos Estados Unidos é o montante de 150 bilhões de dólares gastos anualmente na Justiça Criminal, muito do que por fim acaba nas contas bancárias dos acionistas de algumas das mais conhecidas e mais respeitadas corporações" (2002:2). Considerando a passagem a seguir da revista *Barron*, promovida pelo seu *website* como "a primeira revista financeira semanal americana, a mais sofisticada revista de consumo desse tipo":

> Hoje, ninguém faz piadas sobre a Corporação Correcional da América (CCA). Disse um gestor financeiro: "O que quero saber é quantas ações posso ter? Por que a rápida mudança? Simples. A Corporação Correcional da América – Prison Realty Trust – tem inúmeras coisas caminhando nesse sentido. Como líder entre as corporações, ela tem uma história muito convincente.
> A indústria das prisões privadas está crescendo a uma velocidade incrível: mais de 30% ao ano. Além do que, ninguém espera que o crescimento desacelere. A maioria dos analistas estima que haja aproximadamente 1,5 milhão de prisioneiros adultos neste país. (Espera-se que esse total cresça de 7 a 10% ao ano). No entanto, somente 80 mil estão em instalações privadas.

O que está impulsionando o movimento para a privatização das prisões? A diminuição de despesas. O governo federal, o estadual e o local querem reduzir as despesas sem comprometer assuntos importantes para os eleitores. O público quer prender aqueles que cometem crimes, mas, quando a opção é entre uma nova estrada, escola, estádio de futebol ou prisão, os eleitores geralmente preferem uma das três primeiras. Os políticos veem a privatização das prisões como uma boa forma de arrecadar dinheiro e, ao mesmo tempo, terem presídios. Um gerente de portfólio que cuida de um fundo imobiliário diz: "Todo mundo adora falar de situações ganha-ganha". (Vincour 1997: 31)

Neste cenário, é claro que quem ganha são os políticos e os investidores. Um artigo de 1994 do *Wall Street Journal* afirmou que a indústria correcional particular usou a guerra contra o crime como um mercado de negócios lucrativos, da mesma forma que a indústria da defesa usou a ameaça do comunismo durante a Guerra Fria. Esse artigo referia-se ao "triângulo de ferro" formado entre a burocracia do governo, a indústria particular e a política. Esse triângulo criou uma interligação dos interesses financeiros e políticos, que impulsionaram a expansão do Sistema de Justiça Criminal (Schlosser 1998), que se tornou conhecida como complexo industrial-prisional.[9]

Os perdedores não mencionados neste cenário são os prisioneiros e suas famílias e, de forma mais ampla, a integridade da sociedade civil em si. A guerra contra o crime que se iniciou no final dos anos 1960 tornou-se especificamente uma guerra às drogas, que continua a depender do racismo para capturar ainda mais "combustível" para a indústria correcional. A guerra contra as drogas começou com o presidente Nixon nos anos 1970 (Parenti 2000), mas o presidente Ronald Regan elevou-a a uma nova dimensão nos anos de 1980, resultando em um aumento da população prisional. Em 1975, a taxa de encarceramento era cerca de 110 por 100 mil nos Estados Unidos. Essa taxa dobrou nos anos 1980 e dobrou novamente em 1990, para 500 por 100 mil, e hoje se mantém bem acima de 700. As condenações relacionadas às drogas e relacionadas a longas sentenças de prisão foram largamente responsáveis por essa elevação da curva. Um vendedor de maconha pode ser sentenciado a prisão perpétua sem nenhuma possibilidade de liberdade assistida, ao passo que um condenado por roubo armado cumprirá pena de cinco anos ou, se cometer um sequestro, cumprirá pena de doze anos. (Sclosser 1994)

Nos Estados Unidos, mais da metade de todos os prisioneiros são afro-americanos, e o número de latinos e *chicanos* é também muito alto. O ressurgimento histórico de "um manifesto *comércio* racial de seres humanos encarcerados" (Hallett 2002: 371, ênfase do original) – um *link* entre escravidão e criminalização – é evidenciado pelo novo entendimento dos presos como mercadoria. Homens negros são cinco vezes mais propensos a serem presos do que homens brancos por uma ofensa relacionada a drogas, embora a taxa de uso seja a mesma.

William Chambliss (1999), ex-presidente da Sociedade Americana de Criminologia, referiu-se à guerra contra as drogas como uma "limpeza étnica da América". As condenações por posse de *crack*, droga de rua relativamente inexpressiva, nas quais os negros são bastante visados, resultam em sentenças mais longas do que aquelas recebidas por brancos condenados pela posse do pó mais caro, a cocaína. Em 1999, um em cada três homens afro-americanos nos Estados Unidos estava na prisão ou cadeia, ou em liberdade condicional (Mauer 1999). Os negros do Canadá, assim como o povo nativo das Primeiras Nações são da mesma maneira super-representados na prisão. (Tarnovich 2004)

Em um artigo do *Guardian Weekly* (Campbell 2000), ressaltou-se que o custo da construção de cadeias nos Estados Unidos era de, em média, 7 bilhões de dólares por ano; o custo operacional das prisões era de 35 bilhões de dólares anuais; e a "indústria da prisão empregava mais de 523 mil pessoas, fazendo dela a maior empregadora do país depois da General Motors". Devido à atividade econômica gerada pelas agências de punição, era previsível que este capital acabasse investido em prisões particulares. Ao final de 2002, 93.771 prisioneiros estavam detidos em prisões que operavam com fins lucrativos (Harrison e Beck 2003). No Canadá, em 2001, a província de Ontário abriu a primeira (e atualmente única) "superprisão", uma instituição de 1.184 leitos que funciona como prisão provincial e que tem um contrato com a empresa norte-americana Management and Training Corporation (Ministério de Segurança Comunitária e Serviço Correcional de Ontário 2001). Localizado em Penetanguishene, Ontário, o Centro Correcional do Centro-Norte já vivenciou controvérsias sobre os serviços de saúde aos prisioneiros, condições de trabalho e morte de presos.

Por volta do final dos anos 1980, à medida que o escopo da guerra às drogas aumentou nos Estados Unidos, as prisões tornaram-se perigosamente superpopulosas, sendo que aproximadamente dois terços delas receberam determinação do Tribunal para redução da superlotação. Esta terrível situação foi transformada em uma oportunidade de negócio, com corporações de presídios particulares assumindo financiamentos para construir e gerenciar prisões, bem como para prover serviços para os prisioneiros e usá-los como trabalhadores (Hallett 2002). A eficácia pragmática do funcionamento do público *versus* privado é um interesse crescente na criminologia (veja, por exemplo, Austin e Conventry 1999; Harding 1999; Freiberg 1999; Mobley e Geis 2001; Hallett e Lee 2001; Camp e Gaes 2001). A crítica à privatização de prisões possibilita uma visão ampliada das implicações da inclusão de interesses corporativos no Sistema de punição estatal. Isso fica particularmente claro no campo da política, onde a marca dos interesses corporativos sublinha a política da Justiça Criminal Estatal.

Judith Greene, analista política, ilustra as implicações de vínculos corporativos com fins lucrativos em prisões.

> O impulso adicional das prisões particulares como parte do desenvolvimento econômico no contexto da nossa atmosfera política de "combate ao crime" teve um efeito corrosivo na criação de políticas de Justiça Criminal. Através das contribuições das campanhas políticas e dos esforços dos melhores lobistas que o dinheiro pode pagar, a indústria não poupou despesas na promoção da ideia de que a privatização das prisões é a solução mais fácil para resolver a superlotação; isso delapidou a prisão pública. Em todos os estados, a viabilidade de leitos em prisões privadas – especialmente aquelas construídas dentro de "especificações" – gerou acalorados debates políticos sobre o equilíbrio apropriado entre prevenção e punição, reabilitação e privação de liberdade.
> Muitos dos primeiros críticos da privatização das prisões previram que os executivos das indústrias fariam o *lobby* por leis de sentenciamentos mais severas, influenciando diretamente as decisões sobre quem vai para a prisão e por quanto tempo. Também a CCA [Corporação Correcional da América] exerceu influência nestes temas através de sua liderança-chave na força-tarefa de justiça criminal do American Legislative Exchange Council, poderoso órgão que reúne a legislação estatal e os executivos de corporações para esboçar e promover programas conservadores de "combate" ao crime, bem como para promover a privatização das prisões. (2002: 112)

Considerando que as taxas criminais estavam baixas e que a "economia norte-americana estava mais forte do que nunca [...] com as mais baixas taxas de desemprego e inflação durante uma geração, e que mais pessoas viviam, mais do que nunca antes, em casas próprias" (Hallett 2002:371), argumentar que a rápida mudança social e o descontentamento demandavam mais presídios parece insuficiente para explicar o apoio popular a esta política de Justiça Criminal (Useem, Liedka e Piehl 2003). A confluência ganha-ganha de interesses corporativos de privatização junto com o discurso político de controle do crime não necessariamente equivalem a maior segurança comunitária; como muitos argumentaram, isso pode até comprometer a segurança em decorrência dos efeitos do encarceramento sobre prisioneiros e suas famílias. Além disso, mais dinheiro público para prisões significa menos para a saúde, educação e serviços sociais, sendo todas estas importantes ferramentas na prevenção de atos danosos.

Conclusão

Está muito quente nesta cela minúscula. As paredes têm goteiras, o chão está úmido, e outra gota de suor escorre nas minhas tatuagens. Até elas se irritam, rebelando contra o calor e a pintura da prisão, o que fazer? Ir para fora e passear de braços dados, pelo pátio lotado cheio de poeira que mais parece um canil, ouvir umas mentiras monótonas sobre a verdadeira grandeza da vida do crime? Ou deixar o suor cair na máquina de escrever enquanto digito as minhas próprias mentiras? Não se enganem, é tudo uma mentira – o Sistema, quem somos, por que estamos aqui dentro.
O que não é mentira? Este lento queimar do encarceramento devorando a vida dos homens, a cada hora, dia, ano?
Talvez não importe muito – as paredes úmidas, a privação, a hipocrisia, o espírito esmagado pelo confinamento – se ao menos eu acreditasse que há uma razão (James Blau, "Heat" 2001)[10].

O juiz Barry Stuart, recentemente aposentado do Tribunal Territorial de Yukon, no Canadá, criticou sobremaneira a natureza exclusivamente profissional do processo formal da Justiça Criminal. Motivado pelo senso de inutilidade do regime existente, ele colaborou com comunidades nativas, em Yukon, para mudar as práticas do Tribunal e acrescentar os processos de Círculos comunitários. Enquanto ainda era juiz na ativa, Stuart observou: "Apesar de uma observação amplamente disseminada e bem sedimentada de que não podemos remover o crime da comunidade somente removendo os criminosos, e que o Estado não pode jamais substituir efetivamente o bem-estar proporcionado pelas famílias e comunidades, persistimos desesperadamente tentando fazê-lo. Esta é a nossa 'Marcha da Insensatez' ". (1998:90)
Quando Jimmy Carter e outros governadores de estados vangloriaram-se das baixas taxas de encarceramento nas prisões, foi porque isso era um termômetro do quanto cada estado estava fazendo por seus cidadãos. Baixas taxas

prisionais indicam que a maioria dos cidadãos do estado teve suas necessidades atendidas, de modo que o nível de civilidade entre os cidadãos era relativamente alto; e principalmente sinal de que os regimes políticos em vigência estavam fazendo bem seu trabalho. De alguma forma, a missão dos governos de fazer o possível para que os cidadãos tenham suas necessidades atendidas mudou para uma posição padrão de punir aqueles que não podem se tornar membros que contribuam com suas comunidades em um contexto político de diminuição da eficácia do governo.

No final do século 19, o sociólogo emérito Emile Durkheim comentou essa dimensão social da punição, que é o foco do próximo capítulo. Embutida nesta discussão do mecanismo solidário das sociedades, Durkheim declarou (1993 [1893]:108):

> [Punição] não serve, ou talvez sirva de modo bastante secundário, para corrigir o culpado ou intimidar possíveis seguidores. Desse ponto de vista, sua eficiência é bem incerta e, em qualquer caso, medíocre. Sua verdadeira função é manter a coesão social intacta enquanto mantém sua vitalidade na consciência comum.

A resposta de Michael Tonry à questão: "Por que as taxas de encarceramento nos Estados Unidos estão altas?" resume este fenômeno: "A opção norte-americana pelo encarceramento sem precedentes e as ásperas políticas de Justiça Criminal têm pouco a ver com eles – os ofensores, com os quais lidaremos de um modo ou de outro – mas tem tudo a ver conosco". (1999:435)

Notas

1. *Oz* é uma série semanal, escrita por Tom Fontana, do canal a cabo Home Box Office (HBO), que caracteriza a vida de prisioneiros, agentes penitenciários e outros na fictícia Oswald State Correctional Facility. Veja www.hbo.com/oz/.
2. Membro conservador do Parlamento canadense, Randy White e o jornalista Michael Harris foram exemplos de críticos que construíram suas carreiras reprovando a "leniência" do Sistema prisional do Canadá.
3. Essa discussão é baseada nos números oferecidos na Tabela 1.1 ("Sentenças Proferidas na Corte Criminal do Canadá Superior, 1792-1835"), em Oliver (1998:14-15).
4. Veja o Apêndice A em Gosselin 1982 para a lista completa das penitenciárias federais do Canadá em ordem cronológica.
5. O estudante de graduação Craig Haney era pesquisador assistente do Dr. Philip Zimbardo no agora conhecido "Experimento de Prisão de Stanford", realizado na Universidade Stanford, na Califórnia em 1971.

6. Winston Churchill é sempre citado por seu discurso de 20 de julho de 1910, na Câmara dos Comuns Britânica [N.T. Parlamento Britânico], onde disse que "O humor e a veneta da opinião pública em relação ao tratamento do crime a dos criminosos é um dos testes mais infalíveis da civilização de um país". Extraído do Subcomitê de Sistema Penitenciário do Canadá, Relatórios ao Parlamento (1997).
7. Os estados incluídos nesta amostra – Califórnia, Geórgia, Missouri, Nevada, Ohio, Pensilvânia, Texas e Washington – foram selecionados pelo Autor do estudo "com base nas relações existentes entre o Instituto do Crime, Justiça e Correções [a pesquisa do Autor é da Universidade George Washington] e seus administradores correcionais, a diversidade em sua demografia, a prisão por crime, as taxas de encarceramento e suas práticas de sentença de liberdade" (Austin 2001: 315).
8. Exemplos proeminentes disso são *Cárcere e Fábrica*, de Melossi e Pavarini (2006), e *Punishment and Social Structure*, de Ruche e Kirchheimer (1968).
9. Veja Pranis (2003:158) como exemplo de um ativista que derrotou uma multinacional que se aproveitava da prisão, motivada pela "necessidade de se opor ao 'complexo industrial-prisional' que funciona mais como um complexo militar-industrial".
10. Veja também Blau 2003 e 2007.

2

"Se punição funcionasse, eu seria *santo*."

Uma Criança de Sete Anos
Mario Auger

Passe alguns minutos comigo. Vou te levar pelos caminhos da minha infância. Meus pais se divorciaram quando eu tinha sete anos. Minha mãe, meu irmão e eu nos mudamos para um bairro pobre. Desde o início, eu tinha dificuldade na escola. Minha mãe estava cansada da vida. E eu totalmente só com meus fracassos. Cresci sentindo que não podia ter sucesso na escola. Ninguém me deu a mão para me guiar até as aulas que me teriam ajudado a passar nas provas. Fiz novos amigos nesse bairro. À noite, íamos nos divertir na rua. Fiz meus exames nas ruas à noite e, nestes, tirei boas notas. Começamos a formar uma pequena gangue. Com o tempo, fui endurecendo. Com dezessete anos, eu já estava seguindo pelo caminho que me levou para trás das grades.

O meu desejo mais íntimo era apenas ter meu pai perto de mim, receber algum apoio da escola, participar de atividades com crianças da minha idade. Aprendi a viver nesse mundo de mentiras, ódio e crime. Todos os meus novos amigos viviam em famílias nas quais a pobreza era a realidade diária. Seus ídolos eram antigos criminosos da vizinhança; com o tempo eles também se tornaram meus ídolos.

Na escola, eu apenas conhecia o fracasso. Estava buscando, estava tentando encontrar-me nesse ambiente. Eu não podia entender as consequências das minhas falhas para o futuro. No meu jovem coração, a primeira semente de tristeza foi semeada com o primeiro fracasso nas provas da escola. Com onze anos, eu já era parte deste outro mundo do crime: primeiros roubos em lojas de conveniência, primeiros cigarros. Eu era um garoto que só queria brincar, descobrir o que estava se abrindo à minha frente. Precisava sentir-me valorizado para encontrar uma identidade, um "ponto de ancoragem". Largado na rua por conta própria, aprendi a viver sob suas regras. Dia após dia, aprendi a realidade da vida. Também tive meus primeiros sonhos, mas eles estavam fora da realidade da minha estrada [...] Hoje vou te contar um segredo bem guardado. Dói estar na cadeia, longe daqueles que amo, e pensar nas tristezas que causei a eles.

Quero te contar isto: amanhã, quando você estiver a caminho do trabalho, olhe para aquele menino de sete anos que está esperando o ônibus da escola. Pergunte a si mesmo: o que este garoto está atravessando, qual caminho ele vai seguir na vida? Este garoto, estes garotos vão seguir por um caminho ou por outro sem entender a importância que essa escolha terá em suas vidas.

Minha pergunta permanece: eu te deixo responder por mim. Se eu tivesse passado nas provas, qual teria sido meu caminho, meu ponto de ancoragem? Uma criança que se tornou um preso: Mario Auger

No momento que estava escrevendo este livro, Mario Auger estava encarcerado na Leclerc Institution, em Quebec.

※ ❀ ※

Strawberry Alice: Você acabou de espancar um homem inocente.
Little Bill Daggett: Inocente? Inocente do quê? – do filme *Os imperdoáveis*, de Clint Eastwood, 1992.

Alguns anos atrás, tive uma conversa com um prisioneiro condenado à morte em uma instituição federal canadense. Andrew estava encarcerado fazia mais de três décadas. Permaneceu muitos desses anos trancado em uma solitária em condições de confinamento, enterrado em algumas das mais austeras prisões do Canadá. Eu estava em conflito com alguns conceitos que precisavam ser repensados em meu trabalho com Justiça Restaurativa, e a nossa conversa foi permeada por preocupações com a prática da punição no Sistema de Controle Social do Ocidente. Frustrada com a aceitação e despersonalização da punição em diferentes áreas da vida democrática, ponderei sua ineficiência em mudanças significativas e fiz uma pergunta (retórica) a Andrew: se, em sua experiência, punição "funcionava". Ele riu e, diante do cenário da nossa conversa, após ter compartilhado sua longa história na prisão, ele respondeu: "Se punição funcionasse, eu seria santo".

Deu-se à punição um *status* sagrado em nossas sociedades. É o elemento inquestionável de uma resposta autoritária a comportamentos ou ações que interrompem o fluxo da vida em variados contextos – lar, escola, local de trabalho, esportes e Justiça Criminal. Presume-se que a punição tenha uma eficácia como ferramenta de resposta correcional ao erro; e questionar seu propósito é quase uma heresia. Em Justiça Criminal, punição é a pedra fundamental do Sistema. Além disso, para internos em cumprimento de penas longas como a de Andrew, estas extrapolam a ofensa original para a qual a sentença foi imposta, de forma que o crime e sua punição não estão proporcionalmente relacionados. Os agentes penitenciários nos lembram que sua maior responsabilidade é lidar com as sentenças de prisão determinadas pelos Tribunais, de forma que essa desproporção não seja vista como algo significativo. Os guardiões de Andrew estão se tornando mais jovens do que ele; muitos deles nem eram nascidos quando ele cometeu suas ofensas. Ele foi qualificado, não

"Se punição funcionasse, eu seria *santo*."

como um indivíduo com uma vida cujas ações afetaram as vidas de alguns outros, mas como um ator passível de punição, uma mercadoria correcional, um interno sem prazo de validade.

A Justiça Restaurativa é frequentemente caracterizada como uma resposta "branda" ao crime ou ao erro. Esta crença relega a Justiça Restaurativa a transgressões menores e de grau mais baixo; consequentemente na Justiça Criminal, é vista como mais apropriada para ofensores jovens, primários, não violentos. À medida que este livro for se desenvolvendo, você será convidado a reconsiderar essa noção limitadora que não tem a aprovação do crescente conjunto de pesquisas nas aplicações da Justiça Restaurativa. Para um propósito imediato, no entanto, a caracterização da Justiça Restaurativa como uma resposta mais branda ao crime faz parte do conteúdo de uma caixa que precisa ser aberta a seguir. No fundo dessa caixa está a punição, a inevitável conclusão a que supostamente devemos chegar, que talvez até seja previsível devido ao legado da Justiça Criminal durante os últimos duzentos anos. Mas, em uma observação mais minuciosa, vemos que a Justiça Restaurativa, de fato, não cabe nessa caixa; nem pode ser encontrada no arco traçado pelo balançar do pêndulo da punição: de uma resistência para uma indulgência e de volta para o ponto inicial. Por que não? Onde ela se encaixa? Para determinar isso, temos de revisitar a punição, como conceito e como prática, considerar o que isso implica e por que é problemático quando visto através das lentes da Justiça Restaurativa.

Reconsiderando a Punição

A punição está tão integrada ao que presumimos ser a ordem normal das coisas no campo social e dos comportamentos, que muito pouco tem sido escrito para questionar estes pressupostos, mesmo no contexto das discussões da Justiça Restaurativa. Martin Wright tem sido, provavelmente, o mais ousado dos defensores da Justiça Restaurativa quando questiona a punição. Ele afirma: "Toda punição, no sentido normal da palavra, tem a intenção de causar dor e medo e, em alguns casos, incapacitação" (2003: 5). Aquele que inflige a punição pretende deliberadamente causar dor, algo que influencia significativamente na avaliação da punição. Machucar deliberadamente os outros, seja qual for a justificativa, é uma ação que reflete naquele que infligiu a punição. O velho ditado dos pais – "Isto dói muito mais em mim do que em você" – nos vem à memória, pois o ato de punir de alguma forma degrada aquele que pune. Como afirma Nietzsche: "Desconfie totalmente daquele cujo impulso punitivo é muito forte" (1969 [1885]:124).

Frequentemente a punição é explicada como mera consequência de uma ação, semelhante a uma lei natural, à ação da gravidade. Algumas vezes apresenta-se um significado mais genérico de punição. Kathleen Daly, por exemplo, argumenta que a punição é "qualquer coisa desagradável, ou algum tipo de ônus" e afasta a ideia de que a intenção daquele que pune seja determinante para a noção de punição (1999: 4, nota de rodapé 4). A noção essencial recai no princípio de que os seres humanos podem ser motivados a agir de determinadas maneiras baseados em seu desejo de ter prazer e evitar a dor. Seguindo esta lógica, a dor é desagradável e para evitá-la é preciso ter alguma consciência das ações que acabam provocando dor a si mesmo. Esse pensamento, por conseguinte, encoraja os indivíduos a se comportarem de forma mais responsável a fim de reduzir seu impacto no mundo social mais amplo. Esta é a razão convencional para a punição. Um problema com essa lógica é que ela encoraja as pessoas a serem movidas por interesse próprio. A questão da motivação para agir é um ponto crítico de reflexão quando se considera a punição. Alfie Khon explica (1999:172-173):

> Se um auditório está repleto de assaltantes de banco, agressores de mulheres e diversos outros tipos de criminosos, é provável que praticamente todos eles tenham sido punidos quando crianças. Não é relevante se a punição foi chamada de "consequências"; o que importa é que essas pessoas foram treinadas a focar não no que elas estavam fazendo, e se isso estava certo, mas naquilo que vai acontecer com elas se alguém com mais poder não gostar do que fizeram. Argumenta-se que punição e recompensa são estratégias adequadas para se usar com crianças, pois os adultos agem em resposta a esses estímulos. Sim, alguns de fato o fazem, mas será que queremos que nossas crianças se tornem esse tipo de adulto?

O conceito de punição sugere que o motivo pelo qual fazemos as coisas (ou não) não é importante. Mas esse conceito coloca de lado nossa esperança de que, na ausência de figuras de autoridade para punir ou recompensar os comportamentos, os indivíduos ainda vão agir de forma boa ou, pelo menos, não vão causar danos aos outros e ao meio ambiente. A psicologia comportamental sugere que podemos obter o mesmo efeito treinando pessoas, assim como macacos, através de *feedbacks* repetidos de eventuais ações recompensadoras ou punitivas. Combinado com o efeito panóptico[1], comportar-se corretamente se tornaria mais um reflexo condicionado do que o resultado de uma introspecção reflexiva.

Vamos supor agora que esse tipo de condicionamento operante possa apresentar menos dilemas éticos do que o comportamento danoso que se pretende restringir. Em uma próxima discussão sobre os supostos componentes educativos da punição, revisaremos algumas das mais relevantes ideias sobre punição que possam mitigar nossa incerteza sobre seu significado e seus valores subjacentes. Por ora, vamos focar na eficácia da punição em moldar as psiques dos indivíduos. Resumindo um conjunto de pesquisas psicológicas sobre este assunto, Heusmann e Podolski alertam que mesmo a punição "cuidadosa" das crianças pode aumentar o comportamento antissocial e há "poucas razões para acreditar que qualquer tipo de punição, por si só, tenha alguma chance de mudar o comportamento de um ofensor ou de deter futuras ofensas, a menos que seja vista pelo ofensor como uma consequência quase certa do comportamento" (2003: 79). A certeza de que alguém será punido está baseada na igual certeza de que ele será pego, acusado e condenado. Alcançar essa certeza é aparentemente um objetivo desejado por legiões de policiais e oficiais do Tribunal, que dão seu parecer contando com poucos recursos e com restrições ideológicas em seus respectivos setores do Sistema de Justiça Criminal. Mas, adotando uma conclusão lógica, a criação de uma sociedade intensamente observada e policiada parece tanto inviável como indesejável na democracia. E, além disso, o desvio em larga escala de recursos da educação, saúde e serviços sociais para o reforço da lei comprometeria qualquer empenho em atender os problemas sociais na sua origem, antes que se tornem questões de Justiça Criminal.

Conforme citado no fim do Capítulo 1, Durkheim observou que: "A verdadeira função [da punição] é manter a coesão social intacta, enquanto mantém toda sua vitalidade na consciência comum". Ele repudia a ideia de que a punição possa efetivamente mudar o comportamento daqueles que violaram a lei ou trazer cura às vítimas. Mas, ao contrário, nos convida a considerar a utilidade *simbólica* da punição para um contexto político maior. A crença universal popular é de que a punição é utilitária – uma resposta apropriada à transgressão – porque ela educa o transgressor e corrige seu comportamento. Quando a Justiça Restaurativa é usada em um contexto limitado da Justiça Criminal, está mais preocupada com a solução de problemas dentro de cada conflito do que com o envio de "mensagens fortes" para a sociedade em geral sobre escolhas apropriadas. Também a educação moral em si é vista como mais efetiva se vier de baixo para cima, e não de cima para baixo.

A fim de explorar a Justiça Restaurativa, no tocante à questão do que motiva o comportamento e sobre o problema de se a punição encoraja ou não a conformidade com as normas, Martin Wrigh observa: "A ideia de que a virtude é a sua própria recompensa reflete-se na ideia de que a 'transgressão é a sua própria punição'" (2003:19). Na Justiça Restaurativa, o foco está no valor *intrínseco* e no significado das ações; faremos ou não certas coisas por causa de significados internos dessas ações para nós mesmos e para os outros. A recompensa intrínseca da virtude é que se pode interagir no mundo com uma consciência limpa. A eficiência da punição para a mudança de comportamento ou na contribuição para uma maior segurança social parece ser o pivô do problema da motivação intrínseca ou extrínseca. A motivação intrínseca encoraja as tomadas de decisões morais baseadas em valores, enquanto a motivação extrínseca promove as tomadas de decisão baseadas em punição e recompensa.

Punição e Educação Moral

Desde o momento em que as crianças nascem, crescem dentro de uma estrutura educacional que é amplamente baseada em punição e recompensa. Isso geralmente é usado para explicar a inevitabilidade da punição nas práticas parentais, nas políticas disciplinares das escolas e no Sistema de Justiça Criminal. Como estamos inclinados a considerar a punição *dentro de* um paradigma de base punitiva, a reconsideração da punição em si parece absurda. Abandonar a punição, neste contexto, significaria não fazer nada em face dos atos danosos.

Claro, se a ideia de "não fazer nada" em circunstâncias de conflito ou transgressão não é aceitável para a maioria das pessoas, então a atração pela punição se mantém. Como veremos no Capítulo 4, a Justiça Restaurativa é um paradigma diferente, que requer diferentes respostas ao dano. Em outras palavras, *"não punir não é igual a não fazer nada"*. Dentro do paradigma da Justiça Restaurativa, frequentemente se diz que diante do evento danoso a JR exige dos indivíduos e da comunidade muito mais do que o recurso automático à punição. Para nossos propósitos neste capítulo, no entanto, a tarefa é examinar o que a teoria e as pesquisas nos contam sobre a eficiência da punição em prevenir o dano (dissuasão) e responder a ele (reabilitação).

Começamos a discussão perguntando: "Quais são os objetivos almejados pela punição?" E depois: "Quais são as consequências não intencionais da punição?" Deixar de fazer estas perguntas aumenta a dificuldade em avaliar políticas públicas. Como mensuraremos quantitativa e qualitativamente a eficiência da punição se não conectarmos sua prática com objetivos bem concebidos? E quão bem equipados estamos para receber o *feedback* dos resultados que não prevemos, de forma a sermos responsáveis por nossas próprias ações?

"Se punição funcionasse, eu seria *santo*."

O artigo 718 do *Código Criminal do Canadá* detalha os princípios de sentenciamento que mais aproximam nosso foco dos objetivos de nossas práticas; exige que se equipare a sentença e a punição. O artigo 718 ressalta seis propósitos (objetivos) do sentenciamento:

(a) denunciar condutas fora da lei;
(b) impedir ofensores e outras pessoas de cometerem ofensas;
(c) separar os ofensores da sociedade quando necessário;
(d) dar assistência à reabilitação dos ofensores;
(e) oferecer reparação ao dano causado às vítimas ou à comunidade;
(f) promover um senso de responsabilidade nos ofensores e reconhecer o dano causado à vitima e à comunidade.

Para os nossos propósitos, focaremos nas subseções (d) e (f), considerando a reabilitação e os aspectos da responsabilidade do sentenciamento, os quais essencialmente procuram prevenir danos futuros após um dano inicial ter sido causado. Um olhar mais aprofundado na teoria e nas pesquisas acadêmicas sobre educação moral e desenvolvimento infantil revela aspectos interessantes sobre a maneira como aprendemos a nos autoconduzir no mundo social. Uma vez que toda a nossa trajetória de vida começa na infância, estas áreas do trabalho acadêmico nos oferecem informações sobre se a punição pode ser ou não um agente de mudança.

No final dos anos 1800, o filósofo alemão Immanuel Kant contestou o papel da punição no domínio da educação. Em um capítulo chamado "Cultura moral", ele delineou o problema da punição no desenvolvimento moral (2003 [1899]: 84) (destaque no original):

> Se você punir uma criança por ser impertinente e recompensá-la por ser boa, ela agirá de modo correto meramente pelo benefício da recompensa; e quando ela for para o mundo e perceber que bondade não é sempre recompensada, nem maldade sempre punida, ela crescerá sendo alguém que só pensa em como deve continuar no mundo e fazer o certo ou o errado de acordo com o que ela entende ser vantagem ou não para si.
>
> Os "princípios" deveriam originar-se no ser humano em si. Em treinamento moral devemos procurar desde o início infundir ideias nas crianças sobre o que é certo e o que é errado. Se desejarmos estabelecer a moralidade, teremos de abolir a punição.

Esta passagem nos desafia a considerar as consequências da punição fora da comodidade de seu papel assegurado pelos sistemas sociais. O delineamento de Kant entre moralidade e punição observa que a punição em sua essência não produz o tipo de moralidade que sustentamos em sistemas democráticos. Isso sugere que nossas abordagens punitivas podem de fato impedir o cultivo da moralidade social nos cidadãos de um país – ainda que acreditemos que a punição funcione. Retornando para Alfie Kohn e seu auditório de criminosos, "Em resposta à afirmação 'Recompensas [ou punições] funcionam', precisamos perguntar primeiro: "Funciona para fazer o quê? A que custo?" (1999: 160).

Para começar a responder a essas questões, é bom examinar as pesquisas existentes em educação moral e aplicá-las ao contexto da punição. Alguns poucos exemplos de um conjunto maior de pesquisa são apresentados nos itens a seguir. As áreas de interesse nesta arena incluem autonomia, motivação intrínseca ou extrínseca, modelagem e raciocínio, entre outras é claro. Para apreender essas ideias, precisamos ter em mente uma ampla gama de punições, a partir de nossa experiência como crianças e jovens em casa e na escola, trabalho e recreação, e aplicá-la em nossas reflexões sobre os processos de Justiça Criminal.

Autonomia

Pais de primeira viagem geralmente lutam com seus papéis de cuidadores e professores dos filhos pequenos, e há muitos livros no mercado onde se pode escolher uma "estratégia" de como ser pai ou mãe. Alguns não lerão nenhum livro de educação infantil e, em vez disso, se apoiarão no que aprenderam em suas próprias famílias, baseados em suas lembranças do que funcionou e do que não funcionou. De qualquer forma, serão pais em um mundo que espera que eles controlem seus pequenos. Quando as crianças inevitavelmente agirem de modo antissocial, será tentador adotar um papel mais autoritário e assumir o domínio sobre os mesmos.

O desenvolvimento infantil normal e saudável presume certa resistência à autoridade dos pais. Os pesquisadores de desenvolvimento infantil Leon Kucynski e Grayna Kochanska observaram:

> A suposição de que certo nível de autoridade parental é um sinal positivo no desenvolvimento infantil da autonomia e da assertividade é uma perspectiva de desenvolvimento de longo prazo. O motivo para defender a autonomia e a independência do controle externo foi

atribuído a fenômenos como o negativismo de crianças entre um e três anos (Spitz 1957, Wenar 1982), o contracontrole (Mahoney 1974) e a reatância (Brehm 1981) através da infância e da idade adulta (1990:398).

A necessidade de sermos nós mesmos, de termos autodomínio, é aparentemente um estado natural da existência humana. Ao longo da vida, sejamos estudantes da pré-escola ou mesmo prisioneiros, o desejo de ser autônomo está infundido em nós. Ao estender essa necessidade de autonomia individual de casa para a escola, alguns outros aspectos entram em questão. As expectativas combinadas de comportamento em classe e desempenho acadêmico criam um dilema similar para os padrões disciplinares convencionais, como observou Edward Deci e seus colaboradores:

> As pesquisas prévias mostraram que, quando os professores são orientados a controlar, em vez de apoiar a autonomia dos alunos, estes demonstram menor motivação intrínseca e autoestima. Este estudo explora as condições que levam os professores a serem mais controladores ou mais orientados para uma maior autonomia dos alunos. Imprimir nos professores a ideia de que eles são responsáveis pelo desempenho padronizado de seus alunos leva-os a serem mais controladores do que os professores informados de que não há padrões de desempenho para o aprendizado. Os professores de antigamente falavam mais, eram mais críticos com seus alunos, davam mais ordens e permitiam menos escolhas e autonomia. (1982:852)

A evidência neste estudo sugere que, quanto mais autoritário for o professor em sala de aula, menos os alunos demonstrarão atributos de aprendizes independentes. Educação, neste caso, não é um exercício motivado por desejos intrínsecos para aprender mais sobre o mundo. Ao contrário, ensino e aprendizagem tornam-se tarefas nas quais os métodos de controle do professor suprimem a autonomia dos alunos e como consequência comprometem sua *performance* e resultados.

As pesquisas mais recentes, na área de autonomia em aprendizagem e educação moral, passaram a levar em consideração a variável das diferenças culturais. Isso é particularmente importante em nações como Canadá e Estados Unidos, onde o multiculturalismo oferece uma rica diversidade individual e de tradições sociais. Como a autonomia é vista neste contexto? Valery Chirkov e seus colaboradores concluíram:

> Este estudo demonstra que, em diversas culturas, o problema da autonomia pode ser entendido de modo similar e que, através de diversas práticas, a autonomia está associada a bem-estar. Sugerimos que isso se dê precisamente porque os homens em diferentes culturas devem aprender e adotar práticas e valores diferentes nos quais a questão da autonomia, ou de seu grau de internalização, tem importância. Embora alguns teóricos coloquem a autonomia como um atributo do comportamento individualista ou uma questão importante para o bem-estar, apenas dentro das sociedades ocidentais, acreditamos que autonomia *versus* heteronomia na regulação do comportamento seja uma preocupação constante para toda a humanidade. (2003:108)

Autonomia, então, é uma necessidade humana intercultural e é um componente necessário para a prontidão ao aprendizado e para sua sustentabilidade, tanto na família como na escola. No contexto específico da educação moral e da punição, pode-se argumentar que os indivíduos que cresceram em condições nas quais sua autonomia foi reconhecida tendem a ser mais abertos às mudanças do que aqueles cuja autonomia não foi respeitada. Então, como a punição afeta o estado das coisas?

Considerando as implicações da punição para a educação moral, Polly Ashton Smith reviu o trabalho de William Godwin, um filósofo moral do século 18, e observou:

> O foco fundamental da teoria da educação moral pela punição é o significado da autonomia moral para a manutenção da cooperação social e da ordem [...] Para Godwing, conhecimento moral tem um significado primordial para o desenvolvimento de indivíduos independentes que promovem o bem comum. Qualquer coisa que impeça o conhecimento moral não deve, todavia, ser incentivada nem tolerada. A coerção faz precisamente o isso:
>> Vamos considerar o efeito que a coerção produz na mente daquele que a experimenta. A coerção não pode se iniciar por um ato de convencimento; não há argumento. Ela começa com a produção da sensação de dor e do sentimento de aversão. Começa violentamente alienando a mente da verdade com a qual desejamos que ela seja impressa. A coerção inclui a tácita confissão de imbecilidade. Se ele, que emprega coerção contra mim, pode moldar-me para o propósito de seu argumento, não há dúvidas de que o fará; mas ele realmente me pune porque seu argumento é fraco (Godwing 1976 [1793]:641-642).

"Se punição funcionasse, eu seria *santo*."

É difícil imaginar um Sistema de Justiça Criminal no qual a punição seja livremente abraçada por seus destinatários, em vez de ser uma imposição coercitiva. Além disto, será que o argumento é fraco em si, ou será que a maneira como ele se desdobra afeta sua veracidade e acaba levando à punição coercitiva? De forma geral parece haver um consenso de que as pessoas aprendem melhor se estiverem em condições nas quais sua autonomia pessoal é respeitada. Essencialmente isso significa que as pessoas não devem ser tratadas como meio para algum fim, mas como fins em si mesmas. Em outras palavras, punição como forma de coerção de transgressores talvez não seja afinal uma maneira eficaz de facilitar a educação moral.

Motivação Intrínseca e Extrínseca

Idealmente, as sociedades democráticas trabalham melhor se os cidadãos agirem a partir de uma motivação intrínseca em vez de extrínseca. Tanto através da punição como da recompensa, a motivação extrínseca oferece um valor limitado. As suas raízes em teorias contemporâneas de punição são encontradas nos condicionamentos operantes de Skinner, nos quais se supõe que, quando o reforço (recompensa) vem em seguida a um comportamento, é provável que o comportamento se repita (Kohn 1999:5). O comportamento skinneriano acredita que quase tudo o que fazemos é resultado de reforço, tanto positivo (recompensa), como negativo (punição). E na superfície das coisas, isso parece verdadeiro.

No entanto, pesquisas mostram que a punição funciona somente com comportamentos banais por pequenos períodos de tempo e condições nas quais há constantes reforços. Isso pode ser possível na prisão, mas não é tão fácil – nem desejável – em uma sociedade aberta. Também sabemos que, se as pessoas gostam e buscam fazer algumas coisas sem reforço, uma vez oferecido o reforço para a mesma atividade, elas em pouco tempo deixarão de fazê-lo por simples prazer. Analisemos a observação dos pesquisadores que conduziram meta-análises de 128 estudos sobre o efeito da recompensa na motivação extrínseca:

> Uma consideração cuidadosa dos efeitos descritos sobre a recompensa em 128 experimentos leva à conclusão que as recompensas tangíveis tendem a ter um efeito substancialmente negativo na motivação intrínseca [...] Mesmo quando as recompensas tangíveis são oferecidas como indicadores de boa *performance*, elas geralmente reduzem a motivação intrínseca pelas atividades de interesse (Deci et al. 1999:658-59).

Em outras palavras, matam o interesse (Khon 1999:71). Além disso, sustentar comportamentos apropriados implica em criar "sacolas de guloseimas sem fundo", das quais se retiram as recompensas. Isso não apenas parece ineficiente, como também trata os indivíduos como objetos a serem manipulados, com comprometimento de sua autonomia.

Motivação intrínseca significa que, de certa forma, a pessoa vai agir sem o reforço da punição ou recompensa. No Capítulo 7, consideramos a ideia dos *valores*, que são o centro motivacional do qual esperamos incentivar o comportamento moral. Na família, na escola, no local de trabalho e no Sistema de Justiça Criminal, a conduta apropriada é sustentada por mais tempo – e menos custo – se o indivíduo autônomo for motivado intrinsecamente em vez de ter de requisitar o centro de motivação extrínseca do condicionamento operante. Mas o estudo levanta outro problema, provavelmente mais importante.

Quatro décadas atrás, uma dupla de pesquisadores (Hoffman e Saltzein 1967: 54) argumentou que o resultado do reforço condicionante era fazer o sujeito ficar atento a como suas ações afetavam a si mesmo e não aos outros:

> Como têm demonstrado tanto o aprendizado animal como o humano, o que é aprendido depende do estímulo ao qual o organismo é obrigado a atender. As técnicas disciplinares explícitas ou implícitas proporcionam esse foco. Tanto a retirada do amor como a afirmação de poder direcionam a criança para as consequências do comportamento daquele que age, ou seja, para a própria criança, e para o agente externo que produz essas consequências. A indução, por outro lado, tem mais condições de focar a atenção da criança na consequência de seus atos para os outros, para os pais, ou para terceiros. Esse fator pode ser especialmente importante na determinação do conteúdo dos padrões da criança. Isto é, se as transgressões forem seguidas por indução, a criança aprenderá que a parte importante da transgressão consiste no dano cometido a outros.

Esta passagem nos encoraja a ver as limitações do behaviorismo como aquela expressa no "autocentramento" da motivação: o fato de o incentivo do indivíduo ser sempre centrado no reforço positivo (recompensa) ou na dor (punição) *dele próprio*, e não em uma profunda necessidade ou vontade de agir de maneira a não causar dano a *outros*, é uma medida de seu caráter individual. A manutenção de uma motivação intrínseca é claramente mais desejável por duas razões: primeiro, ela pressagia a vontade de a pessoa agir pró-socialmente

"Se punição funcionasse, eu seria *santo*."

e de modo responsável sem necessidade de reforço, e segundo, ela alivia o Estado e outros supervisores do fardo infinito de precisar sempre fornecer punição e recompensa.

O lado negativo da punição como motivação extrínseca é que ela não funciona para alcançar seu objetivo e, além disso, exacerba o comportamento antissocial. Como Viktor Brenner e Robert Fox notaram na pesquisa sobre estilos de disciplina dos pais:

> A disciplina parental emergiu como a forma mais forte de previsão de problemas comportamentais relatados em crianças de 1 a 5 anos [...] Os pais que usam punição com frequência têm mais problemas de comportamento com seus filhos, enquanto aqueles que usam menos disciplina têm menos problemas de relacionamento (1998: 254).

Se a punição não funciona para corrigir o comportamento em questão, a resposta popular não é uma avaliação da eficácia da punição em si, mas um aumento da aplicação ou da intensidade da punição. Aqui temos os efeitos indesejados da punição.

Isso nos leva à pergunta: "Qual é a melhor forma de ensinar moralidade?" Novamente, ao refletir sobre essa questão, devemos pensar em todo mundo, de uma criança na família e na escola até adultos no local de trabalho e aqueles que estão sendo processados pelo Sistema de Justiça Criminal formal. Se a punição não nos leva à moralidade, o que leva? Nessa parte final consideramos as estratégias educacionais de exemplo e de diálogo em resposta a esta questão.

Exemplo e Diálogo

O subtítulo do livro de Kohn (2005) sobre criação de filhos – *Unconditional Parenting: Moving from Rewards and Punishments to Love and Reason* [Pais incondicionais: das recompensas e punições para o amor e a reflexão] – resume lindamente o *status quo* e as alternativas que parcialmente exploramos nesta seção. (Discutiremos o componente do "amor" como alternativa no Capítulo 7). Refletir com as crianças oferece aos pais a oportunidade de informar a seus filhos o que é importante para a vida social e por quê, enquanto também vai engajando a mente das crianças na promoção de pensamentos individuais no processamento de questões morais (195). A reflexão também modela uma abordagem não violenta ao tradicional uso do poder.

Um estudo de Walker e Taylor de 1991, sobre interações de família e o desenvolvimento do raciocínio moral, demonstra a importância do exemplo na educação:

O estilo de reflexão e diálogo dos pais que indicou o maior desenvolvimento moral da criança foi aquele com alto nível de interações representativas e de suporte. A categoria representacional inclui comportamentos como evocar a opinião da criança, fazer perguntas de esclarecimento, parafrasear e conferir o entendimento – remanescente do estilo de questionamento de Sócrates. Os filhos de pais que adotaram um estilo de diálogo operacional e informativo desenvolveram-se relativamente pouco. Esse estilo operacional é aquele no qual a criança é desafiada diretamente; nesta são apresentadas contra-argumentações e críticas sobre a posição das crianças. No contexto de uma discussão do problema moral da criança, esse alto nível de conflito cognitivo pode ser percebido como uma crítica hostil e, assim, despertar a atitude defensiva. De modo similar, um estilo informativo é aquele no qual os pais oferecem suas opiniões. Neste contexto, isto pode ser visto como um "sermão" e, portanto, menos efetivo (280-81).

As ações parentais listadas neste estudo obviamente requerem duas condições: a primeira, que os pais estejam física e emocionalmente presentes para seus filhos, e a segunda, que os pais invistam tempo para trabalhar o processo de reflexão de modo respeitoso. Isso nem sempre acontece na sociedade contemporânea, na qual ambos os pais têm de trabalhar para pagar as contas da família, além do que, a família pode ser composta por um adulto solteiro, e o tempo em comum da família é limitado e o estresse é grande. Isso nos lembra que recorrer à punição em resposta à conduta antissocial ocorre em um amplo contexto no qual a capacidade dos adultos de refletir junto e dar exemplo de resolução de conflitos pode estar sobrecarregada e prejudicada por outras demandas.

Um estudo posterior de Carla Herrera e Judy Dunn considerou a questão da relação entre experiências infantis de conflitos familiares e a maneira de as crianças lidarem com disputas com amigos, reunindo ambos os conceitos de exemplo e reflexão.

Encontramos ligações particularmente fortes entre o uso precoce de reflexão e diálogo pela mãe e irmãos e o sucesso posterior na resolução de conflitos com amigos. Alguns têm argumentado que as resoluções ocorrem de forma silenciosa e são potencialmente reveladoras de aspectos do conflito que podem ter um único conjunto de determinantes advindo das estratégias usadas durante as disputas (Hay 1984; Shantz 1987). O presente estudo dá suporte a esse argumento.

Também vale a pena ressaltar que os dados associados à resolução bem-sucedida de conflitos por parte das crianças foram aqueles referentes ao uso precoce de reflexões centradas no outro por parte da mãe e dos irmãos (1997: 877-78).

Os exemplos desse estudo oferecem suporte para a ideia de que colhemos o fruto de nossas ações (alguns trabalhos acadêmicos que revisamos contêm vários estudos correlatos demonstrando fenômenos similares). Uma vez que estamos reconsiderando se a punição tem propósitos educativos valiosos para o indivíduo que foi condenado, também precisamos estar sintonizados com aquilo que as pesquisas nos contam sobre o que *realmente funciona* em direção a este mesmo objetivo. Isso demonstra o nosso comprometimento em resolver problemas em vez de evitá-los.

Outra razão para prestar atenção na educação moral infantil e no que a criança aprende no ambiente doméstico são as implicações disso para a sociedade democrática como um todo. John Braithwaite, um dos primeiros teóricos da Justiça Restaurativa, coloca:

> É na família que a maioria de nós aprende o que nos prepara para sermos cidadãos democráticos atuantes na comunidade e nas organizações. A criança não nasce democrática. Ela deve aprender a ser cidadão democrático para ouvir, deliberar, dar suporte aos outros quando seus direitos forem violados e protestar contra a injustiça (Barber 1991). Para a maioria de nós, estes são dons de competência reflexiva adquiridos pela participação nas saudáveis tomadas de decisão em família (2004:201).

Compare estas observações com o ensinamento moral da punição (na família ou outro lugar) apresentado por Kohn: "Toda punição [...] ensina que quando você é maior ou mais forte que alguém, que você pode usar esta vantagem para forçar o outro a fazer o que você quer" (1999: 167, destaque no original).

O que começa na família (privado) se estende para a nossa vida social mais ampla (público) e contém fortes implicações para a saúde da sociedade democrática à medida que opera na interação diária dos cidadãos. A democracia não deve ser meramente uma ideia abstrata ou uma justificativa para a guerra; ela deve ser uma *experiência de vida* para seus cidadãos. Atualmente preferimos usar a punição para deter ou suprimir condutas antissociais em uma sociedade aberta, ao invés de usar exemplo e reflexão para prevenir, guiar e responder à conduta antissocial. "Maior e mais forte" pode ser um recurso atraente para um pai frustrado, mas que ama seu filho. Mas será que realmente acreditamos que a maneira de criar uma sociedade saudável repousa em uma "maior e mais forte" filosofia de educação?

Para resumir essa visão geral da punição e educação moral, é útil relembrar a relevância da autonomia, motivação intrínseca e extrínseca e exemplo e reflexão como métodos eficazes de encorajar mudanças comportamentais em direção a uma sociedade democrática pacífica. Os pesquisadores Joan Grusec e Jacqueline Goodnow resumem uma relevante pesquisa na área de parentalidade, que dá suporte à importância destas áreas:

> A criança deve perceber acuradamente as mensagens que os pais pretendem transmitir e deve querer aceitar as mensagens, isto é, permitir que elas guiem seu comportamento. A aceitação envolve três componentes: a criança deve perceber a mensagem como apropriada; deve ser motivada a cumprir a mensagem; e precisa sentir que a mensagem não foi imposta, mas sim autogerada (1994:17).

Exemplo e reflexão trabalham encorajando as crianças a perceberem que a mensagem é apropriada. A criança intrinsicamente motivada para cumprir a mensagem, que foi protegida e teve sua autonomia considerada, sentirá que a mensagem vem de dentro, e não dos outros. A questão agora é como aproveitar essas lições no domínio da vida familiar e aplicá-las em instituições sociais criadas para servir as pessoas em Estados democráticos.

Punição no Sistema de Justiça Criminal

A ênfase na parentalidade e nas experiências dos primeiros anos da infância parece não ter espaço no contexto do Sistema de Justiça Criminal, que no Canadá, pode legalmente intervir na vida de uma pessoa a partir dos doze anos de idade. Mas o problema da punição como resposta ao dano e à transgressão é que ela não consegue dar conta das razões subliminares ou motivações do comportamento; ela apenas tenta suprimir o comportamento danoso através de reforços externos. Neste capítulo olharemos para a pesquisa sobre a compreensão de como construir alternativas para criar sociedades mais pacíficas. Essencialmente, a questão é: "Quais são os objetivos da punição?" Neste capítulo, estamos considerando o objetivo educativo da punição para os indivíduos, e não para as massas. Embora seja uma afirmação impopular, sabe-se empiricamente que investir nos cinco primeiros anos de vida da criança paga altos dividendos sociais a longo prazo. Isso significa que garantir um bom começo de vida – nutrição apropriada, cuidado consistente e maduro, vínculos amorosos e estimulação neurológica saudável – pode não somente economizar dores de cabeça futuras, mas também custos financeiros de cuidados de saúde mental e física, bem-estar social e medidas de Justiça Restaurativa.

Não há nenhuma evidência de que a punição efetivamente detenha o crime ou ensine valores morais para os transgressores apreendidos. Uma razão óbvia para afirmar isso é que não é realmente possível medir a dissuasão, considerando as infinitas variáveis e os problemas logísticos para entender como ou por que cada cidadão na sociedade age ou não. Nem poderíamos encontrar medidas exatas de recidiva, a menos que conseguíssemos obter respostas confiáveis de cada ex-transgressor sobre as atividades que assumiram após o cumprimento de sua pena. A precisão de ambas as medidas dependeria de os indivíduos responderem de modo confiável quando solicitados a relembrar ações ilegais, mas sabemos que recontá-las poderia resultar em punição – sabemos que a primeira vítima da punição é a verdade.

Assim sendo, acessar o valor educativo da punição para indivíduos dentro do Sistema de Justiça Criminal sempre será uma proposição difícil. Mas uma vez que todos os adultos já foram criança um dia, provavelmente é seguro argumentar que a pesquisa sobre psicologia infantil e educação moral ressoa no âmbito do comportamento adulto. Qualquer um que examine os arquivos de transgressores violentos ou contumazes reconhecerá padrões comportamentais que remetam à infância – padrões que também se refletem nos critérios adotados por ferramentas populares de avaliação de risco. Como apontam os autores de um esquema de previsão de violência canadense: "A história pregressa é, como o leitor verá, fortemente considerada quando se estabelece uma pontuação atuarial" (Webster et al. 1994:49). O ponto de partida desta "história pregressa" é a experiência infantil, e pontos relevantes incluem (mas não se limitam a) a história familiar, o ajuste à legalidade na vida adulta, a escolaridade e a história médica.

Embora os instrumentos atuariais de Justiça Criminal reconheçam o significado das experiências infantis em moldar a conduta adulta presente e futura, o entendimento é limitado. Precisamos de lentes mais amplas para tirar uma foto grande o suficiente para levar a vida toda da pessoa em consideração. Logicamente, se podemos prever que o comportamento adulto violento é resultado provável de experiências infantis pouco saudáveis, isso faria o senso de prevenção do crime direcionar nossa atenção e pesquisas para o atendimento das necessidades de todas as crianças. Mas as crianças não votam, e as respostas ao abuso sexual e à negligência, tipicamente, equivalem a mais institucionalização, tanto através da família como dos tribunais de Justiça Criminal e agências de bem-estar social.

Mesmo aqueles que acreditam no valor da punição institucional reconhecem que sua utilidade tem alguns limites naturais. De fato, o remorso genuíno deve ser a punição mais severa, pois causa sofrimento na pessoa cujas ações causaram dano, particularmente se não é possível reparar o dano ou se a vítima não o perdoa. Um estudo de Justiça Restaurativa inspirada por anciãos Ojibway abordou esta questão: se a punição é necessária ou mesmo uma característica plausível do Sistema de Justiça. Denise Breton e Stephan Lehman (2001:5) levantaram a perene questão de como alguém pode calcular a medida precisa da punição a fim de satisfazer os requisitos do Estado para a retribuição:

> De um lado queremos tornar a punição humana, mas por outro, o modelo [penal] reivindica que estabeleçamos justiça infligindo dor, especialmente na forma de perda – perda de dinheiro, de recursos e posses, perda de liberdade, de identidade e de individualidade, até mesmo a perda da vida. Quanta dor é exigida? Se ferir cria justiça, quanto mais brutal for o nosso método de punição mais justiça teremos?

Breton e Lehman apontaram as formas pelas quais uma sociedade retributiva se torna uma cultura defensiva, onde todos rapidamente dizem: "Não é minha culpa!" em vez de trabalharem juntos e reestabelecerem o equilíbrio. Na cultura Ojibway, ao contrário, quando há um conflito,

> eles colocam juntos não apenas as vítimas e os ofensores, mas também as comunidades estendidas de cada um, os anciãos e as pessoas de execução da lei. Todos estão envolvidos. Aqueles diretamente envolvidos no conflito contam suas histórias, assim como fazem seus familiares e amigos. Expressar sentimentos é essencial para as dinâmicas de cura, de remorso e pedido de desculpas do ofensor pela dor causada e pelo possível perdão das vítimas.
> Julgamento e punição [...] pertencem ao Criador. Eles não são nossos. [...] Um retorno ao equilíbrio pode ser mais bem realizado através de um processo de responsabilização, que inclui suporte da comunidade através de ensinamento e cura. O uso de julgamentos e punição funciona, de fato, contra o processo de cura. E as pessoas que já estão em desequilíbrio são levadas a faltas de equilíbrio ainda maiores (49-50).

"Se punição funcionasse, eu seria *santo*."

Rupert Ross, ex-advogado da Coroa, no norte de Ontário, relatou sua experiência sobre a diferença cultural entre as sociedades ocidentais e as aborígenes em assuntos de punição:

> Eu sempre via o povo aborígene chacoalhando a cabeça com descrença sobre como os ocidentais frequentemente retrocedem para a imposição de "Códigos Mínimos de Comportamento" apoiados pela ameaça da punição. A crença parece ser que, a menos que o espírito do indivíduo mude, esses códigos vão apenas deixá-los bravos, especialmente por forçá-los a fazer o que não querem fazer. Então, uma vez irritados, eles tentarão desobedecer os códigos de qualquer maneira que puderem. Além disso, eles jamais irão além da legislação mínima. Mais importante, eles parecem extravasar sua raiva precisamente nas pessoas que o código deveria proteger, usando formas que até o momento ainda não foram legisladas. Depender de códigos é, portanto, visto como algo interminável, um autoestrangulamento, contraproducente e uma perda de tempo (1996: 90-91).

Nils Christie, um pioneiro estudioso jurídico escandinavo, avançou nosso entendimento sobre as formas através das quais os rituais de punição enfraqueciam as comunidades. A partir de uma pesquisa abundante a respeito dos efeitos políticos, pessoais, econômicos e sociais das prisões, ele concluiu:

> Eu não poderia imaginar um lugar na terra onde eu devesse lutar para um aumento do ato de infligir dor nos homens. Nem ver alguma boa razão para acreditar que o recente nível de aflição e dor é simplesmente a forma certa ou natural. E, uma vez que o assunto é importante, e me sinto compelido a fazer uma opção, não vejo outra posição defensiva que não lutar para reduzir a dor (1982:11).

Por definição, a punição é infligir dor intencionalmente, mas seus efeitos pretendem atingir desde os transgressores até aqueles que são dissuadidos do crime por ver o sofrimento dos transgressores. Teoricamente, então, a ameaça da punição força a conformidade com a lei, em vez de a lei invocar a conformidade voluntária baseada em valores comuns. De fato, como vimos antes, não apenas há pouca evidência empírica do valor da dissuasão e da punição, mas parece que mais pessoas obedecem à maioria das leis a maior parte do tempo somente por medo da punição. Outro suposto benefício da punição é que ela ensina responsabilidade e prestação de contas, mas, na verdade, ressentimento e hostilidade são as reações mais comuns.

Por que, então, a punição é vista como normal? A teoria dominante é que a punição dos transgressores é um ritual essencial para compensar, não apenas as vítimas de danos diretos, mas também todos aqueles que defendem a lei. A crença é que, ao cometer um crime para ganho pessoal, o transgressor obtém um benefício que não está disponível para os cidadãos cumpridores da lei e, portanto, o transgressor deve sofrer as consequências a fim de reequilibrar a ordem social. Geralmente, pensa-se que qualquer transgressor deve "sofrer as consequências" ainda que na realidade apenas cerca de 3% dos indivíduos condenados por crime terminem na prisão. O *ethos* social demanda que, se alguns indivíduos beneficiarem-se às custas de outros, aqueles devem ser punidos para "equilibrar as coisas", por respeito ao princípio de igualdade de direitos e responsabilidades (de Haan 1990:114-17). Isso é conhecido como a teoria da "injusta vantagem", ou teoria do "custo-benefício" (Von Hirsch 1994:114-18). Willem de Haan refutou essa perspectiva afirmando que a punição é ilógica em uma ordem social justa porque "ela envolve sofrimento adicional ao invés de [...] compensar [a vítima] pela perda, sofrimento e dor". Abolicionista penal, de Haan, propõe filosofias morais e políticas com base em uma rejeição fundamentada da punição, concluindo que "punição é incompatível com justiça" (de Haan 1990:128). Suas palavras reiteram aquelas do ancião nativo de Alberta, que observou a um colonizador: "Você tem um Sistema *legal*: nós apenas não estamos certos de que seja um Sistema de *justiça*" (Breton e Lehman 2001:50).

A proporcionalidade – fazer a punição caber no crime – é outra intenção raramente realizada com a punição. Pessoas com privilégios frequentemente recebem sentenças mais lenientes do que aquelas com menos privilégios. E é muito difícil estabelecer níveis de culpa devido a inúmeras variáveis e fatores atenuantes referentes aos indivíduos e aos detalhes da ofensa que cometeram. A legislação determina os limites da punição, mas os juízes têm critérios e discricionariedade e as decisões sobre condicional, às vezes, confinam prisioneiros indefinidamente. Assim sendo, uma pessoa pode receber uma sentença mais severa do que a outra que cometeu o mesmo crime. Também, a mesma punição pelo mesmo crime pode ser extremamente dolorosa para uma pessoa e insignificante para outra. Michael Tony observa:

> Se a punição referir-se principalmente à culpa, certamente, será relevante se o ofensor é mentalmente comprometido, socialmente desfavorecido, um rebelde, ou movido por motivos humanitários. Independentemente do caminho para a condenação, está claro que há fatores moralmente relevantes: o que o ofensor fez, com qual intenção e sob que circunstâncias. Decerto é moralmente relevante se uma

determinada punição será uma experiência mais intensa para uma pessoa do que para outra.

Os esquemas de punição que agregam alto valor à proporcionalidade necessariamente ignoram as diferentes condições materiais de vida, inclusive pobreza, desvantagem social e preconceito, nas quais a personalidade humana e o caráter se formam.

O problema dos "merecimentos justos em um mundo injusto" é fundamental para um forte critério de proporcionalidade. Sejam as teorias retributivas racionalizadas em termos de custo e benefício, equilíbrio, culpa, condenação ou penitência, ainda assim devem partir do pressuposto de oportunidades iguais de participação social para todos (1994: 151-52).

Torna-se claro que, se devemos ter Justiça Criminal, é preciso ter também Justiça Social. Atualmente, as pessoas são punidas não apenas pelo que fizeram, mas também por onde estão posicionadas na hierarquia social. A demanda por uma Justiça igualitária é um processo multidimensional em andamento, que comumente não engaja o interesse de vários daqueles que são isentos de pobreza e discriminação.

Conclusão

Falei com conhecimento de causa que a situação nos Estados Unidos lembra-me alguns dos comentários de Sevend Ranulf, sociólogo dinamarquês, ao olhar para a Alemanha na segunda metade dos anos 1930. Ele não olhou para o nazismo como genocídio, ou aonde eles pretendiam chegar com a guerra; ele olhou apenas para a especificidade da política de Justiça Criminal. E disse que, em tudo o que examinou, viu da parte das pessoas uma necessidade de punir. Punir, punir, punir. Então, era uma questão de encontrar a quem punir. E ele relacionou isso ao desempoderamento da classe média da República de Weimar[*] e da frustração dos comerciantes e das pessoas desse nível, e isso fez com que essas pessoas estivessem prontas para certas coisas que ocorreram depois. E penso que há algo desta dinâmica acontecendo nos Estados Unidos hoje (Jerry Miller, em Cayley 1996:10).

---

[*] República Alemã de 1919 a 1933, assim chamada porque a sua Constituição foi elaborada em Weimar. [N. da T.]

Uma análise crítica do fenômeno da Justiça Criminal demonstrou os elementos destrutivos do sistema adversarial que criminalizam e encarceram seletivamente. Herman Bianchi, outro estudioso jurídico escandinavo, sugeriu que a ideia de punição deve ser dispensada caso as sociedades humanas quiserem fazer evoluir o Sistema de Justiça atual:

> O próprio pensamento de que um ser humano adulto deveria ter o direito ou o dever de punir outro ser humano adulto é uma indecência moral grosseira e [...] não se sustenta sob nenhum crivo ético. A resposta punitiva deve ser substituída por uma chamada à responsabilidade e reparação; e a punição deveria ser substituída pela reconciliação. A punição é destrutiva [...] porque é violenta: a reconciliação serve para a sociedade e é uma lição de humanidade (1994:341-42).

Erick Ericson, um psicólogo interessado no desenvolvimento da identidade e psicanálise da criança, questionou ainda mais nossos pressupostos sobre o "direito" de punir em seus escritos sobre Gandhi:

> Gandhi nos lembra que, uma vez que não podemos saber a verdade absoluta, não somos, portanto, "competentes para punir" – lembrete essencial, já que o homem, quando tentado à violência, sempre desfila como policial dos outros, convencendo a si mesmo de que o que quer que esteja fazendo, o outro "fez por merecer". No entanto, quem quer que se sinta o dono da verdade coloca a si mesmo em uma mistura de orgulho e culpa que mina ética e psicologicamente sua posição (1969: 412-13).

Vale mencionar que o trabalho de Erikson considerou a influência da cultura na personalidade e notou que a mensagem que transmitimos enquanto sociedade tem impactos no desenvolvimento psicológico individual. A prática da punição pelo Estado (mesmo que para corrigir) serve de exemplo e modelo e passa a mensagem de que esta é uma maneira aceitável de tratar o conflito. Em última instância, ficamos com as questões: "Isto é o melhor que podemos fazer? Quais são os nossos objetivos e interesses e de que maneiras a punição ajuda ou dificulta o atingimento dessas metas?"

"Se punição funcionasse, eu seria *santo*."

Nota

1. Em *Disciplina e Punição* (1979), Foucault nota que a utilidade prática e metafórica do desenho arquitetônico da prisão no modelo panóptico foi encomendada para o controle de pessoas. Descrita por Cousins e Hussain (1984: 190): "O panóptico consistia em um prédio circular, com a torre de inspeção no centro, para abrigar prisioneiros em celas ao redor da torre. Cada cela deveria ter duas janelas, uma voltada para fora, e outra para a torre de controle, a qual era dotada de janelas que deixavam cada cela totalmente visível dali. As janelas na torre eram cobertas com persianas a fim de manter o inspetor invisível para o prisioneiro". A ideia é que as pessoas confinadas nas celas se comportassem como se estivessem sendo vigiadas constantemente, em uma poderosa estrutura onde o comportamento é influenciado por punição e recompensa. Espera-se que a disciplina imposta externamente seja substituída por autodisciplina. A ideia do panóptico foi primeiramente articulada por Jeremy Bentham (1789).

3

A Justiça como Problema Humano

Justiça
Per Jespersen

Um dia Suzana estava a caminho do castelo do rei, que ficava junto a um grande lago. Ali cresciam juncos e taboas, e os pássaros cantavam. Do lado de fora do castelo, Suzana podia ver os guardas, mas eles nunca a deixariam entrar.

No entanto, Suzana tinha visto que o rei estava no castelo sentado próximo a uma janela. Então ela pediu aos guardas que olhassem para ele e, quando puseram os olhos nele, o rei acenou a cabeça. Então os guardas a deixaram entrar. Suzana nunca tinha estado ali antes. Mas o rei a conhecia da escola. Uma vez ela tinha lhe entregado um buquê de flores, em uma celebração. Um rei se lembra desses eventos. E Suzana também tinha boa memória; ela queria lhe perguntar uma coisa muito importante.

Do lado de dentro dos portões havia um mordomo, que mostrou a ela o caminho da sala do trono. Ele curvou-se perante ela, como se ela fosse uma rainha de outro país. Então caminhou com ela por vários corredores muito iluminados até a porta da sala do trono. Quando a porta se abriu, o mordomo desapareceu tão silenciosamente, que nem se pôde ouvi-lo sair. Nas proximidades do trono do rei é preciso realmente ficar quieto! Foi por isso que Suzana andou na ponta dos pés em direção ao trono.

Era maravilhoso! Feito de ouro, esmeraldas e rubis nas laterais e com pés de marfim. "Estou tão feliz que você veio", o rei disse, assentindo com a cabeça para um homem que estava sentado ao lado da janela escrevendo. Seu aceno significava que o homem deveria escrever todas as palavras que fossem ditas. "Qual o seu nome?"

"Suzana." "Claro. Você me deu flores na sua escola, não foi?" "Sim"; Suzana respondeu, "Vossa majestade realmente se lembra?" "Este tipo de coisas eu me lembro. Tenho a impressão de que você quer me contar algo."

"Quero. Vossa majestade é o responsável por este país, não é?" "Foi isso que disseram." "Há problemas que vossa majestade não pode resolver?"

O escriba parou por um minuto. Ele não sabia se deveria ou não anotar as palavras de Suzana. Mas o rei assentiu de novo, então ele continuou a escrever, mas franziu a testa. "Decerto. Daí eu pergunto aos meus conselheiros. Eu não tenho muitos. O mais inteligente deles está agora sentado em frente à janela. Ele é capaz de escrever, recapitular e resolver muitas coisas."

"Quero perguntar-lhe: por que as florestas de nosso país estão sendo derrubadas?" "Como você sabe disto?" "Eu vi e minha mãe me falou. Por que vossa majestade não deixa as florestas em paz?" Então o rei sacudiu a cabeça e perguntou ao escriba: "Escriba, busque o caderno de registros no armário!" O escriba buscou os protocolos e começou a virar as folhas.

"Não entendo como vossa majestade não pode se lembrar por que decidiu derrubar a floresta", Suzana disse.

"Eu também não. Mas espere um minuto e você vai ver!" O escriba foi mexendo nos protocolos e finalmente achou a página que procurava. "Vossa majestade, era necessário construir casas para todos os cidadãos do país, especialmente para aqueles que não tinham casa."

"O que isso tem a ver com a floresta?", o rei perguntou. O escriba limpou a garganta por um momento. "Provavelmente porque as casas deveriam ser construídas no local onde estava a floresta." "Sim, é isso! Tínhamos de derrubar a floresta para construir todas as casas", o rei proclamou.

"Como vossa majestade descobriu?", Suzana perguntou. "Como as pessoas realmente descobrem o valor das coisas? O que tem mais valor? Casas ou florestas?" O escriba mexeu novamente nas páginas, mas não pôde encontrar a resposta nos protocolos. Então o rei respondeu: "Não posso responder sua questão. Política não é fácil".

Mas Suzana continuou: "E se vossa majestade demolir todas as casas e plantar árvores no lugar". O rei mexeu no cabelo. "Eu nunca pensei nisso! O que você me diz, escriba?" Mas, como não havia nada escrito nos protocolos, ele não podia responder.

"Quero lhe contar uma estória", Suzana afirmou. "Ótimo", o rei replicou. "Adoro estórias; especialmente as verdadeiras." "Especialmente as verdadeiras", o escriba escreveu.

E então Suzana começou sua estória: "Era uma vez um senhor que descobriu que um de seus criados roubara o seu milho e o vendera na cidade. Ele o apanhou e o levou para o celeiro, onde foi interrogado. O criado repetia que não tinha roubado nada. Mas o senhor teimou dizendo: 'Vou voltar em uma hora, e então você deverá admitir seu crime'.

Ele então montou seu cavalo e foi até o campo de centeio que estava sendo cortado. Satisfeito, viu centenas de mulheres cortando o centeio em seus campos. Uma delas veio até ele e caiu de joelhos chorando: 'Bom senhor, por favor, perdoe meu filho! Ele não é culpado!' 'Como sabe que eu o coloquei no celeiro?' 'Todos estão falando isso. Bom senhor, ele não roubou. Por favor, poupe sua vida. Eu não consigo viver sem seu trabalho e dinheiro. Por favor, tenha misericórdia!' O escudeiro olhou para baixo na direção dela e, pensando profundamente, disse: 'Você é uma boa mulher. Escute, se conseguir cortar todo este campo de centeio em um dia sem a ajuda de ninguém, pouparei a vida de seu filho. Mas você tem de terminar seu trabalho amanhã até o pôr do sol. Se você não tiver terminado, seu filho será enforcado'. A mulher levantou-se, ficou de pé e respondeu: 'Bom escudeiro, muito obrigada!'.

Ao nascer do sol do dia seguinte ela começou a trabalhar, enquanto todos os outros ficaram olhando. O senhor estava lá também. E pensou consigo mesmo: 'Ela nunca vai conseguir. Seu filho não poderá ser salvo'. Aos primeiros raios do Sol que iluminaram o centeio, ela se curvou e começou a cortar. Trabalhou tanto que suas costas já estavam doendo muito. E mesmo assim continuou sem pausa para salvar seu filho. O dia estava quente, seu rosto ficou queimado do Sol e suas costas doíam. Quando o Sol se pôs, ela finalmente havia conseguido cortar o campo todo. Muito feliz, caiu no chão sussurrando: 'Meu filho agora está salvo. Ele será poupado!' 'Sim, ele será salvo', o senhor disse. Então o corpo da mulher estremeceu, e ela morreu."

O rei se levantou. "Isto não é justo", disse ele. "Não é justo!" "Não, não é", Suzana repetiu. "Mas também não é justo derrubar a floresta." "Isto é outra coisa", o rei replicou. "Outra coisa", o escriba escreveu no protocolo.

"Justiça é justiça", Suzana disse. "Se vossa majestade não regar todas as flores do seu jardim e não cortar todas as rosas e plantas perenes antes do meio-dia todos os dias, a floresta crescerá ao redor do seu castelo, e vossa majestade não poderá olhar para fora, e vagará na escuridão para o resto de sua vida!"

"Olhe nos protocolos, escriba", o rei gritou. "O que eles falam sobre justiça? Diga-me!" O escriba estava suando. "Não há uma única palavra sobre justiça nos protocolos."

"Vossa majestade não pode encontrar sabedoria nos livros", Suzana disse. "A sabedoria está na mente."

"Eu desisto", disse o rei. Então ele saiu da sala. Suzana foi para casa um pouco mais tarde. Ela ainda pôde ver o rei regando todas as suas flores, e pensou: "Então, a justiça está viva, de alguma forma". Ela sabia que nenhuma floresta seria derrubada no reino.

(Cortesia de SK-Publishers, Randerup, Dinamarca. Recuperado em http://home12.inet.tele.dk/fil/justice.htm>

✳ ❈ ✳

Essa estória foi escrita para apresentar às crianças o conceito de justiça como algo diferente do que é encontrado na lei ou oferecido por ela. O escriba disse que não "havia uma só palavra sobre justiça nos protocolos", quase como se ele tivesse lido o *Código Criminal do Canadá* (CCC). Mas isso não está exatamente correto; a palavra está contida no título da Parte IV – "Ofensas contra a Administração da Justiça e da Lei" –, embora "justiça" não esteja incluída na definição desta parte (art. 118). Curiosamente, também não está listado no índex do CCC. Encontramos uma definição de justiça finalmente no art. 2 do CCC, onde se descreve seu significado: "um juiz de paz ou um juiz do tribunal provincial, e inclui dois ou mais juízes onde dois ou mais juízes estão, por lei,

obrigados a agir, ou ter jurisdição". Parece que o uso legal do termo "justiça"*
é insuficiente para as necessidades do público em geral. Na estória acima, a
justiça é discutida como um "grande conceito" que frequentemente embasa
discursos públicos e privados. Isso é importante porque existe uma discordância quanto ao que a justiça significa para nós, indivíduos que vivem em uma
sociedade democrática sob o Estado de Direito. Desejamos justiça em nossa
vida diária, em nossas relações pessoais, em nossos locais de trabalho e nos
campos esportivos. Como esse entendimento de justiça compara-se à justiça
vista em tribunais criminais?

A estória realça um problema importante para a discussão de "um conceito
mais amplo" de justiça: *as diferenças relacionais de poder*. Que elementos são encontrados nas leis que estipulam penas de morte para um crime de propriedade,
como roubar milho, ou algo assim, ou qualquer outro crime? Que elementos
de justiça podemos discernir no ato de misericórdia do senhor em determinar
uma tarefa impossível para a mãe tentar salvar a vida de seu filho? As questões
nos levam a uma necessária reflexão sobre as diferenças de poder na expressão
da justiça e a fragilidade de noções como igualdade e liberdade. Estabelecer
expectativas claras de comportamento, com consequências nitidamente articuladas (como em códigos criminais) talvez seja mais justo do que os despóticos
caprichos feudais, mas que diferenças de poder continuam presentes? A estória
não é importante apenas para as crianças, mas também para os adultos.

E há ainda as questões de valores, colocadas por Suzana na estória: "Como
as pessoas realmente encontram o valor das coisas? O que tem mais valor: casas
ou florestas?". Talvez tenha havido uma época em que era possível decidir esta
questão de modo a satisfazer a todos, mas parece que a discussão sobre valores
é perene. Mas, quem é convidado a participar dessas discussões? É justo que
sejam apenas os funcionários do Judiciário? Qualquer um que é chamado como
testemunha nos tribunais criminais? Ou será que as conversas sobre como
reconciliar valores discordantes na busca da justiça podem acontecer na mesa
da cozinha e nos ônibus? Nils Christie fez muitas observações sobre as fraquezas de um Sistema de Justiça institucionalizado, formal e profissionalizado, e
considerou suas desvantagens, uma das quais remete diretamente a esse ponto.

> Os grandes perdedores somos nós – na medida em que somos a
> sociedade. Esta perda é, primeiro e acima de tudo, uma perda de
> *oportunidades de esclarecimento da norma*. É uma perda de possibilidades

---

* Em inglês, a palavra "justiça" também é sinônimo de juiz de corte superior ou desembargador. [N. da T.]

pedagógicas. É uma perda de oportunidades para uma discussão do que representa a lei naquela terra. Em que medida o ladrão estava errado e a vítima certa? Os advogados são, como vimos, treinados para concordar sobre aquilo que é relevante em um caso. Mas isso significa uma incapacidade de deixar as partes decidirem o que elas pensam que é relevante. Significa que é difícil encenar o que poderíamos chamar de debate político no tribunal. Quando a vítima é pequena e o ofensor é grande – em tamanho ou poder – qual o tamanho da culpa pelo crime? E no caso oposto, um pequeno ladrão e um grande proprietário? Se o ofensor é bem educado, deveria ele sofrer mais ou talvez sofrer menos por seus pecados? Ou se é negro, ou se é jovem, ou se a outra parte é uma companhia de seguros, ou se sua esposa acabou de deixá-lo, ou se sua fábrica vai falir se ele for para a cadeia, ou se sua filha vai perder o noivo, ou se ele estava bêbado, ou se ele estava triste, ou se ele estava louco? Não há fim para isso. E talvez não devesse mesmo ter fim. Talvez as decisões relevantes, e com um peso que se julgue relevante, devessem ser retiradas das mãos dos juristas acadêmicos, principais ideólogos do sistema de controle do crime, e trazidas de volta às decisões livres das salas dos tribunais. (1977: destaque no original).

Essas afirmações provocativas tocam algumas das limitações dos novos Tribunais de Diretos Especiais criados para tratar as deficiências dos sistemas atuais; no Canadá eles funcionam como um tribunal comunitário, ou tribunal de drogas, ou tribunal de saúde mental e tribunais Gladue (dos aborígenes). Mesmo nestes locais, os problemas ainda são tratados por profissionais, sendo que os cidadãos normais são relegados, como sempre, ao segundo plano.

Nossa estória inicial é de autoria do educador dinamarquês Per Jespersen, que focou seu trabalho das últimas duas décadas na filosofia para crianças. As crianças são o foco central do Capítulo 2, na discussão sobre a eficácia da punição na educação moral, e elas também oferecem as lentes através das quais veremos outros conceitos que repensaremos neste livro. Justiça Restaurativa é, entre outras coisas, uma abordagem de solução de problemas para conflitos e transgressões e, como tal, nos convida a trazer todas as possibilidades para o círculo. A idade adulta está inserida em um contínuo de vida que começa para nós quando somos crianças, e as experiências passadas contêm informação importante que pode ajudar a identificar melhor e a tratar problemas subjacentes às ações atuais. A atenção à infância abre diferentes possibilidades de mudança. A prevenção de danos deve, por definição, estar enraizada em benefícios e práticas que produzem um tipo de sociedade na qual os danos são poucos.

Parece que a ideia de justiça – o que é, como encontrá-la e como expressá-la – está imbuída de uma variedade de mensagens. Neste capítulo exploramos algumas dimensões de justiça de modo geral, a fim de estabelecer bases para uma discussão das especificidades da Justiça Restaurativa.

O que é Justiça?

J. Edgar Hoover, ex-diretor de longa data do Federal Bureau of Investigation dos Estados Unidos, uma vez disse: "Justiça é incidental para a lei e para a ordem". Seu cinismo foi compartilhado por Robert Lindler:

> Quando um homem para e pensa sobre este assunto, é surpreendente e também, de alguma forma, ingenuidade buscar e esperar encontrar justiça. Certamente ele não adquiriu o hábito de receber justiça ao longo de sua cansativa história. Olhando pelo amplo ponto de vista da espécie, justiça é a coisa mais rara nessa laboriosa biografia.
> Assim como a simples história da evolução do Sistema perpetuou-se até nossos dias para a implementação da qualidade chamada justiça, qualidade que a história do homem não lhe dá motivos para esperar, mas pela qual ele continuamente anseia. (1946: 370, 372)

Geralmente, a justiça vingativa é entendida como retribuição, uma necessidade de vingança. O dicionário *Webster* marca uma distinção entre vingança e revanche: revanche é ditada por paixão; vingança, por justiça. "Revanche é infligir dor de modo malicioso ou rancoroso, indo contra as leis da justiça." Em contraste, vingar um dano é infligir um grau mensurado de dor para corrigir um erro e encerrar a questão. No entanto, independentemente de chamarmos de revanche ou vingança, no final, o resultado invariavelmente sustenta o conflito, e atos de violência geram mais violência.

As respostas autorizadas pelo Estado às transgressões ilegais têm por pressuposto as noções de justiça, que nem sempre são questionadas de forma significativa. O que queremos dizer por "justiça"? O que as diferentes "partes interessadas" (vítima, causador do dano, comunidade) querem ou precisam em um processo de "justiça"? O que ela significa para eles? Algumas vezes referido como o "Justo só para Nós"*, o sistema norte-americano funciona muito bem

---

* Do original "Just-Us", ou seja, "justo" e também, no jogo de palavras, "só nós". [N. da T.]

para as elites privilegiadas e de forma particularmente precária para aqueles membros da sociedade que têm poucos recursos. As perspectivas na Justiça são influenciadas pela posição social, conforme ilustra a Figura 3.1.

O dicionário legal de Daphne Dukelow e Betsy Nuse (1991) define justiça como "o princípio de dar a cada pessoa o que lhe é devido", que se originou na filosofia aristotélica, 2.400 anos atrás (384-382 a.C.). Aristóteles via a justiça como uma ideia dominante em filosofia política e considerava a execução da justiça o principal propósito do Estado. Ele fazia distinção entre a justiça *distributiva* e a *comutativa*. Justiça distributiva é concernente à distribuição de bens entre uma classe e ao tratamento dos iguais de modo igualitário. Justiça comutativa é concernente ao tratamento dos indivíduos, em particular das transações; justiça envolve dar às pessoas o que elas têm o direito de receber. Os críticos argumentam que a filosofia de dar a todos o que lhes é devido, olhando retrospectivamente, é individualista e irreal. Como a sociedade pode preencher, satisfazer e dar segurança a todos, considerando seus diversos desejos e expectativas em relação ao que é devido – isto é, o que cada pessoa percebe como seus merecidos direitos?

Figura 3.1

Fonte: A ideia para esta imagem é da Dra. Karlene Faith, professora emérita da Escola de Criminologia da Universidade Simon Fraser.

Os autores da (hoje extinta) Law Commission of Canada[1], que escreveram *Restorative Justice: A Conceptual Framework*, sugerem que a justiça seja uma resposta à poderosa intuição de que "algo deve ser feito", "de que algo (alguém) atrapalhou a maneira como as coisas deveriam ser e algo precisa ser feito para corrigir o erro, para endireitar as coisas" (Llwellyn e Howse 1999). Este impulso de resposta tem sido potentemente ilustrado nos Estados Unidos através de iniciativas de resposta aos terríveis eventos de 11 de setembro de 2001, o que eles chamam "Operation Infinite Justice". Outra perspectiva em justiça foi oferecida por Hamilton, chefe aposentado da Associação de Justiça de Manitoba, cujas tentativas de formular a ideia de um tribunal aborígene o compeliram a considerar esta questão. Ele finalmente concluiu: "Justiça [...] é um conceito e é uma realidade. Na sua forma conceitual, justiça é equidade, tratamento igual a todos e atendimento das necessidades de todos. Na sua aplicação dentro do Sistema Judicial, a ênfase muda para o equilíbrio de necessidades e reivindicações conflitantes; ela muda de ser meramente justa para fazer justiça" (2001: 191).

Justiça no Pensamento Histórico

Uma antiga definição filosófica de justiça emerge da sua raiz latina *suum cuique tribuere*, o que se traduz mais ou menos como "atribuir a cada um o que é seu". Esta noção de justiça olha para o passado e é individualista; e também traz problemas. Por exemplo, como avaliar, para todo mundo, suas diferentes expectativas de direito? Seguindo a visão de Aristóteles sobre a execução da justiça como propósito principal do Estado, hoje, isso assume a forma de defesa da lei, processos judiciais e punição. Marge Simpson, do famoso desenho animado *Os Simpsons,* resumiu a versão do século 20 de justiça estatal: "Você sabe, os tribunais podem não estar funcionando mais, porém, enquanto todo mundo estiver filmando todo mundo, a justiça será feita".

Thomas Hobbes (1588-1679), famoso filósofo inglês por sua versão do contrato social baseado na necessidade de prevenir "uma guerra de todos contra todos", via a justiça como uma força policial coercitiva que assegura que todos obedeçam ao contrato social assumido com os outros – exceto o soberano, que poderia assaltar os outros a seu bel-prazer. John Locke (1632-1704), filósofo inglês iluminista que acreditava que a terra deveria pertencer àqueles que trabalhavam nela, argumentou que "justiça consiste em respeitar os direitos naturais de cada indivíduo". Seu contemporâneo Jean-Jacques Rousseau (1712-1778) acreditava em justiça como uma forma de bondade natural, e que seria natural para o ser humano fazer o que é melhor para si, com um mínimo de danos ao outro. Immanuel Kant (1724-1804) adotou a visão mais convencional, de que justiça é moralidade e consiste em agir mais a partir de um dever social do que em interesse próprio. Uma sociedade assim produziria cidadãos livres, iguais e sensatos, que têm propósito e contribuem para os objetivos da sociedade.

No século 18, William Godwin (1756-1836) refletiu sobre a justiça política em um tratado intitulado *Enquiry Concerning Political Justice and its Influence on Morals and Happiness*. Com seu entendimento de punição, Godwin reduziu concepções amplas de justiça à sua aplicação no campo interpessoal, ao invés do campo comunal abstrato (1976 [1793]):

> Por justiça, entendo o tratamento imparcial de todos os homens em assuntos que se relacionam à sua felicidade, o que é medido unicamente através da consideração das propriedades do receptor e sua capacidade de doar. Seu princípio, assim, de acordo com uma frase muito conhecida, é "não fazer acepção de pessoas".
> Considerável esclarecimento pode iluminar a nossa investigação se, desistindo por hora da visão política, examinarmos a justiça meramente como ela acontece entre os indivíduos. Justiça é uma regra de conduta originada na conexão de uns com os outros. Uma máxima abrangente colocada sobre esse assunto é: "Todos têm de amar ao próximo como a si mesmo". Essa máxima, embora possua mérito considerável como um princípio popular, não é modelada com o rigor da precisão filosófica.

Em poucas palavras, a justiça deve ser vivida todos os dias entre os indivíduos se quisermos que ela aconteça na sociedade como um todo. Invocando a "regra de ouro", Godwin reconheceu que a justiça filosófica nem sempre está refletida na prática. As abordagens contemporâneas às vezes retomam essas obras antigas. Um exemplo é o de Denise Breton e Stephan Lehmn, *The Mystic Heart of Justice*, valioso por sua abordagem socrática/platônica. Ao delinear sua interpretação de justiça, os autores notam:

> Em diálogo após diálogo, Sócrates e Platão mudaram o foco na direção oposta: de preocupações externas para internas, de aparências para essências, de formas visíveis para ideias e valores invisíveis. Os diálogos objetivam aprofundar nossa conexão com o que está dentro – conhecer a nós mesmos – presumindo que o interior revela quem somos, e assim se coloca como nossa verdadeira autoridade e orientação. A Justiça deve servir a essa relação central que temos conosco, de modo a funcionar como algo bom e que vale a pena, segundo acreditavam Sócrates e Platão (2001: 35-36).

A inferência à justiça nos relacionamentos pinta um quadro diferente das imagens populares de justiça, como uma entidade a "ser trazida para" ou "feita". Nesta última definição, a justiça é vista como um produto ou um lugar de destino; vamos aos tribunais para "obter justiça" e a justiça é atividade e produto das instituições. De outro lado, na abordagem socrática/platônica, a justiça é vista como relacional e necessária para o nosso bem-estar individual; e parece estar baseada mais em valores do que em leis.

Uma moderna e mais ampla contribuição para nosso entendimento de justiça é encontrada em Herman Bianchi, *Justice as Sanctuary*. Nesse livro, ele revisita a evolução dos sistemas legais modernos em um exame da Lei Romana e das traduções bíblicas de conceitos que são do domínio do entendimento corrente de justiça. Bianchi oferece uma definição provisória de justiça como "um princípio para avaliar o estado de direito e sua operação justa e, em dado momento, para avaliar se o efeito prometido foi realizado" (1994: 5). Essa definição olha para o futuro, pois avalia os frutos da intervenção da justiça; não é apenas a resposta ao que aconteceu, mas a integridade dos efeitos. Em outras palavras, os escritos de Bianchi nos desafiam a olhar não apenas para as *intenções* das intervenções de justiça, mas seus resultados.

Bianchi desafia as interpretações convencionais da evolução da Justiça no âmbito da lei, notando que séculos atrás o sistema funcionava sem uma ênfase no controle punitivo do crime, preferindo focar na compensação. Ele argumentou que isso mudou entre 1200 e 1750, quando a Inquisição da Igreja Católica Romana estabeleceu "o primeiro crime" de heresia (através do fenômeno da feitiçaria) e, de modo concomitante, a repressão punitiva do que hoje chamamos "criminalidade". Em sua visão, estes 550 anos de mudança foram significativos:

> A Santa Igreja Romana, autodesignada protetora e guardiã das tradições romanas durante a Idade Média, queria, por razões políticas, fazer da vida religiosa e das opiniões dogmáticas dos fiéis objeto de exame da inquisição. A ideia de que alguém pudesse ser objeto de exame era até então algo impensável entre as pessoas livres. (1994: 16)

O exame inquisitório foi depois adotado por autoridades seculares e ainda é evidente em sistemas de todo o mundo, na Justiça Criminal, entre outros. Quando Sócrates disse que "a vida não examinada não vale a pena ser vivida", o fez em virtude da percepção de sua própria humanidade. Este exame foi autogerado e para benefício do próprio indivíduo, que poderia se perguntar: "Qual é a razão da minha existência e aonde ela está me levando?" Através das práticas emergentes da Igreja Católica, esta análise se tornou jurisdição de instituição externa e de profissionais, cujo exame inquisitório objetiva promover a justiça em vez da autorreflexão.

Rejeitando a imagem típica da justiça como uma balança, Bianchi oferece em seu lugar a *tsedaká* – em hebraico, modelo de justiça como uma busca contínua pela paz e reconciliação. Então, em vez de "trazer as pessoas à justiça", deveríamos nos esforçar para trazer *tsedaká* para as pessoas. *Tsedaká* é um conceito comunitário; ele infere a reunião de pessoas, particularmente as partes em conflito, tentando encontrar *tsedaká* (justiça) em seus relacionamentos. É uma experiência de justiça que, de acordo com Bianchi, ficou perdida nas traduções da Bíblia na versão do rei Jaime, disseminada durante muitos séculos, particularmente nos séculos 16 e 17 em países protestantes como Inglaterra, Holanda e na Escandinávia. Ele sugere que, adicionalmente, estas traduções confundiam o entendimento de justiça, por exemplo, no uso da palavra "retribuição", que não existe em hebraico e é usada no lugar da palavra *hishlim*, que tem a ver com *shalom*, ou paz.

De acordo com Bianchi, há três critérios de justiça *tsedaká*. Primeiro, deve-se incluir alguma maneira prática de alcançar absolvição ou alívio da culpa. O nosso sistema retributivo tende permanentemente a estigmatizar os ofensores em rituais poderosos de confirmação do desvio, mas nenhum para desfazer tal estigmatização. Segundo, deve-se incluir a confirmação da verdade, uma vez que a verdade é relacional e encontrada através do processo de diálogo. Para Bianchi, sinceridade e confiabilidade são testes de verdade, e não apenas fatos. Ele questiona a ideia jurídica de que as coisas sejam verdadeiras ou falsas, afirmando que muitas coisas podem ser meias-verdades, um pouco verdadeiras, ou verdadeiras em uma ocasião e não em outra. O terceiro critério de justiça *tsedaká* é que deve haver substanciação – quando ninguém mentiu, quando as vítimas foram ouvidas a contento e foram oferecidas ao ofensor possibilidades de reparação e soltura. A Justiça nesse sentido é conhecida por seus resultados e não por suas intenções e formas. Só se sabe *a posteriori* se esta reconciliação se estabeleceu para as pessoas. A paz é a definição e a meta da justiça *tsedaká*.

Justiça e Punição: G. H. Mead

A maior parte do que se escreve sobre procedimentos de Justiça Criminal está baseada na justiça como uma ideia autoexplicativa e a punição como um mal necessário. As noções de senso comum sobre justiça incluem referências à punição como uma parte axiomática da constituição da justiça. Nos capítulos a seguir, a exploração mais profunda da Justiça Restaurativa revelará esse pensamento como sendo problemático e nos levará a fazer a pergunta: "É possível haver justiça sem punição?".

Há quase um século, George Herbert Mead, proeminente filósofo e psicólogo social da Universidade de Chicago, ponderou a relação entre justiça e punição em um artigo intitulado "The Psychology of Punitive Justice" (1918). O artigo de Mead é particularmente interessante para os propósitos deste capítulo, não apenas por causa de seu foco nos fundamentos psicológicos da Justiça Legal, mas também para sua expressão de alternativas que são notadamente similares às práticas da Justiça Restaurativa.

Mead escreveu especificamente sobre Justiça Legal: "É suposição do procedimento [do Tribunal Criminal] que a condenação e a punição sejam a realização da justiça e também que seja para o bem da sociedade, isto é, que é justo e conveniente" (1918: 582). Esta descrição foi o ponto de partida para a discussão de atitudes punitivas na psicologia social. A noção de lei como justiça é baseada em simbolismos: "Não respeitamos a lei de modo abstrato, mas os valores que as leis da comunidade conservam [...] Uma ameaça de ataque a estes valores nos coloca em uma atitude defensiva e, como essa defesa é feita em grande parte pelo sistema jurídico de nossa terra, adquirimos respeito às leis, respeito proporcional aos bens que elas defendem" (584-85). Ainda que Durkeim não tenha explorado as implicações da punição para os membros da sociedade, ele notou, tanto quando Mead, que a punição era funcional para a coesão social dos cidadãos que respeitam a lei, mas não para as vítimas ou para os ofensores em si. A punição invocada pelo Estado é, portanto, vista como uma maneira de acalmar os impulsos hostis dos cidadãos; ela oferece a resposta ao pensamento de que "algo deve ser feito" e que esse algo é equiparado à justiça. No entanto, há um problema em determinar qual é a punição proporcional para um crime específico. Esta é uma decisão que parece afetar as percepções sobre a qualidade da Justiça Legal. Suzan Jacoby argumenta: "[As Instituições Retributivas] removem dos indivíduos a responsabilidade, mas não a psicologia da vingança. Se as instituições falharem – ou aparentemente fracassarem – no preenchimento de suas funções práticas, provavelmente a carga psicológica de vingança aumentará em vez de diminuir" (1983:12). Então, se o público sente que a punição é leniente demais, haverá uma percepção de pouca justiça e um desejo correspondente de revanche. A situação é exacerbada pela abundante mídia de massa, que exagera e amplia as representações do crime (Surette 1992), e pelos políticos que usam crimes horríveis isolados para cultivar o apoio público a campanhas de lei e ordem e de legislação repressiva (Gaucher e Elliott 2001).

A análise de Mead sobre a função legal da Justiça e a psicologia da Justiça Punitiva produzem duas observações relacionadas, ainda que problemáticas:

> A hostilidade para com o transgressor inevitavelmente traz consigo atitudes retributivas, repressão e exclusão. Estas não oferecem princípios para a erradicação do crime, para levar o delinquente de volta às relações sociais normais, nem para afirmar direitos transgredidos ou instituições por suas funções sociais positivas.
> Por outro lado, a atitude de hostilidade dirigida aos ofensores tem a única vantagem de unir todos os membros da comunidade na solidariedade emocional da agressão [...] Além disso, essa atitude revela valores universais comuns que, como um alicerce de pedra, estão na base da estrutura divergente dos fins individuais, que tornam as pessoas fechadas e hostis aos outros. Aparentemente, sem o criminoso, a coesão social desapareceria e o bem comum da sociedade desmoronaria, tornando-se partículas individuais que se repelem mutuamente. (1918: 590-91)

A alegação aqui é que as respostas punitivas para a Justiça oferecem de modo alternativo ou 1) a transferência da hostilidade para um indivíduo, sem a prevenção de danos, nem uma reintegração saudável, nem oportunidade para aprender valores ou esclarecer a comunidade como um todo; ou 2) uma experiência de certa união entre a maioria dos membros da comunidade que se solidarizam na rejeição ao criminoso, usando uma pessoa (criminoso) como meio para um fim (coesão da sociedade).

Mead adverte que, geralmente, a atitude persistente de hostilidade tem danificado a saúde dos indivíduos e da comunidade:

> Embora a simples agressão social, ou defesa com o propósito de eliminar ou encapsular um inimigo, seja o propósito da comunidade, a organização em prol de uma da atitude comum de hostilidade é normal e efetiva. Mas, enquanto a organização social for dominada pela atitude de hostilidade, os indivíduos ou grupos, que são o objetivo dessa organização, permanecerão inimigos.
> *Psicologicamente é quase impossível odiar o pecado e amar o pecador*. Estamos muito empenhados em enganar a nós mesmos a esse respeito [...] [As] duas atitudes – de controle do crime através do procedimento hostil da lei e a de controle através da compreensão das condições sociais e psicológicas – não podem ser combinadas. *Compreender é perdoar, e o*

procedimento social parece negar a responsabilidade que a própria lei afirma e, por outro lado, o processo penal inevitavelmente desperta uma atitude hostil no ofensor e torna a compreensão mútua quase impossível. (1981: 592, ênfase adicionada)

Nesta passagem, a situação apresentada por Mead alude muito "ao paradoxo" da prisão – os contraditórios e conflitantes mandatos de punição e reabilitação. A sociedade "dominada pela atitude de hostilidade" pode produzir Justiça Legal, mas essa justiça não traz a paz real. Isso levanta uma importante questão: pode haver justiça sem paz?

Mais adiante no artigo, Mead levanta uma questão para a qual não está claro se a Justiça Restaurativa já ofereceu uma resposta adequada. Devido aos efeitos psicológicos da ampla hostilidade em função da solidariedade social, quais seriam as implicações para os nossos sentimentos de justiça se respondêssemos ao dano sem recorrer à punição? Como Mead observou: "Se passássemos a lidar com as causas do crime de modo básico, sem passionalidade, como se estivéssemos lidando com a causa de uma doença, e se desejássemos substituir a negociação e a arbitragem internacional para evitar guerras em disputas entre as nações, então seria de certa importância considerar que tipo de solidariedade emocional poderíamos conseguir para substituir aquela oferecida pelos procedimentos tradicionais" (1918: 594). Quando estamos unidos contra o "criminoso" ou o transgressor, experimentamos uma solidariedade emocional com os outros da sociedade – uma possível explicação para o impulso de grupos de crianças que marginalizam um colega individual, algo também conhecido como *bullying*.

Finalmente, Mead descreve um Tribunal Juvenil que inclui muitos dos elementos de práticas restaurativas atuais. Ali "encontramos comprometimento para buscar e entender as causas do colapso social e individual, para consertar, dentro do possível, a situação defeituosa e para reinserir o indivíduo que se comportou mal" (1918: 594). Esse entendimento e essa abordagem da Justiça, na visão de Mead, proporcionam uma alternativa para a Justiça Punitiva:

> Ao centrar o interesse na reintegração, o sentido de uma responsabilidade ética que olha para o futuro não está enfraquecido, mas sai fortalecido, pois o Tribunal compromete-se a determinar o que a criança deve fazer e como deve ser para retomar as relações sociais normais. Quando a responsabilidade repousa sobre os outros, o caso pode ser examinado em maior detalhe e com mais eficácia uma vez que não é definido por categorias legais abstratas, e o objetivo em determinar

a responsabilidade não é de punir, mas de obter resultados futuros. Nesse processo, surge uma apresentação mais completa dos fatos que são essenciais para lidar com o problema, apresentação que não surgiria no processo penal, o qual objetiva estabelecer uma simples responsabilidade por uma ofensa legalmente definida com o propósito de impor uma punição. De importância muito maior é evidenciar os valores das relações familiares, escolares, dos aprendizados de todos os tipos, de oportunidades de trabalho e de todos os outros fatores que farão a vida de uma criança ou de um adulto valer a pena [...] Eles são os fins que deveriam determinar a conduta. É impossível descobrir sua real importância, a não ser que todos esses fatores possam ser vistos na sua relação mútua. (595)

No mínimo, o argumento de Mead indica que não há nada totalmente novo nem radical na Justiça Restaurativa, que, na prática – nas instituições democráticas convencionais como escolas e órgãos de Justiça Criminal –, frequentemente aparecem como abordagens de solução de problema no caso de crimes ou danos. Como os próximos capítulos mostram, as abordagens restaurativas de Justiça tendem a se concentrar mais em valores do que em leis ou regras, e a focar na reparação de danos em vez de focar na punição dos malfeitores.

Justiça em Psicologia e Religião

Mary Clark, em "Skinner *versus* the Prophets" (2005), compara as perspectivas de justiça de dois sistemas de crenças nos respectivos domínios da psicologia e da religião. Ela argumenta que a visão de justiça de uma determinada cultura é impactada pelas suas crenças sobre a natureza humana. Isso oferece outra ferramenta analítica para compreendermos a gênese ou os fatores que contribuem para nosso entendimento de justiça, e ressalta o significado de cultura e suas inumeráveis expressões.

B. F. Skinner, behaviorista radical do século 20, acreditava que o comportamento era condicionado e não livre, e que isso poderia ser demonstrado na análise experimental do comportamento. Os conceitos de condicionamento operante e de reforços programados, por exemplo, vêm do trabalho de Skinner. As implicações dessa abordagem são que os seres humanos estão condicionados a se comportar de certa forma e podem ser treinados a se comportar de outra – e isso é decidido por outra pessoa que esteja no controle. Por volta da metade do século 20, a escola behaviorista radical foi desafiada por uma nova escola de psicologia que emergia, conhecida como ciência cognitiva – estudo multidisciplinar da mente e do comportamento. A outra perspectiva que Mary Clark examina é a sabedoria das escrituras das maiores religiões do mundo, como o budismo, o cristianismo e o islamismo. Um exemplo de entendimento comum é a regra de ouro. "Cada um deve tratar os outros como gostaria de ser tratado" é a versão cristã desse entendimento, expresso de forma similar em outras crenças religiosas (no budismo: "Não magoeis os outros com aquilo que vos magoa"; no judaísmo: "Não façais aos outros o que é odioso para vós. Esta é toda a Lei; todo o resto é comentário".)

As bases do entendimento da natureza humana são diferentes na perspectiva da psicologia comportamental e na dos ensinamentos religiosos. Ao explicar a diferença entre estas duas perspectivas, Clark faz referência aos escritos sobre política moral de George Lakoff (2002) e como os debates políticos são moldados nos Estados Unidos (2004). Lakoff usa uma metáfora parental em sua argumentação, sendo uma das perspectivas a do pai severo (psicologia skinneriana) e a outra do pai afetivo (os profetas religiosos). Esta metáfora traz as implicações das duas perspectivas para o nosso entendimento sobre a melhor maneira de responder ao dano e ao conflito e, além disso, em uma arena mais ampla, de política e governança.

Um conjunto de suposições sobre as pessoas e o mundo ancora o fundamento do pai severo, segundo a seguinte racionalidade:

> O mundo é um lugar perigoso, e sempre será, porque há mal no mundo lá fora. O mundo também é difícil porque é competitivo. Sempre haverá ganhadores e perdedores. Há um certo absoluto e um errado absoluto. As crianças nascem más, no sentido de que elas apenas querem fazer o que as faz se sentirem bem, e não o que é correto. Portanto, elas têm de ser melhoradas. (Lakoff, 2004:7)

Nesta estrutura, o pai severo forte tem a enorme responsabilidade, em um mundo difícil, de proteger e dar suporte à sua família e de ensinar a seus filhos o certo e o errado. Os pais são a autoridade moral, e a criança deve ser obediente. Ensina-se obediência através da punição, que imprime a autodisciplina necessária para restringir cometimento de atos errôneos, mas que também é valiosa para estimular o crescimento do autointeresse no tocante ao mundo. Prosperidade e confiança em si são os objetivos para o indivíduo; o modelo do pai severo conecta moralidade com prosperidade.

Presente no campo da governança, especialmente no contexto de programas sociais e de Justiça Social, o modelo do pai severo tende a resultar em recursos escassos para o bem-estar social, para pré-escolas, tratamento psicológico, educação, criação de trabalho e assim por diante, e recursos relativamente limitados para a política, tribunais e prisão. Lakoff também aplica sua metáfora, que compara bem-estar com riqueza, com a "lei da natureza" de Adam Smith:

> Se cada um for atrás de seus próprios interesses, então, pela mão invisível, por natureza, o autointeresse de todos será maximizado. Ou seja, é moral tentar conseguir seu próprio interesse, e há um nome para as pessoas que não fazem isso. O nome é benfeitor. Um benfeitor é alguém que está tentando ajudar alguém, em vez de ajudar a si mesmo, e está atrapalhando aqueles que buscam seus próprios interesses. Os benfeitores estragam o Sistema. (2004: 8)

Neste modelo, uma pessoa ética, boa, é aquela suficientemente disciplinada que aprendeu a ser obediente, aprendeu o que é correto e o faz, e o correto é ser próspero e autoconfiante. Se a pessoa não faz isso, o pai severo ou o governo não o ajudarão.

Lakoff resume a perspectiva do profeta, de pais afetivos:

> Ambos os pais são igualmente responsáveis pela criação de um filho. A suposição é de que a criança nasce boa e pode ser melhorada. O mundo pode ser um lugar melhor, e a nossa tarefa é trabalhar para isso. O trabalho dos pais é nutrir seus filhos e criá-los para serem provedores de outros [...] [Nutrir] significa duas coisas: empatia e responsabilidade. (2004: 12)

Os pais afetivos assumem que, a fim de cuidar adequadamente das crianças, também devem cuidar de si próprios. É difícil ser pai, e é preciso trabalhar duro para se tornar forte e competente. Empatia pelos filhos significa que os pais tentam dar proteção contra os perigos do mundo; eles também querem que seus filhos sejam felizes, que tenham realização própria, então, é importante que os pais sejam felizes e realizados para serem um modelo. Para a governança social, isso é traduzido em políticas que dão assistência aos cidadãos para que adquiram habilidades e oportunidades necessárias para se tornarem membros colaboradores saudáveis da sociedade, mesmo que não tenham sido beneficiados, quando crianças ou jovens, por pais apoiadores e pela sociedade mais ampla.

Outros valores nutridores guardam implicações para uma governança social mais ampla. A *liberdade* é significativa porque é necessária para os indivíduos serem livres para buscar realização. A fim de ter liberdade, deve haver oportunidade e prosperidade. Os pais afetivos querem que seus filhos sejam tratados com equidade. Uma conexão empática com as crianças requer comunicação como via de mão dupla, aberta e honesta. A saúde da comunidade afeta a forma como a criança cresce, portanto, a construção de espírito comunitário e o serviço comunitário são valorizados, assim como a cooperação (Lackoff 2004: 13). Tudo isso demanda confiança. Os governos que usam a visão de justiça do profeta tendem a enfatizar programas sociais fortes para compensar o acesso desigual a oportunidades e prosperidade. Os sistemas de Justiça Criminal são baseados em algum imperativo de justiça na disputa entre indivíduo e Estado, e focam mais em estratégias de reabilitação do que em punição.

Essas metáforas – psicologia comportamental com o pai severo, e os profetas com o pai afetivo – oferecem uma estrutura útil para o entendimento das diferentes interpretações dos povos sobre justiça, que começam com visões desiguais da natureza humana. Portanto, os debates de Justiça Criminal poderão ser mais úteis se começarmos com uma reafirmação das suposições básicas que temos acerca dos seres humanos. A abordagem do pai severo reflete a versão da Justiça Retributiva; a do pai afetivo sugere uma abordagem da Justiça Restaurativa.

Perspectiva Aborígene de Justiça

Ao ponderar nosso entendimento de justiça, é útil considerar diferentes perspectivas culturais. O exemplo da filosofia aborígene é útil nesta discussão de duas formas. Primeira: o pensamento aborígene quanto à justiça é estruturado em um paradigma diferente e, portanto, abre espaço para questionarmos algumas de nossas suposições básicas. Segunda: uma vez que o povo aborígene do Canadá aparece de modo proeminente no cenário da Justiça Criminal, vale a pena considerar como o choque de paradigmas influencia o destino dos aborígenes dentro da Justiça Criminal.

Uma sessão colaborativa com anciãos, líderes espirituais e profissionais de diversas comunidades das Primeiras Nações da América do Norte produziu uma explicação da justiça como um presente do norte, uma das quatro direções da roda da medicina, "símbolo ancião muito poderoso do Universo" (Bopp et al. 1985: 32). Nesta óptica, notou-se que:

A lição final do norte é a lição do equilíbrio; de modo sábio, ensina como todas as coisas se encaixam. E o equilíbrio, quando aplicado à interconectividade de todos os seres humanos, torna-se justiça. Com esta ajuda, o viajante pode ver todas as coisas como realmente são. Sem isto, não pode haver paz nem segurança nas coisas do mundo.

Nesta explicação o conceito de justiça refere-se a equilíbrio e interconexão. Na prática, "o primeiro significado de 'justiça' numa sociedade aborígene seria a restauração da paz e do equilíbrio na comunidade através da reconciliação do acusado com sua própria consciência e com o indivíduo (ou a família) que foi injustiçado". (Sinclair 1994: 178)

Rupert Ross conta o caso de um *workshop*, em uma conferência, no qual se pediu que os participantes assumissem o papel do Comitê de Justiça Comunitária fazendo recomendações para o Tribunal a respeito de um caso específico (1994: 241-42). Sendo apresentada ao ofensor a opção de uma prisão de longo prazo, os membros aborígenes do grupo do *workshop* foram unanimemente contrários:

> Um nativo inuit, através de seu intérprete, disse que este foi exatamente o problema quando a Corte veio à sua comunidade. Queixou-se de que a Coroa e o juiz sempre chamavam as pessoas de "más". Disse que não se pode fazer isso quando se quer que alguém seja bom. Uma senhora aborígene queixou-se de que, só porque a comunidade não tinha conseguido alterar o comportamento do abusador ainda, isto não queria dizer que a abordagem curativa não fosse boa. Ela falou que o sistema ocidental vinha mantendo o uso de presídios por centenas de anos, ainda que isso nunca tivesse funcionado [...] Outra perguntou como a prisão pode ser uma proteção se, quando o ofensor sai, ele ainda precisa de cura, e a tarefa fica ainda mais difícil por causa do local onde esteve, do que aprendeu e do quanto ficou enfurecido com isso. "Para dar proteção do jeito de vocês", uma outra disse, "vocês deveriam mantê-lo lá para sempre".

> Tenho ouvido esse ponto de vista ser expresso em um número crescente de comunidades aborígenes por todo o país. Eles parecem falar de um quadro de justiça bem diferente daquele para o qual fui treinado. E também, muitos dos que falaram a partir dessa perspectiva nem parecem começar sua análise de justiça a partir do lugar de onde partimos.

Como veremos no próximo capítulo, muitas das diferenças entre paradigmas de justiça aborígenes e ocidentais apontam para as questões que consideramos relevantes.

Esta breve visão geral dos significados de justiça aborígene é insuficiente para demonstrar que um choque de paradigmas é eminente quando a justiça aborígene encontra a justiça ocidental. A excessiva representação aborígene no Sistema de Justiça Criminal não pode ser tratada de modo significativo meramente através de ajustes nos mecanismos dos sistemas. Como Patricia Mounture-Angus observou (1993: 33): "O passo essencial e frequentemente negligenciado é a criação de um relacionamento renovado entre o povo aborígene e os canadenses, através de um exame do significado dos conceitos com os quais construímos nossos relacionamentos".

Conclusão

Enquanto o conceito de justiça traz uma variedade de ideias, uma definição universal da mesma parece ilusória. Gordon Bazemore, proeminente acadêmico norte-americano na área da Justiça Restaurativa, resume o problema da ligação entre punição e justiça.

> O discurso público parece ter migrado para uma retórica que admite que punição seja o mesmo que justiça. Por outro lado, a maioria dos norte-americanos, se solicitada a definir "justiça", usa palavras como equidade, tratamento similar ou igual, ausência de discriminação, devido processo legal e oportunidades iguais. Quando se pergunta a eles o que significa "que alguém 'recebeu justiça'", com certeza pensam primeiro na punição – frequentemente em punição severa. Infelizmente, essa lógica abrangente de justiça como sinônimo de merecida punição oferece suporte para o que a maior parte do mundo hoje reconhece como o vício norte-americano de punição. (2007: 652)

A desconfortável conclusão de Bazemore parece ser que justiça é igual a prisão, ao menos na cabeça da maioria dos norte-americanos. As implicações dessa lógica parecem óbvias ao olharmos o material abordado no Capítulo 1.

Mas justiça pode ser concebida de inúmeras formas. Outro colaborador de longa data da Justiça Restaurativa e da literatura sobre construção de paz, Hal Pepinsky, expõe seu entendimento de justiça:

Corrija-me se você ouviu algo diferente, mas, quando ouço falar sobre fazer justiça, infiro que as pessoas desejam alcançar um resultado pré-estabelecido, como nas expressões "castigo merecido" ou "igualdade social". Quanto mais passional o empenho em obter esse resultado, mais violenta é a paixão, ao meu ver, por definição. Estou perfeitamente disposto a utilizar a palavra "justiça" de uma outra maneira: como sinônimo de carma – reconhecimento de que de fato todas as ações sociais têm consequências. Compartilho a ideia de que, ao longo de gerações, o ser humano e o universo estão conectados. Sob essa perspectiva, postulo que, no todo, violência gera violência e construção de paz gera paz. Na minha visão, justiça e erros acontecem, mesmo que leve algumas gerações para tudo o que tiver ido, voltar. Na minha visão, fazer justiça ou remediar a injustiça equivale a brincar de ser Deus e, na melhor das hipóteses, torna-se uma revolução política na qual uma classe dominante substitui a outra. Vejo a tarefa de construção de paz como uma tentativa de democratizar nossas relações sociais, o que implica permitirmo-nos ser surpreendidos pelas consequências. (em Sullivan 2003: 70)

A visão de justiça de Pepinsky prepara o palco para o desvelar da Justiça Restaurativa. Ele toma emprestado da sabedoria do povo navajo o processo de conceituação de justiça: "Compareça. Preste atenção. Fale a verdade. Não fique preso a resultados".

Os pensadores sérios estão preocupados com a questão da justiça porque os desequilíbrios que produzem injustiça são questões perenes e urgentes que confrontam qualquer sociedade que aspira a ser democrática. Mesmo com a Carta de Direitos e Liberdades Humanas – modelo global de proteção individual e direitos coletivos – não se pode ter justiça sem equidade política, econômica e social. Pode-se, no entanto, identificar vislumbres de justiça, ou momentos anômalos, quando a justiça ganha viva expressão. Às vezes acontece em uma sala de tribunal. Mais frequentemente é revelada nas inter-relações que são forjadas ou curadas através de processos de criação ou restabelecimento do equilíbrio. Como observa Patricia Monture-Okanee: "O que cheguei a compreender é que justiça não é um problema legal. É um problema humano". (1994: 231)

Nota

1. A Law Commission of Canada foi encerrada no final de 2006 pelos recém-instalados conservadores federais.

4

Justiça Restaurativa
Uma Visão do Bem

Uma História de Justiça Restaurativa
Wendy Keats

Elizabeth ficou extremamente traumatizada com o assalto à mão armada durante seu turno na loja de conveniência. A cena do crime tinha sido de caos absoluto. Os assaltantes mascarados gritaram ameaças de morte enquanto a mantinham presa com uma faca em sua garganta. Ela se urinou toda de puro terror.

Mesmo meses depois de os assaltantes terem sido pegos, a vida ainda não tinha voltado ao normal. Vazou a informação da sua falta de controle da bexiga induzida pelo medo, e os clientes e colegas de trabalho a provocavam impiedosamente após o ocorrido. Ela tinha de lidar não só com o medo e a vergonha, mas com traumas anteriores que voltaram a assombrá-la. Ela ficou doente, com bulimia, e perdeu quase 4 quilos. A insônia a mantinha acordada noite após noite. Sua família e seus amigos rapidamente se tornaram impacientes com ela. "Olha, você não se machucou. Deixa para lá. Qual é seu problema?"

A própria Elizabeth não conseguia entender esse sofrimento incessante. Por que ela tinha pesadelos toda vez que fechava os olhos por alguns momentos? Por que ela não conseguia retomar sua vida? À medida que sua vida se deteriorava, seu casamento se rompeu e a sua relação com sua filha mudou dramaticamente.

Charles, o ofensor branco de 21 anos, estava cumprindo cinco anos pela ofensa em uma instituição federal. Ele tinha crescido em um ambiente violento, uma família profundamente envolvida com drogas e abuso de álcool. Seus vários tutores apontados pelo Estado tinham sido, na maioria, ex-ofensores e viciados. Sua irmã e ele foram vítimas de abusos contínuos e pobreza.

Ele cometera ofensas menores quando jovem, mas este foi seu primeiro crime sério. Para ele, a ofensa foi resultado de uma viagem extremamente ruim com consumo de LSD. Completamente fora de si, alcoolizado e drogado, Charles não tinha a menor ideia do trauma que causara com suas ações. A primeira vez que Charles tomou conhecimento da situação de Elizabeth foi quando ficou sabendo da insistência dela junto ao Tribunal pedindo autorização para apresentar uma declaração de impacto à vítima. Ela não havia sido convidada pelo Tribunal a apresentar esta declaração, pois não fora identificada como vítima. A loja de conveniência era a vítima.

Ao ter de lutar por seu direito de ser incluída de algum modo no processo, sua raiva e frustração cresceram. Ela estava aterrorizada imaginando que Charles e seus comparsas voltariam para pegá-la, como ameaçaram fazer. Nesse momento, ela estava isolada da família e dos amigos. Estava assustada, emocionalmente abatida e fisicamente doente. Por fim, após dois anos e muitas sessões de terapia, Elizabeth percebeu que tinha de encontrar uma forma de "deixar isso para trás". Ela percebeu que, para fazer isso, precisava tentar encontrar as respostas para as questões que a assombravam. Então, quando chegou a hora da audiência de decisão sobre liberdade condicional, ela viajou de ônibus por quatro horas para a instituição [...] sozinha e com pneumonia. Durante a audiência, Charles virou-se e tentou falar alguma coisa para ela, mas como vítimas e ofensores não têm permissão de conversar durante essas audiências, ele foi impedido.

De volta ao ônibus, ela se perguntava: "O que ele queria me dizer?".

Nesse momento entrou em contato com a Junta Nacional de Liberdade Condicional e solicitou um encontro face a face, e eles direcionaram seu caso para a mediação vítima-ofensor. Eu era a mediadora designada. Quando encontrei Elizabeth pela primeira vez, perguntei-lhe por que ela queria encontrar-se com o ofensor. "Não posso mais viver assim", ela disse. "Tenho que obter respostas para minhas questões. Tenho que saber se ele vai voltar para me pegar ou a minha família. Tenho que dizer a ele como me sinto. Tenho que olhar na cara dele e dizer o quanto ele mudou minha vida." Todas as razões eram válidas para uma mediação. Assim sendo, fui falar com o ofensor. Charles estava espantado com o medo de Elizabeth. "Ela não sabe que eu jamais a machucaria? Eles não treinam os funcionários da loja de conveniência para entregar o dinheiro para ninguém sair ferido?", ele perguntou incrédulo. "Ela não sabe que todo assaltante fala 'não chama a polícia senão eu volto pra te pegar'? É assim que as coisas são. Estou realmente sentido por isso [...] eu não fazia a menor ideia."

Sem nenhuma hesitação, ele concordou em encontrar Elizabeth para tentar fazer qualquer coisa que pudesse compensar o que ele pensava, até então, ser apenas uma noite ruim – muito bêbado, muito drogado – pela qual ele achava que fosse o único a pagar um alto preço. Nessa ocasião, Charles estava na prisão fazia dois anos e não era fácil. Ele dormia com uma faca debaixo do travesseiro porque havia muitos esfaqueamentos por lá. Como Elizabeth, ele sentia medo permanentemente.

A mediação foi organizada para ocorrer em uma sala dentro da própria prisão. Nenhum dos dois dormiu na noite anterior [...] cada um atormentado por dúvidas e medos. Na hora em que os dois ficaram juntos, face a face, em uma mesa de 75 cm de largura, ambos estavam no auge da emoção.

Mas o sistemático processo de mediação rapidamente surtiu efeito, e a etapa de relato das histórias começou. Elizabeth disse tudo o que ela vinha pensando nos últimos dois anos. Charles ouviu atentamente e, quando chegou sua vez, respondeu-lhe a maioria das questões e revelou sua própria história. À medida que o diálogo continuou, eles começaram a rir de um detalhe. Isso quebrou a tensão e eles realmente começaram a falar cara a cara, de coração para coração. Eles compartilharam experiências violentas, embora de perspectivas totalmente diferentes. Uma relação tinha se formado naquela noite, relação que, até então, estava mal resolvida.

Elizabeth recebeu naquela noite as respostas a todas as questões que a assombravam. Ela entendeu que Charles nunca teve a intenção de voltar e causar-lhe algum dano, e que ele estava verdadeiramente sentido pelo que havia feito. Eles fizeram alguns acordos sobre como iam se cumprimentar na rua quando ele fosse libertado e voltasse para sua cidade. Quando terminou, eles se levantaram e apertaram as mãos. "Você sabe", disse Elizabeth, "que nunca seremos amigos, você e eu; viemos de mundos diferentes; mas eu quero que saiba que eu te desejo boa sorte e que, quando eu pensar em você, estarei torcendo para que esteja bem. Eu te perdoo".

Saindo da prisão, perguntei a ela como se sentia. "Acabou. Está fechado. Está feito." Cinco meses depois do encontro, ela me contou que nunca mais teve um único pesadelo. "Não me sinto mais a mesma pessoa. Não há mais medo. Ele simplesmente acabou."

Soube pelo responsável do caso que Charles estava indo bem. O staff sentiu que foi uma experiência de amadurecimento para ele e que havia uma chance melhor de ele responder ao tratamento de reabilitação e levar a vida mais a sério. Sem garantias. Ele tem 23 anos. Suponho que ele nunca mais esquecerá essa experiência e que ela terá um profundo efeito em decisões futuras. Após a mediação, Elizabeth solicitou o envio de uma carta à Junta Nacional de Liberdade Condicional. Ela não queria mais ser usada como razão para a manutenção de Charles encarcerado. "Se eles quiserem mantê-lo na prisão, isso é problema deles, mas não quero que isso seja feito por minha causa. Para mim, este assunto está encerrado. Estou curada." (Relatado por Wendy Keats, da Mediação Vítima-Ofensor (MOVE), "Uma iniciativa em justiça restaurativa de New Brunswick", em Breton e Lehman 2001: 57-60)

※ ※ ※

A história de Elizabeth pode ser surpreendente para muitos por causa das medidas extraordinárias que ela adotou para se recuperar dos efeitos de sua vitimização traumática. Nem todo mundo escolheria esta forma de agir, e não é o propósito da Justiça Restaurativa impor encontros entre as partes de um conflito, ainda que se presuma que seja para seu bem. Mas a história abre a possibilidade de a Justiça Restaurativa atuar em crimes violentos, apesar da visão amplamente adotada de que o valor da Justiça Restaurativa se limita a crimes relativamente menores, não violentos, cometidos por jovens. Por outro lado, as pesquisas demonstram que a Justiça Restaurativa tem maior impacto em casos violentos.

Howard Zehr fez contribuições que deram fundamentação para este campo, notadamente por meio da publicação de seu profícuo livro *Trocando as Lentes*, no qual oferece uma reconstrução analítica da noção de crime e justiça através das "lentes restaurativas".

O crime é uma violação de pessoas e relacionamentos. Ele cria a obrigação de corrigir o mal feito. A Justiça envolve as vítimas, o ofensor e a comunidade na busca de soluções que promovam reparação, reconciliação e segurança. (1990: 181)

Essa descrição contrasta com o modo que normalmente entendemos o crime: como uma violação das leis e regras, onde se determina de quem é a responsabilidade pelo dano e se pune o culpado. O que em geral não fica claro é que no Sistema de Justiça do Canadá e dos Estados Unidos, todos os crimes são cometidos contra o Estado. As vítimas, as pessoas que foram de fato violadas pelo crime, têm seu *status* usurpado pelo Estado, que relega a elas o papel de testemunhas. Esta é a principal razão pela qual as vítimas de crimes experimentam essa sensação de frustração com o Sistema, razão pela qual os mecanismos como as declarações de impacto de vítimas são tão insatisfatórios.

O termo "Justiça Restaurativa" foi cunhado pela primeira vez em 1977 por Albert Eglash no contexto específico da restituição. No mesmo ano, o artigo de Nils Christie, "Conflicts as Property", demonstrava uma nova forma de olhar para a Justiça, que definia alguns assuntos fundamentais da Justiça Restaurativa, sem usar esse termo. No entanto, ainda antes de ambas as articulações acadêmicas do conceito, o primeiro registro contemporâneo da prática da JR foi o incidente em Elmira, Ontário, em 1974 – um lembrete importante de que, ao menos no Canadá, a prática da JR sempre esteve à frente do conhecimento teórico. Em uma virada interessante dos eventos, um dos dois rapazes do caso de Elmira, Russ Kelly, só entendeu o impacto de seus atos anos depois, quando uma lesão nas costas o forçou a fazer um treinamento para uma nova profissão no Conestoga College, em Kitchener, Ontário. Um palestrante convidado da Community Initiatives of Waterloo Region falou, em sua aula, sobre serviço comunitário do caso de Elmira, e Kelly reconheceu a si mesmo na história. Agora, interessado em Justiça Restaurativa, Kelly voltou para casa, digitou as palavras no sistema de busca do computador, e apareceram 50 mil resultados. Mais tarde, tornou-se voluntário na CJI em Waterloo. (Kelly 2006)

Neste capítulo, consideraremos o significado de "Justiça Restaurativa" e revisaremos alguns de seus temas e questões-chave. A difícil tarefa de definir "Justiça Restaurativa" dá início ao capítulo, seguido pela consideração de algumas ideias que geraram a teoria e a prática. Desde seu início as definições da Justiça Restaurativa têm sido expressas dentro do contexto da Justiça Criminal; discutiremos as limitações dessa abordagem. Finalmente, apresentaremos uma perspectiva holística da JR.

O que quer dizer "Justiça Restaurativa"?

O termo "Justiça Restaurativa" entrou nos discursos dominantes para descrever uma infinidade de filosofias, princípios, teorias, práticas e programas. A JR emergiu dentro do reino das práticas da Justiça Criminal e foi se espraiando para o domínio das escolas, locais de trabalho e organizações (veja Roche 2001). Quanto mais as pessoas implementam o que se enquadra no contexto das práticas restaurativas, mais surgem discussões sobre o que pode realmente ser considerado JR. McCold (2000), por exemplo, assumiu o desafio de classificar modelos de JR puristas *versus* maximalistas, em que o primeiro é uma abordagem cooperativa voluntária, e o último compreende sanções legais impostas. As preocupações crescentes por parte dos puristas deram o alerta sobre a cooptação do nome JR para práticas que não são restaurativas.

Um fator-chave que contribui para a cooptação repousa nas diferentes questões colocadas pelos dois paradigmas diferentes de Justiça. A Justiça Retributiva pergunta: "Foi cometido um crime ou foi quebrada uma regra? Quem fez isto? Que punição merecem?" A Justiça Restaurativa pergunta: "Qual é o dano e quem foi afetado por ele? Quais são suas necessidades? De quem é a obrigação de atender essas necessidades e reparar os danos?" As respostas a esses dois conjuntos de questões nos levam a diferentes padrões de ação.

Susan Sharpe, integrante da Sociedade de Mediação Vítima-Ofensor de Edmonton, referiu-se à Justiça Restaurativa como uma filosofia. De acordo com Sharpe, Justiça Restaurativa é:

> a Justiça que coloca a energia no futuro e não no passado. Ela foca no que precisa ser curado, no que precisa ser reparado, no que precisa ser aprendido em decorrência do crime. Ela olha para o que precisa ser fortalecido para que essas coisas não aconteçam novamente [...] [Portanto, a Justiça deve se esforçar para:]
> 1. Promover participação integral e consenso;
> 2. Curar o que foi quebrado;
> 3. Buscar responsabilidade completa e direta;
> 4. Reunir o que foi dividido;
> 5. Fortalecer a comunidade para a prevenção de danos futuros.

A dificuldade de definir Justiça Restaurativa pode ser detectada na observação de que "a Justiça Restaurativa tem muitas raízes que não podem ser facilmente separadas" (McLaughlin et al. 2003: 2). Dave Gustafson, da Fraser Region Community Justice Initiatives Association, de Langley, Colúmbia Britânica, conceituou Justiça Restaurativa como "um rio de cura, um fluxo de pensamento que inclui as contribuições de vários afluentes. Essas contribuições incluem abordagens neotradicionais de resolução de disputas, tais como barganha e negociação (por exemplo, Fisher, Urry e Patton 1981); ensinamentos aborígenes e processos circulares (por exemplo, Ross 1996); abordagens baseadas na fé, como mediação diádica (por exemplo, Hadley 2001); vitimologia e discursos terapêuticos (por exemplo, Herman 1997); criminologia de construção de paz (por exemplo, Pepinsky e Quinney 1991); e abolicionismo penal (por exemplo, Mathiesen 1990).

A Law Commission of Canada, que advogou fortemente uma mudança em direção à Justiça Restaurativa, ofereceu a seguinte definição:

> A Justiça Restaurativa refere-se a um processo de resolução de crimes e de conflitos que foca em reparar o dano às vítimas, responsabilizando os ofensores por suas ações e engajando a comunidade no processo de resolução do conflito. (2003: 3)

Bazemore segue em uma tendência similar da Justiça Criminal: "Embora sempre vista de forma equivocada, como um programa ou modelo de prática, a Justiça Restaurativa pode ser mais bem compreendida como uma estrutura holística para a reforma da Justiça Criminal e, de maneira ainda mais ampla, como uma abordagem abrangente para a resolução informal do conflito e para a cura" (2007: 656). Tony Marchal oferece uma definição de JR que é frequentemente citada: "Processo no qual todas as partes que participaram de uma ofensa específica reúnem-se para resolver coletivamente como vão lidar com as consequências da ofensa e suas implicações para o futuro" (1999: 5). Todas essas definições fazem alusão à ideia de que a JR trata de Justiça Criminal, em boa parte devido à inclusão da palavra "justiça" nessa expressão. A discussão do Capítulo 3 nos lembrou que a Justiça não é propriedade das instituições. Uma vez que a JR tem a ver com resolução de conflitos e estes de certa forma incluem a noção de justiça, é difícil extirpar a ideia de "justiça" de nosso entendimento, embora isso seja precisamente o que fazem os estudiosos que se referem a ela como "práticas restaurativas".

Para o propósito de nossa introdução à JR, Howard Zehr oferece uma definição mais aberta e focada do conceito: "É um tipo de sistema de valores coerente que nos oferece a visão do bem, de como queremos estar juntos [...] são valores que parecem ter certa universalidade" (em Coben e Harley 2004: 268). O Capítulo 6 considera a noção de valores da JR em grande profundidade, mas por ora nossa tarefa é delinear alguns conceitos-chave relevantes para um melhor entendimento. Estes podem ser agrupados em duas categorias: "Quem foi envolvido?" e "Qual é o foco?".

No Sistema de Justiça Criminal a "vítima", o "ofensor", a comunidade e o governo têm cada qual o seu papel. No entanto, o holofote está voltado para o ofensor e o governo, enquanto a vítima e a comunidade exercem papéis coadjuvantes, se forem incluídos. Em JR o foco é diferente para cada um dos participantes; além disso, os papéis fundamentais são frequentemente desafiados por exceções específicas. As questões "Quem sofreu o dano?" e "Como foram afetados?" posicionam as vítimas no centro teórico da resposta da JR. As vítimas têm oportunidade de contar suas histórias a fim de oferecer ou obter apoio para sua própria recuperação, para superar o medo gerado pelo dano e para participar integralmente do processo de tomada de decisão que produzirá planos de reparação. De modo similar, os ofensores participam contando suas histórias, com o apoio de pessoas de sua escolha, e se envolvem no desenvolvimento de acordos reparadores. A comunidade é representada por aqueles que apoiam as vítimas e os ofensores, por outros que podem ter sido afetados (como as testemunhas) e por facilitadores voluntários treinados em participar de processos comunitários. O governo se envolve principalmente nas questões de financiamento e encaminhamento, embora nos encontros da Justiça Criminal o espectro do Sistema Retributivo do governo permaneça em segundo plano (por exemplo, pronto para reassumir o controle caso as partes que sofreram o dano rejeitem o processo restaurativo, ou caso as partes condenadas pelo cometimento de danos deixem de cumprir os acordos). A meta das intervenções da JR também difere das práticas que nos são familiares. Em vez de encontrar "quem fez isto" e determinar punições apropriadas, a JR tem pelo menos três objetivos. O primeiro é atentar, em todos os estágios, para *as necessidades dos participantes*: aqueles que sofreram o dano, aqueles que cometeram o dano e a comunidade afetada. Isso inclui (mas não se limita a) a necessidade de informação, apoio significativo, diálogo sincero e a possibilidade de agir com responsabilidade pessoal e coletiva. O segundo objetivo é a *cura dos danos,* em sentido amplo, que envolve não apenas as responsabilidades daqueles que cometeram o dano de fazer reparos genuínos, mas também da comunidade de fazer um balanço das condições que facilitam a produção de danos. E finalmente, uma boa intervenção de JR é um processo que *incorpora e reflete os valores desejados/identificados centrais da comunidade*, isto é, trata-se de um processo seguro em si, respeitoso, cuidadoso, inclusivo e assim por diante.

Justiça Restaurativa: Teoria e Prática

Um dos mais profícuos estudiosos da área de teoria e pesquisa em JR, Gordon Bazemore, sintetiza a teoria da JR da seguinte forma:

> Três "grandes ideias oferecem a base da teoria normativa da Justiça Restaurativa. Estes princípios centrais – *reparação, envolvimento dos participantes* e *transformação da comunidade e do papel do governo* na resposta ao crime [...] – distinguem mais claramente a Justiça Restaurativa de outras orientações e definem resultados centrais, processo, práticas e relações estruturais que caracterizam as abordagens restaurativas. (2001: 206)

A síntese de Bazemore é útil para lembrar os princípios centrais da JR. O objetivo do processo de JR é *reparar,* tanto quanto possível, o dano cometido e também a relação que existia anteriormente e que ficou danificada depois de o dano ter sido causado. Isso às vezes é descrito como cura, mas é de certa forma diferente; cura é um processo voluntário individual de recuperação do dano e não algo que o processo de JR possa comandar. A história de Elizabeth no começo do capítulo exemplifica a ideia e o valor da reparação. Mas geralmente reparar tem a ver com arrumar as coisas, solucionar problemas, gerar e implementar planos para mudar as condições de bem-estar de todos. O envolvimento dos participantes, como vimos, coloca as partes principais no centro do conflito, e coloca o dano e o crime no processo, ao invés de subordiná-los a um processo profissional ou institucional. Na história de Elizabeth, ela e Charles são os atores no processo da JR, com o mediador exercendo um importante papel de suporte. Em JR, o papel da comunidade e do governo também muda, conforme se examinam as condições coletivas a fim de encontrar meios de melhorar as condições sociais passíveis de contribuir para o fomento da criminalidade.

Os acadêmicos frequentemente tentam explicar a JR dentro de lentes estreitas. Theo Gevrielides, por exemplo, questiona se a JR é uma teoria ou uma alternativa ao processo de Justiça Criminal (2005: 87), o que limitaria sua prática à Justiça Criminal e excluiria seu uso em escolas e outros contextos. Usando um modelo de teorias de justiça que mostra três círculos concêntricos, tendo as teorias de punição no centro, as teorias de justiça no meio e teorias de moralidade política e ética no círculo externo, Gevrielides argumenta que a JR recai no anel do meio. Ele sugere que a JR não se encaixa no anel externo de teorias de moralidade política e ética: "Poderá a [JR] nos ensinar como nos comportarmos em relação à autoridade central que coordena o viver de todas as entidades em uma comunidade? Poderá nos mostrar como conduzir nossa vida? Ela distingue o *telos* (propósito) que devemos ter para fazer nossa vida ser significativa e valer a pena? Estas questões simples podem nos ajudar a concluir que a JR, na sua forma corrente, não tem por objetivo tratar este tipo de assunto". Nesta análise, Gevrielides presume um escopo limitado à Justiça Criminal para a JR, em vez de abordá-la como um conjunto de valores que mostram como vivermos juntos pacificamente – conforme sugerido por Howard Zehr. Da mesma forma, Kathleen Dale (2002) pretende contar a "verdadeira história" da JR embasada em suas experiências de pesquisa em uma área específica do mundo – o Pacífico Sul. Os praticantes da JR no Canadá, particularmente aqueles da costa oeste, provavelmente não se reconhecem nestas argumentações e conclusões acadêmicas. Já que a perspectiva de mudança é maior quando a JR foca em valores existenciais (o que somos) e processos (o que fazemos e como), as tentativas de circunscrevê-la a campos limitados da experiência podem não ser desejáveis e são, no mínimo, prematuras.

As discordâncias quanto a uma definição ampla e específica da JR já acarretam seus próprios problemas. Como notou Sandra Walklate: "Há uma falta de clareza quanto ao que significa Justiça Restaurativa de fato. Em parte, esta falta de clareza é o que torna a JR sujeita à manipulação" (2005: 167). Ela levanta questões críticas sobre a falta de rigor no questionamento da JR em uma experiência específica do Reino Unido, com referência ao Pacífico Sul. Nessas regiões a JR tende a ser praticada através de órgãos oficiais como ministérios do governo e departamentos públicos – de forma diversa da Colúmbia Britânica, onde a maioria dos programas tem base comunitária.

No entanto, as questões críticas parecem dar sabor ao diálogo sobre a JR na América do Norte, de modo que o questionamentos sobre poder e segurança no nível da prática, são comuns. Porém, Bazemore adverte que essas preocupações podem afetar a habilidade da JR de trabalhar dentro do Sistema atual:

> Como verificação da realidade, é importante reconhecer que são basicamente os proponentes da Justiça Restaurativa que pensam e debatem assuntos como coerção e o valor do processo formal *versus* o informal. Embora devêssemos abraçar uma visão na qual não há coerção nem necessidade de regras formais, se não quisermos sentir que falhamos em todos os esforços de implementação da Justiça Restaurativa, nosso termo de comparação, ao menos por ora, não deve ser um modelo ideal, mas sim o atual sistema criminal de controle coercitivo e retributivo.

Em outro diapasão, as questões sobre poder e segurança nos processos de JR podem também explorar suas características simbólicas e "místicas"; características que levam a JR para fora do âmbito do Sistema Retributivo. Os praticantes que testemunham os momentos transformadores no processo de JR talvez estejam mais afinados com os efeitos sutis do poder e da segurança. Por exemplo, segundo Ida Hydle:

> Como estudiosa da Justiça Restaurativa na Noruega, não vejo apenas o ritualismo do encontro entre partes e mediadores ou facilitadores. Na antropologia, o estudo dos rituais está muito ligado ao estudo da magia. Nem sempre é fácil separar o campo da magia daquele das crenças rituais. Como disse Seymore-Smith (1986: 175): "Magia é um ritual motivado pelo desejo de obter um efeito específico, a magia sendo vista como uma tentativa de manipular [...] forças espirituais ou poderes de modo ritualizado" [...] A última experiência norueguesa moderna de magia dentro de um ritual de resolução de conflitos me pareceu ser, tanto como participante interna como observadora externa (vivi de fato esta experiência), um momento inesperado e inexplicável em que o desentendimento sobre o ato de malevolência foi transformado em um acordo sobre atos de restauração e talvez reconstrução da dignidade. Vi como esse procedimento de restauração continua de modo autônomo entre as partes depois que o mediador sai da sala. No Tribunal Criminal o controle do ritual recai sobre as mãos dos profissionais legais – os magos profissionais [...] Para as partes da Justiça Restaurativa, as raízes da magia podem estar tanto em sua influência sobre o controle do ritual, como no fato de a resolução esperada estar totalmente em suas mãos – com a possibilidade do perdão como ação futura. (2006: 263-64)

O fator relevante, com certeza, é a disposição de considerar o conflito e sua resolução como uma propriedade das partes, ao invés de ser dos profissionais da Justiça Criminal. Usar o Sistema atual como modelo de comparação confina a JR ao exame de elementos familiares ao Sistema convencional, ao passo que examinar os elementos da JR que diferem deste Sistema – como no momento "mágico" em que o conflito é transformado – abre nosso entendimento às dimensões do conflito que talvez não tenhamos considerado anteriormente.

Apenas mais um Programa de Justiça Criminal?

Até agora a discussão nos levou à preocupação frequente com a interpretação da JR como um programa, em vez de uma visão ampla. Geralmente, a noção de JR como programa é endêmica no tocante às práticas dirigidas pelo Sistema de Justiça Criminal e incorporadas a ele. Os programas de JR conduzidos pelo governo, ou por autoridades, são necessariamente limitados pelo desejo de torná-los consonantes com a prática retributiva corrente – os processos de JR terão permissão para existir somente à medida que não desafiarem os elementos centrais do Sistema Retributivo. Isto relega a JR ao *status* de algo que foi adicionado (devido a seus processos menos formais); isso geralmente significa que a maioria dos conflitos de baixa gravidade serão enviados à JR, abrindo a mesma à crítica de que está diminuindo o rigor da Justiça Criminal.

Um dos efeitos da abordagem limitada da JR como mero programa é a necessidade de sujeitá-la aos padrões existentes. O problema da JR, segundo alguns, é que ela deixa de oferecer um esquema de controle do crime que desafie com sucesso o *status quo* (trancafiar os infratores) (Levrant et al. 1999:22-23). Rigor teórico e evidência da eficácia da JR são pré-requisitos importantes para uma mudança total do Sistema no "mundo politizado onde as organizações de Justiça Criminal existem" (Lemly 2001: 61). Os proponentes de programas de JR que trabalham no Sistema existente são constrangidos pelas expectativas do Sistema, estejam estas expectativas em consonância ou não com a ampla visão da JR. A visão limitada da JR também impede práticas restaurativas em escolas e outras instituições sociais, formais ou informais.

Uma das vantagens da JR é sua capacidade de expandir as lentes do inquérito para o conflito, de modo a incluir uma ampla gama de problemas deixados de fora pelas questões retributivas: "Um crime foi cometido ou uma regra foi violada? Quem fez isto? O que eles merecem?". A tendência política atual, de simplificar comportamentos indesejados criminalizando-os, tem como consequência que o significado mais profundo dos problemas sociais permanece inexplorado. Kent Roach explica:

> A criminalização política acontece quando problemas sociais, econômicos, culturais e políticos são tratados principalmente através de reformas da Justiça Criminal [...] A Justiça Restaurativa e a aborígene são menos conducentes à criminalização política do que a Justiça Retributiva porque fornecem um meio para relacionar as ofensas a problemas maiores [...] A abordagem holística da Justiça Restaurativa e aborígene resiste ao impulso de simplificar comportamentos complexos. O potencial da Justiça Restaurativa de relacionar crimes aos problemas mais amplos é uma de suas maiores qualidades. (2000: 274)

A ideia de que os conflitos podem ser explorados em profundidade até chegar a evidências de um problema maior leva a uma discussão sobre a prevenção do dano através da JR, que é o foco do Capítulo 10. As implicações dos comentários de Roach, no entanto, vão além da perspectiva da Justiça Criminal refletida no diálogo dos participantes. A criminalização dos problemas sociais tem o efeito oposto ao da JR: o Sistema Retributivo coloca a responsabilidade primária pelos problemas como saúde mental, pobreza, educação etc., no âmbito da Justiça Criminal, que não foi estruturada ou concebida para tratar tais problemas. Tudo é reduzido a indivíduos "maus" que fazem escolhas "ruins", sem uma consideração significativa das forças sociais mais amplas.

A ideia da JR como mero programa tem o efeito de comprometer a cura dos três participantes principais do conflito – comumente mencionados como vítimas, ofensores e comunidade. O quarto participante – o governo – é a fonte deste comprometimento, uma vez que geralmente a necessidade de obedecer aos processos governamentais é o que dificulta a priorização das necessidades dos participantes principais. Martin Wright (2002: 664-65) dá diversas sugestões para uma Justiça mais sensível à vítima no Reino Unido, sugestões que demandariam uma maior flexibilidade do governo. Reconhecendo que o procedimento criminal nem sempre é a melhor forma de lidar com atos que são rotulados como crime, ele argumenta que há a opção de encaminhar esses atos à mediação civil. Também sugere que as ofensas cometidas por pessoas que a vítima não conhecia sejam divididos em categorias de gravidade determinadas pelo efeito à vítima, e não pela lei. Além disso, os funcionários do Sistema devem ser treinados para dar atenção à vítima e para os princípios restaurativos. Finalmente, o Sistema tem de incluir mais envolvimento da comunidade. Comumente levantam-se preocupações quanto a como se sentem as vítimas quando a JR é utilizada como um programa de Justiça Criminal – mas talvez a preocupação devesse ser em como se sentem as vítimas no Sistema Retributivo, onde acabam sendo usadas como meio para um fim (para condenar com sucesso o acusado), ao invés de serem vistas como fins em si mesmas (dentro de um processo que engloba assistência significativa à vítima antes, durante e depois do encontro restaurativo).

Movendo nosso foco das vítimas de danos para o indivíduo que cometeu o dano, os programas de JR associados ao Sistema de Justiça Criminal tendem a seguir a expectativa do Sistema em relação aos transgressores. Geralmente isso significa que a reparação tem alguma conexão concreta com as circunstâncias da ofensa. Dá-se pouca ou nenhuma atenção às implicações do cometimento da ofensa para as ações futuras do ofensor. Refletindo sobre a reincidência, Gwen Robinson e Joanna Shapland afirmam:

Ao invés de pensar sobre Justiça Restaurativa como um novo estilo de intervenção – algo que é "feito para" o ofensor –, deveríamos estar mais preocupados em reestruturar a Justiça Restaurativa como oportunidade de facilitar o desejo ou de consolidar a decisão de desistir do crime. A desistência, por definição, implica em redução do crime. As instituições que têm a redução do crime como seu primeiro objetivo podem descobrir que é útil começar a pensar em Justiça Restaurativa como uma ferramenta-chave (enquanto, é claro, possam também oferecer um atendimento apropriado à vítima). Sugerimos anteriormente que, se os encontros forem de adesão voluntária pelos ofensores, há uma alta probabilidade de ao menos alguns terem a oportunidade de participar com o sentido de consolidar ou de reforçar a decisão de desistir do crime. Para estes ofensores, a oportunidade de expressar ou de descarregar sentimentos de vergonha / culpa / remorso parece ser mais significativa do que ser "envergonhado" pelos outros. Além disso, o acesso às oportunidades de desenvolver capital social e/ou humano pode ser crucial na manutenção do impulso de desistir do crime. Olhando de outra forma, podemos argumentar que, para estes ofensores, o encontro na Justiça Restaurativa pode servir para maximizar sua motivação ou "responsividade" para engajar-se com outras fontes de ajuda "reabilitativa". Mas, por esse mesmo motivo e para reiterar o ponto colocado acima, a ausência destas oportunidades pode ser igualmente decisiva: a intenção de desistir do crime pode ser desfeita diante da falta de apoio social e/ou outro recurso "reabilitativo" (apropriado). (2008: 352-53)

A implicação é que, ao usar a JR como mero programa adicional, estaremos perdendo a oportunidade de dar suporte às pessoas que cometeram danos, ao passo que poderíamos encaminhá-las para processos de longo prazo que vão além do ato específico em questão e que trata também de suas ações futuras. A JR como mero programa é geralmente limitada pela necessidade de "fechar o caso", um imperativo do Sistema formal.

Os programas embasados na comunidade usam voluntários para facilitar os encontros de JR e são geridos por conselhos de voluntários comunitários. Outros voluntários comunitários podem participar como mentores dos indivíduos (geralmente ofensores) após os encontros em JR. No entanto, quando a JR opera como mero programa adicional – isto é, quando é usada como uma alternativa "mais suave" do que a resposta punitiva raivosa adotada por instituições legais –, ela tende a desvalorizar a entrada de membros da comunidade que não tenham participação pessoal direta no conflito, com base no argumento de que estes não são profissionais com responsabilidade institucional. Braithwaite argumenta que um potencial subestimado do processo da JR é que ele oferece um espaço significativo para a participação democrática do indivíduo nos assuntos de sua própria comunidade:

> Uma razão da popularidade da Justiça Restaurativa é que ela devolve uma pequena porção do poder a pessoas comuns. Tornamo-nos uma democracia tão massificada que os encontros face a face em questões importantes de governança só incluem a elite. As assembleias da cidade de Nova Inglaterra são uma forma de democracia difícil de descrever para uma sociedade massificada, e além disso, a maioria dos cidadãos não quer participar de encontros comunitários. No entanto, a maior parte dos cidadãos quer participar das Conferências de Justiça Restaurativa quando convidados pela vítima ou pelo ofensor a lhes dar apoio. Há algo simples e nobre em ser convidado a ajudar alguém com problemas; as pessoas tendem a se sentir honradas por terem sido escolhidas como suporte. Esse toque pessoal dá à pessoa uma oportunidade de resgatar alguma participação democrática, e as evidências indicam que a maioria das pessoas aprecia o fato de participar [...] Os achados processuais de Justiça, por outro lado, mostraram que essa característica de "controle do processo" por cidadãos comuns gera um senso de justiça. (2007: 689-90)

Facilitar a participação comunal no processo de resolução do conflito oferece aos indivíduos algo mais, tanto por revisitar os valores da comunidade como por desenvolver habilidades pessoais que realçam a conduta civilizada e pacífica. E, quanto mais pacífica for a conduta social dos indivíduos, menos haverá necessidade de intervenções institucionais formais em sua vida, e seus respectivos custos. Isso é democracia como experiência vivida ao invés de mera ideologia.

Finalmente, consideremos o papel do governo nas limitações da JR como programa de Justiça Criminal. Uma crítica à JR praticada dentro de instituições é que profissionais, em vez de voluntários da comunidade, facilitam e salvaguardam o processo de resolução. De fato, a amplitude da responsabilidade em uma sociedade focada no risco pode muito bem, por estas mesmas razões, excluir os esforços dos cidadãos. A caracterização de Christie dos "ladrões de conflito profissionais" evoca figuradamente advogados, oficiais de Justiça, terapeutas clínicos etc. Neste contexto, os cidadãos normais, vizinhos, amigos não estariam "qualificados" para ajudar os outros no processamento do conflito. No entanto, o argumento de Susan Olson e Dzur Albert é que há um papel para os profissionais na JR que oferece inclusão significativa enquanto ao mesmo tempo salvaguarda os requerimentos legais: "Como *profissionais democráticos*, aqueles envolvidos na Justiça Restaurativa são responsáveis por assegurar que o valor legal central da equidade para com os ofensores não seja sacrificado. Como profissionais *democráticos*, eles são responsáveis por fomentar a participação dos cidadãos no processo". (2004: 172)

Uma Visão Holística e Expansiva de Justiça Restaurativa

A descrição de JR de Zehr, como "um tipo de sistema coerente de valores que nos dá uma visão do bem", oferece um excelente ponto de partida para avançar na exploração da JR. Rigorosa atenção aos princípios da JR e aos processos não é suficiente para garantir um tratamento saudável e bons resultados para os participantes. Mergulharemos nas implicações disso mais amplamente no Capítulo 6. Por ora, consideremos o que seria uma visão expandida da JR e o que pode significar para nosso entendimento do dano nosso modo de responder a ele.

Em um debate sobre a confusão entre Justiça Comunitária e Justiça Restaurativa, M. Kay Harris argumentou que a chave para dar o devido valor a ambas perspectivas "repousa em desenvolver um consenso maior acerca dos *valores centrais e objetivos* subjacentes destas duas tendências em evolução e, depois, *manter todas as práticas propostas avaliando-as sempre segundo estes padrões*" (2004:119, ênfase adicionada). O argumento é simples: a JR está embasada em valores centrais e deve ser avaliada com base nestes valores. Se um programa ou organização de JR é baseado em valores de respeito, honestidade e cuidado, por exemplo, avaliaremos o nosso desempenho com base no relato das pessoas atendidas pelo processo para saber se estão sendo tratadas com respeito, honestidade e carinho. Nas palavras de Gandhi: "Devemos ser a mudança que queremos no mundo".

O Capítulo 5 aborda o que acontece quando o paradigma da JR se encontra com o paradigma legal. Isto é, o que acontece quando a visão holística da JR baseada em valores encontra-se cara a cara com a visão de regras e direitos do Sistema Legal. Braithwaite sugere uma abordagem legal aos valores da JR com base em pactos e convenções internacionais, como as mencionadas a seguir, que incluem respeito pelos direitos humanos fundamentais (2000a: 438-39):

- Declaração Universal dos Direitos Humanos;
- Pacto Internacional sobre Direitos Econômico, Social e Cultural;
- Pacto Internacional dos Direitos Civis e Políticos e seu Segundo Protocolo Facultativo;
- Declaração das Nações Unidas sobre a Eliminação da Violência contra as Mulheres; e
- Declaração de Princípios Básicos de Justiça Relativos às Vítimas de Criminalidade e Abuso de Poder.

Os valores de direitos humanos são centrais para os princípios da JR, mas é melhor que os valores sejam vividos, em vez de serem regras impostas; como disse A. J. Muste, não há caminho para a paz, a paz *é* o caminho (1942). Declan Roche nota que os valores e o processo são centrais para entender e "fazer" Justiça Restaurativa (2001: 351). Algumas vezes, nos referimos ao cerne dessas ideias como *processos-baseados-em-valores* – o processo que usamos para lidar com conflitos serve de modelo para os valores fundamentais que compartilhamos na comunidade.

Realçar o processo como algo que está mais ligado a valores do que a regras (como nas regras para provas e procedimentos familiares ao Sistema Legal) é uma característica significativa da visão holística da JR. Falando especialmente de processos circulares, Carolyn Boyes-Watson observa: "A qualidade do processo é sempre primordial para definir a Justiça Restaurativa e para preservar o que é mais promissor na Justiça Restaurativa como fonte de mudanças institucionais. O processo é o que possibilita o entendimento da questão da responsabilidade como algo simultaneamente individual e coletivo" (2000: 449). O argumento aqui é que um objetivo da JR é *dar vida aos* valores em um grupo mais amplo, e não apenas entre os participantes imediatos. A responsabilidade individual é o foco da Justiça Criminal; os processos da JR, que são mais inclusivos e abraçam as comunidade de apoio e a comunidade mais ampla, oferecem o potencial para examinar a responsabilidade e outros valores em um contexto mais amplo. Isso fala a favor da ideia da JR como algo que vai além do escaninho da Justiça Criminal, como observam Barbara Gray e Pat Lauderdale:

> O sucesso da Justiça Restaurativa depende de as estruturas preventivas tradicionais da sociedade e a prática cooperarem para criar justiça e prevenir a injustiça. Focando apenas nos aspectos restaurativos de justiça, sem incorporar os mecanismos preventivos existentes, cria-se injustiça. Isso quebra a rede da justiça e deixa os indivíduos e a comunidade sem a necessária estrutura fundamental para curar e prevenir o crime. (2006: 33)

Este lembrete do importante papel da justiça social para a JR é promissor para a noção de JR como desenvolvimento comunitário.

Uma visão mais ampla da Justiça Restaurativa nos convida a considerar as discussões da criminologia sobre as problemáticas limitações do conceito de crime em si. Crime é uma construção legal; não há nada intrinsecamente comum a todos os atos que chamamos de crime. Como tal, o crime não tem uma realidade ontológica[1]. Mesmo o assassinato, que parece ser universal, nem sempre é um crime (por exemplo, nas guerras sancionadas pelo Estado, no reforço legal do uso da força ou autodefesa). Quando dizemos que o crime não tem nenhuma realidade ontológica, estamos dizendo que não há nada que integra o ato criminal e que atravesse as fronteiras provinciais, estaduais ou internacionais fazendo da ação um crime, exceto por designação legal. As categorias legais do crime não são parte integrante dos atos em si uma vez que as leis mudam constantemente, e o que era um crime ontem pode não ser amanhã. "Crime", então, é um constructo e não uma coisa em si.

Isso dito, todos reconhecemos que existem atos que chamam nossa atenção e demandam intervenção. Look Hulsman (1986) se refere a isso como "situações problemáticas" que recaem na categoria de crimes; não há resposta-padrão que seja efetiva para todos eles. Paddy Hillyard e Steve Tombs (2007) argumentam ainda que a vasta maioria dos atos definidos como crime muitas vezes não causa dificuldade para as vítimas (e vários crimes são sem vítimas), enquanto muitos atos que causam sérios danos não são sequer considerados crimes. Eles sugerem uma designação alternativa de "danos sociais", que englobam danos físicos, financeiros/econômicos, culturais e emocionais/psicológicos. A mudança conceitual de "crime" para "dano" também abre a possibilidade para uma variedade maior de respostas do que aquelas dispostas pelo Sistema de Justiça Criminal formal. Simon Pemberton afirma sem rodeios: "Não tem sentido ficar constantemente rodeando os limites de um Sistema falho; em vez disso, o desafio parece ser o de promover respostas alternativas e mais produtivas para uma gama mais ampla de danos, danos talvez mais graves do que aqueles com os quais o Sistema de Justiça Criminal corrente lida" (2007: 31). Ele sugere que a perspectiva de dano social deva ser destacada do Sistema de Justiça Criminal e cada vez mais deslocada para o campo das políticas sociais. Danos sociais podem ser definidos como casos nos quais as pessoas sofrem danos pelo não atendimento de suas necessidades, especificamente as necessidades essenciais para o bem-estar humano e não as meras vontades ou desejos (37).

O debate para esta redefinição crime-dano em criminologia é claramente relevante para a arena da Justiça Restaurativa. De fato, resume de modo elegante o primeiro dos três pilares da JR descritos por Zehr: dano e necessidades (2002)[2]. Também depõe a favor da ideia de uma visão holística ampliada de JR, que não está contida na estrutura da Justiça Criminal, mas engloba um terreno mais amplo da vida social. Se falarmos de danos e necessidades, poderemos falar de conflitos com familiares e amigos, em grupos da comunidade, em escolas, em relações corporativas-comunitárias e assim por diante. Harris explica a importância da cura imperativa na JR, como uma resposta ao dano:

> Muitos de nós que abraçam a linha da Justiça Restaurativa veem isto como algo que representa um compromisso com a cura, e nosso entendimento de cura não se limita ao esforço direto para amenizar a dor e reparar o dano resultante de um crime ou conflito específico. Ao contrário: imaginamos ações para promover a saúde em geral e o bem-estar dos envolvidos, condições que têm dimensões físicas, emocionais, mentais e espirituais. Nesta visão, Justiça Restaurativa significa uma demonstração de comprometimento com o cuidado mútuo, com a consequente ênfase nas relações e no reconhecimento de que indivíduos saudáveis não existem isoladamente. Portanto, a Justiça Restaurativa requer atenção à rede de relacionamentos e às circunstâncias nas quais estão inseridos. (2004: 120)

A ideia de que a cura dos danos está inseparavelmente ligada aos relacionamentos é um tema central da JR de modo geral, e não apenas em sua visão ampliada. Dentro da visão ampliada da JR, somos livres para explorar uma infinidade de relacionamentos entre os participantes, como fontes tanto dos danos como da cura, fora dos parâmetros rígidos do conflito na Justiça Criminal.

Conclusão

A história de Elizabeth e Charles reflete um bom número de temas contidos neste capítulo e foi contada dentro do contexto da Justiça Criminal. Mas o encontro mediado entre os dois não era necessariamente uma função do Sistema de Justiça Criminal. De fato, a maioria dos crimes mais violentos não resulta em diálogos de JR entre as vítimas e quem lhes causou os danos. A história revela o impacto do dano social tanto na pessoa roubada como na que roubou. Ela descreve as limitações da Justiça Criminal em atender as necessidades das partes, antes e depois do roubo, e oferece a narrativa de possibilidades de atendimento das necessidades.

Uma boa forma de entender a diferença entre Justiça Criminal e Justiça Restaurativa repousa em questões implícitas em cada paradigma. Zehr resume esta questão (2002: 21):

Justiça Criminal
Que leis foram quebradas?
Quem fez isto?
O que eles merecem?

Justiça Restaurativa
Quem sofreu o dano?
Quais são suas necessidades?
De quem é a obrigação?

Uma vantagem da JR é que as questões colocam a vítima no centro da equação do conflito, enquanto também consideram as necessidades daquele que cometeu o dano. Ela responde ao protocolo referido por Denis Maloney em sua experiência de pensamento, apresentado no início do livro. As questões da Justiça Criminal não incluem uma referência significativa à vítima, enquanto as questões da JR sim. O foco da JR tem a vantagem de considerar os problemas individuais e também os sociais, e como devemos responder a isso. E a questão final expressa o desejo de discernir as responsabilidades dos indivíduos e da comunidade, à medida que vão sendo assumidas as responsabilidades pelo que fizemos ou não fizemos no contexto do dano.

Notas

1. Ontologia é um ramo da filosofia que estuda a existência do ser.
2. Os outros dois pilares são obrigações e compromissos.

5

Justiça Restaurativa e o Contexto Jurídico Retributivo

Abrindo o Coração dentro dos Sistemas

(A seguir temos trechos da transcrição de uma entrevista com a diretora anônima de um centro de segurança do Departamento de Detenção Juvenil de Massachusetts.)

Eu não sabia praticamente nada sobre Justiça Restaurativa e Círculos. Estou no extremo conservador do departamento. Penso em termos de cronogramas, regras. As coisas geralmente são preto no branco na esfera das políticas; é uma coisa mais do tipo militar. No segundo dia do treinamento, eu não conseguia imaginar o Círculo funcionando de forma alguma na detenção.

Quando estávamos construindo as diretrizes do Círculo, a confidencialidade veio à tona. Bem, eu disse, não tenho solução, porque eu não ia concordar com isso e, além do mais, isso nunca funcionaria na detenção [...] Simplesmente não posso. No tratamento, talvez, mas nunca na detenção. Então fizemos um intervalo, graças a Deus, porque isso estava me causando uma enxaqueca. Eu estava me sentindo tão mal... nem sei descrever [...] Pensei: isso é horrível. Vou ser muito sincera com você, eu não queria voltar para os próximos dois dias de treinamento. Se fosse por mim, teria ido embora.

Então eu estava de pé em um canto com Harold (Gatenby) fumando um cigarro e tomando café e, em meu tom sarcástico, disse: "Oh, isso está indo bem". E ele respondeu: "Sim, está indo bem". Ele estava falando sério! Eu reagi: "Como você pode falar isso?". E ele respondeu: "Apenas deixe o processo funcionar. Você verá, aparecerá uma solução." Graças a Deus, não fui para casa no primeiro nem no segundo dia porque eu teria concluído que foi perda de tempo.

Chegamos a um entendimento de que realmente é possível concordar em discordar. Mas o mais importante para mim foi que pude dizer-lhes algo. Havia pessoas naquele Círculo que eram antissistema e que me incomodavam. Tipo, eles não têm a menor ideia de quem eu sou. Eu me considero antissistema também, ou já fui em algum momento, principalmente quando era jovem. Meu propósito de vir para o departamento foi porque eu não gostava de como as coisas eram na comunidade, e imaginei que entraria e mudaria algumas dessas coisas. Eu acreditava que era possível até certo grau. Então desafiei as pessoas do Círculo: "Vocês que são antissistema, se não gostam dele, então por que não se envolvem e mudam o sistema?". Quero dizer, eu realmente acredito nisso.

No terceiro dia, pensei: "Talvez este Círculo seja bom; talvez se fizéssemos um para um pequeno número de crianças, apenas as crianças boazinhas". Mas então aprendi que é necessário ser inclusivo com todos no Círculo. Mas aí eu pensava: "Oh, meu Deus, não vai funcionar, não tem jeito". Daí na noite final, pensei: "Ok, vou arriscar, porque estou cansada de ver as mesmas crianças voltando de novo, de novo e de novo. Elas vão para casa e voltam; é como uma porta giratória".

Fiquei animada porque no treinamento havia algumas crianças muito endurecidas, como aquelas que também vejo no DYS [Department of Youth Service]. No início do treinamento, pensei: "Elas não vão ganhar nada com isso; nem eu". Mas, pouco a pouco, vi que elas estavam se esforçando para se envolver. Acho que elas se sentiram seguras no Círculo, e isso me mostrou algo, porque esse é um dos problemas que tínhamos na detenção: não há tempo suficiente para que as crianças se sintam seguras. O Círculo parecia acelerar o modo como elas formavam conexão e se dispunham a falar. Então, essa foi uma das coisas que me impressionou ao observar essas crianças. Ninguém as estava pressionando a falar, dizendo "Vocês tem de falar!", mas o próprio conceito do Círculo as estava acolhendo. Elas se sentem confortáveis e simplesmente falam. Fiquei muito impressionada. (em Carolyn Boyes-Watson 2008: 176-79).

✻ ✤ ✻

Essa história nos fala de um encontro, em nível pessoal, do Sistema de Justiça Criminal com um processo de Justiça Restaurativa – o Círculo. Ele tem um grande peso simbólico por uma série de razões. Em um Círculo não há estrutura hierárquica, não há ninguém com mais sabedoria, não há começo nem fim. Os Círculos conduzem para o diálogo porque sua estrutura aceita expressões individuais, um de cada vez, com várias rodadas ao redor do Círculo até que o assunto seja elaborado ou grupos opostos entendam-se mutuamente. Além disso, os Círculos são embasados em valores centrais da JR; esses valores são os termos sob dos quais o diálogo ocorre. Isto é, o diálogo é coordenado por guardiões que relembram os participantes da necessidade de usarem respeito, honestidade, justiça e assim por diante, para expressar todos os seus sentimentos e necessidades individuais. Os Círculos ajudam a construir relacionamentos e a aprofundar o entendimento das perspectivas de uns e de outros em assuntos que afetam a todos. Eles nos lembram do importante ideal da integridade: que nos esforçaremos para agir segundo nossos valores em todos os momentos, mesmo quando estivermos em uma conversa difícil e, ao mesmo tempo, entender que, como humanos falíveis, também nós cometemos erros ao longo do caminho.

Esse ideal e esse processo contrastam com o Sistema de Justiça Criminal, no qual trabalhava a administradora da detenção juvenil dessa história. A Justiça Criminal em si é hierárquica e, dentro dela, as prisões são as mais hierárquicas, tanto dentro do *staff* como entre os prisioneiros. Os participantes entram por uma porta e saem por outra em um Sistema que é completamente responsivo aos limites – de espaço (a prisão é uma instituição total) e de tempo (cronograma de rotinas, tempo de sentença). Há pouca necessidade de diálogo, apenas decisões, que são tomadas por aquele que está no comando. As interações são governadas por regras e políticas, e a conduta individual é medida por obediência e submissão. Não é de admirar que na história a administradora tivesse problemas para ver a possibilidade do processo do Círculo em um centro de detenção juvenil, ao menos de início. Mas quatro dias depois, algo mudou. Por quê?

A administradora é uma pessoa que cumpre um papel no Sistema. Obviamente, era a pessoa, e não o papel de administradora, que se importava com as crianças com quem trabalhava. O importante para ela não era a obediência das crianças, mas seu desejo de se abrir e falar. O valor dos Círculos se manifestou na abertura da comunicação e na afirmação da segurança. A pessoa da administradora estava emocionalmente envolvida com o processo, e não apenas operava com eficiência tecnocrática. Uma metáfora útil é a do "fantasma na máquina", descrição crítica de Gilbert Ryle a respeito do dualismo mente-corpo de Descartes; a administradora é o fantasma dentro da prisão que é a máquina. Há uma desconexão entre o fantasma e a máquina – o que Ryle propõe como crítica à dicotomia simplista do modelo de Descartes. Resta a questão de como a pessoa pode produzir mudanças dentro do Sistema; como a pessoa e o Sistema interagem mutuamente.

Em nossa introdução aos conceitos-chave de JR no Capítulo 4, usamos o convite de Hillyard e Tomb para reenquadrar o problema como dano, e não crime. Essa mudança de definição abre possibilidades de engajamento dentro de um escopo mais amplo e foca em coisas que parecem ter maior importância para nós – uma sociedade civil baseada em valores compartilhados, como respeito, inclusão, justiça, gentileza e segurança, tanto física como emocional. Se os indivíduos tentassem viver a vida de acordo com esses valores, passariam por menos eventos danosos a longo prazo, se comparados a indivíduos de uma sociedade com o foco único no processo penal e na punição posterior ao dano. Argumentei anteriormente (Elliott 2002: 462) nesse sentido:

> A prevenção do crime – reduzindo o número e a magnitude dos danos e o número de pessoas que sofreram os danos – é certamente mais

desejável do que a satisfação fugaz da retaliação obtida pela retribuição punitiva. Nas sociedades ocidentais modernas, a punição não é apenas uma palavra – é literalmente uma sentença. Como resposta primária ao crime, trancafiar as pessoas na vã esperança de que isso de alguma forma crie comunidades mais seguras é algo que nos afasta do verdadeiro trabalho a ser feito.

O foco no dano também redefine nossa resposta transformando punição em cura. Frequentemente essa é o calcanhar de aquiles da Justiça Restaurativa – o fato de que alguns atos (felizmente muito poucos) são tão brutais e chocantes que não apenas requerem punição, mas exigem também sentenças de encarceramento. O uso da privação de liberdade para restringir é diferente da intenção de punir. As prisões, nos últimos duzentos anos, eram usadas apenas como ferramentas para restringir – segurar as pessoas até que os juízes itinerantes chegassem para julgá-los, ou até que o carrasco do Estado chegasse para executá-los, ou até que suas famílias pagassem suas dívidas. A sentença de prisão, ou a ideia de cumprir uma sentença de prisão, é uma inovação relativamente recente.

Neste capítulo consideraremos as questões que essa história apresenta: como a Justiça Restaurativa funciona dentro das instituições formais no Sistema de Justiça Criminal ou nas escolas? A JR pode atuar dentro desses Sistemas mantendo sua própria integridade de valores e processos? Como se encaixa o paradigma da Justiça Restaurativa no Estado de Direito, sob o qual funciona a democracia? Responderemos a essas questões através da consideração de algumas áreas de interesse e preocupação na forma como aparecem na literatura e no campo da experiência.

Lei e Punição

As democracias ocidentais operam com base no Estado de Direito (ou Império da Lei), um poder abstrato. Explicado por Thomas Paine durante a Revolução Americana, em 1776: "Para um governo absolutista, o rei é a lei, mas nos países livres a lei deve ser o rei". Em um Sistema baseado na noção abstrata do Estado de Direito, ninguém está acima da lei – nem o rei e nem o representante eleito que fica no topo da estrutura de governo. Nas democracias, as leis são criadas ou rejeitadas por assembleias eleitas, e executadas pelos órgãos administrativos do governo. A polícia faz prisões e coleta evidências, os Tribunais processam acusações respeitando as várias leis e procedimentos legais, as agências correcionais cuidam das sentenças a serem cumpridas nas penitenciárias ou nas comunidades. O exercício da lei pretende ser objetivo, a sua prática é monitorada para obedecer às expectativas de um processo justo.

Podemos entender as diferentes dimensões de um fenômeno se considerarmos seus símbolos. Os símbolos para a lei são notavelmente consistentes com a caracterização que acabamos de apresentar. Benjamin Sells explica: "A lei é repleta de simbolismos evidentes. Dois destes simbolismos têm sido especialmente duradores: a balança e a espada. A balança é geralmente usada para representar uma abordagem de Justiça baseada no equilíbrio imparcial ao sopesar as evidências. A espada sugere que a força e a ameaça do uso da força são atributos essenciais da Justiça" (1996: 39). A mulher segurando a balança está vendada, conotando imparcialidade. No entanto, essas expectativas são difíceis para o ser humano cumprir:

> Em ambas, lei e ciência, a abordagem preferida da objetividade é a análise, e as ferramentas analíticas preferidas são abstração e racionalidade. Abstração e racionalidade são a força intelectual da "objetividade". Elas são os meios pelos quais a objetividade atua e, como meio, são indicativos dos fins que a objetividade procura. Abstração significa "afastar-se de", enquanto "racionalidade" conota "computação, cálculo ou número". [...] Qual o aspecto da objetividade quando vista de dentro? Quais são suas dimensões psicológicas? (41)

A rigidez do controle automatizado refletido nessa descrição nega em grande medida a flexibilidade e fluidez das interações humanas e as habilidades individuais que utilizamos na vida diária. Neste mundo altamente regulado, quanto menos um oficial se relacionar com o indivíduo em questão, melhor. Existem consequências para estas expectativas, e elas impactam as relações humanas e os valores em geral. O dilema da demanda de objetividade na subjetividade humana e os efeitos disso são significativos.

O segundo símbolo na descrição de Sells é a espada. A conotação aqui é de força e seus temas relacionados de coerção, violência e punição. No Capítulo 2 vimos a pesquisa sobre como ensinar ética e cultivar condições que favoreçam a expressão de comportamentos adequados ao convívio. Sugerimos que esta educação moral seja fomentada através de respeito à autonomia individual, do estímulo à motivação intrínseca e do aprendizado pelo exemplo e diálogo – mais do que por ameaças de uso da força, motivadores punitivos extrínsecos e condicionamento operante. Novamente, somos confrontados pelo espectro da punição, que é um outro significado para a espada. Explicando a relação entre lei e punição, Michael Foucault (1987: 33-35) escreve:

Se isso estivesse autoevidente e no coração, a lei não seria a lei, mas a doce interioridade da consciência. Se, por outro lado, estivesse presente em um texto, se fosse possível ser decifrada nas entrelinhas de um livro, se fosse um registro que pudesse ser consultado, então ela teria a solidez das coisas externas: seria possível segui-la ou desobedecê-la. Onde, então, residiria seu poder? Com que força ou prestígio imporia respeito? De fato, a presença da lei é sua ocultação.

E quanto à transgressão? Como alguém conheceria a lei e verdadeiramente a vivenciaria [a lei], como forçá-la a se tornar visível, a exercer seu poder claramente, falar, sem provocá-la, sem persegui-la até seus recônditos, sem ir resolutamente cada vez mais para fora, para onde ela está sempre fugindo? Como ver sua invisibilidade, a menos que ela tenha se transformado em seu oposto, a punição, que afinal é somente a lei violada, irritada, fora de si?

A descrição de Foucault da lei sublinha a significância da punição para o Sistema Legal. A espada ameaça no pano de fundo; as punições são os dentes que dão à lei a capacidade de morder. Lei e punição são os dois lados de uma mesma moeda.

Muitas considerações foram feitas ao longo dos séculos para desconstruir, racionalizar, explicar e justificar a punição. O fato de que a punição atraia tanta atenção é indício de nosso mal-estar diante dela. O ponto central desse mal-estar está relacionado com a percepção de Wright de que "toda punição, no sentido normal da palavra, tem a intenção de causar dor e medo e, em alguns casos, impedir futuros delitos" (2003: 5). De Haan expande essa noção de punição como a imposição intencional de dor: "É crucial para a punição que uma pessoa seja degradada e, literal ou simbolicamente, expulsa de sua comunidade [...] a punição pretende infligir dor, sofrimento ou perda" (1990: 112). Seja qual for a nossa visão de punição, essa definição descreve bastante bem suas intenções e resultados. E fica claro que na prática (diferente da teoria) a punição tem a ver com a imposição intencional de danos por agentes autorizados a fazerem isso – seja o Estado, o diretor da escola ou os pais. Punição denota imposição de dor justificada, no contexto de uma sociedade regida pelo Estado de Direito.

Os argumentos utilitaristas a favor da punição podem considerar essa justificativa para infligir dor calculada como mero mal necessário que leva a um fim virtuoso – a dissuasão geral e específica. Mas as evidências científicas de um grande estudo sobre dissuasão geral conduzido por Kleck e seus colegas (2005) contradiz essa posição. Os pesquisadores realizaram pesquisas por telefone com uma amostra representativa de 1.500 pessoas em 54 grandes centros urbanos norte-americanos, fazendo perguntas para medir a percepção individual sobre níveis de punição, com níveis de punição reais de estatísticas oficiais. Eles não encontraram correlação entre a percepção das pessoas da certeza, severidade e rapidez média da punição em seu estado e as sentenças daqueles que foram condenados por crimes. Esse achado se manteve em correlações ainda mais fracas numa amostragem de relatos de presos, quando se compararam níveis de punição percebidos e reais. Os indivíduos não estão inclinados nem aptos a entender e a se lembrarem de graus de castigo por ofensas, mesmo quando são criminalmente ativos e, portanto, não são suscetíveis às presumidas influências dissuasivas de longas sentenças de prisão. Uma das possíveis razões para isso é que eles não esperam ser capturados (baseados na crença de que o plano do crime é infalível); eles querem ser presos (prisão parece ser uma alternativa melhor do que não ter casa, ou ter uma casa sem segurança); eles não têm capacidade mental para fazer julgamentos razoáveis sobre causa e efeito (por exemplo, no caso de pessoas com doença mental ou distúrbios do espectro da síndrome alcoólica fetal); ou então o efeito das drogas é tão grande no momento que eles não conseguem perceber as consequências de seus atos.

O desejo coletivo de punir, é claro, precede a habilidade criminal da lei de punir. Apesar das evidências científicas que demonstram a ineficiência da punição para mudar o comportamento do ofensor, seja para intimidá-lo antes ou para dissuadi-lo depois do fato, algumas sociedades ocidentais são punidoras contumazes. Para entender por que isso é assim, começaremos pela ideia do contrato social. Oferecendo uma explicação convincente dessa ideia, Jeffrey Reiman escreveu:

> O contrato social nos pede que pensemos em nossas leis como sendo produto de um acordo voluntário e razoável entre todos os cidadãos. Embora vários autores descrevam esse exercício de diferentes maneiras, ele tem uma forma geral. Começamos por imaginar uma condição na qual ninguém tem autoridade política ou legal, uma situação comumente chamada de "estado natural". Nessa condição, as pessoas devem considerar e por fim concordar em estabelecer algum tipo de instituição política e econômica [...] O contrato social não é uma teoria histórica; é um *experimento mental*. Um experimento mental desenhado para produzir uma conclusão normativa. O estado natural é um construto mental, um local imaginário, e o acordo feito ali é um acordo imaginário. Não se pergunta a você se concorda ou concordou com as

regras que governam as instituições de seu Estado, ao contrário, é uma forma de perguntar se seria razoável para você que fosse assim. Se for, então isso será um forte argumento para que as leis e instituições de seu Estado sejam consideradas justas – ou justas o suficiente – e sua autoridade legítima o bastante para que os cidadãos se obriguem a obedecê-las. (2007: 4-5)

Essa descrição do "acordo" sob o qual funcionamos nas sociedades democráticas é um bom ponto de partida para outra visão da relação entre lei e punição, aquela que inclui o elemento da emoção. J. M. Barbalet descreve o discurso convencional sobre a relação entre crime, emoções humanas e a lei, "ao passo que o crime pode expressar emoções, as emoções são extintas nas operações da lei" (2002: 279). Ele então oferece uma alternativa, contida no trabalho de um sociólogo relativamente desconhecido:

> O sociólogo alemão Svend Ranulf ofereceu uma apreciação sobre a relação entre emoções e a lei criminal que é bem diferente [...] A questão que Ranulf coloca é: que condições sociais são necessárias para o advento da lei? Ele caracterizou a lei criminal como uma "tendência desinteressada de infligir punição" (1964 [1938]: 2) e argumentou que essa tendência cresce em sociedades que têm uma classe média baixa desenvolvida. (280)

As emoções geradas pelas tensões controladas da classe média baixa – a que "adere" ao contrato social, mas que está na escala inferior da riqueza material – manifestam-se como indignação moral dirigida aos cidadãos que quebram esse contrato em benefício próprio, aqueles que não "aderem". Essas emoções frequentemente abastecem a crença em uma lei criminal "dura e implacável", pelo menos no âmbito político. A "tendência desinteressada de infligir punição" é uma outra expectativa legal interessante – expectativa de que a aplicação da lei seja objetiva e desprovida de emoção. Em um arranjo social de punição-por-procuração, a pessoa que pune não tem relação real com aquele que está sendo punido. É como se os pais de um adolescente pagassem alguém para ficar em casa para ter certeza de que ele não vai sair quando está de castigo, em vez de eles mesmos ficarem em casa. Ranulf vê a emoção como um catalisador para a necessidade de punição estatal, e punição administrada por agências "desinteressadas". Mas as agências são animadas por atores humanos. Lembremo-nos das questões de Sell: Qual o aspecto da objetividade quando vista de dentro? Quais são as dimensões psicológicas?

O impulso especialmente forte de punir nos Estados Unidos tem efeitos residuais no Canadá, que ganhou destaque na eleição federal no início de 2008 com novas e duras ofertas de políticas de controle do crime, antes do desastre do mercado de ações em outubro daquele ano. Whitman analisou a história norte-americana desde 1833, e o trabalho de Tocqueville e de Beaumont, que estudaram as então admiradas prisões norte-americanas, tendo apresentado seus achados à sociedade francesa. A liderança moral dos Estados Unidos no mundo tem suas raízes na forma como lidaram com a punição de crimes no início do século 19. A sociedade estudada por Tocqueville e de Beaumont era uma democracia crescente, construída a partir das sementes de uma nova visão de mundo de igualdade e liberdade. Estes valores foram estendidos para o Sistema de Justiça Criminal em desenvolvimento, que mostrava forte contraste com a punição vexatória e violenta do Velho Mundo. O uso racional da lei era acompanhado por um uso regrado da punição. James Whitman observa que a abordagem europeia contemporânea à punição usurpou a posição norte-americana como liderança moral:

> A punição europeia é, em grande parte, relativamente leve porque os europeus abraçaram normas de dignidade na punição. Isso significa que eles têm rejeitado muitas práticas ainda utilizadas nos Estados Unidos, como o uso degradante dos uniformes prisionais, ou portas com grades nas celas. Mas significa ainda mais: significa que as leis europeias trabalham sistematicamente para garantir que os perpetradores sejam tratados como seres humanos, com um mínimo de tratamento respeitoso. A insistência em ver os ofensores como seres humanos contribui para fazer um sistema de punição que resista ao inevitável impulso humano de punir duramente – para mostrar desprezo ao punir. (2007: 264-650)

Thomas Trenczek, por outro lado, oferece uma visão contemporânea da lei criminal que é sensata no tocante ao uso da punição, tanto na forma como na intensidade:

> Uma lei penal que é construída sobre os princípios da autonomia e da liberdade deve permitir e amenizar a assunção voluntária de responsabilidade e não pode bloquear um caminho socialmente construtivo. O cometimento dos fatos do crime é uma condição necessária, mas não suficiente para a sanção. A necessidade de uma sanção penal não decorre de um comportamento verificado nos fatos do caso, mas da impossibilidade de implementar alternativas prioritárias. (2002: 31)

Em outras palavras, deveríamos considerar a punição quando não há outra possibilidade. Podemos estender esse raciocínio mais além argumentando que, ao fazer decisões sobre punição, precisamos considerar as necessidades de todos os que foram afetados: aqueles que cometeram o dano, aqueles que sofreram o dano e as pessoas ao seu redor. Esta visão da lei abre as perspectivas para a Justiça Restaurativa.

A Justiça Restaurativa e a Lei

Comecemos com algumas suposições centrais sobre a Justiça Restaurativa. Os três pilares da Justiça Restaurativa segundo Zehr – danos e necessidades, obrigações e engajamento dos envolvidos – não estão bem expressos no Sistema de Justiça Criminal. Ao contrário, o foco da lei criminal recai sobre os crimes e as punições aos ofensores, dívidas simbólicas à sociedade e separação das partes em conflito. À primeira vista, parece improvável que a JR encontre um lugar hospitaleiro dentro do Sistema Legal existente. As três questões principais feitas por cada paradigma também significam que o foco está em diferentes expectativas. Questões desconfortáveis começam a surgir. Por exemplo, se a Justiça Restaurativa tem a ver com a cura do dano, e punição (um corolário necessário da lei) é a imposição deliberada do dano, não estaremos diante de uma importante contradição? Se a Justiça Restaurativa tem a ver com processos embasados em valores, como conciliar essa expectativa com o processo hierárquico, excludente e regimental do Sistema Legal? Usando o contexto específico dos Círculos de Sentenciamento, Dan Markel adiciona outras questões a essa discussão:

> Como os Círculos de Sentenciamento da Justiça Restaurativa operam voluntariamente e em um ambiente amplamente desprovido de padrões, para assegurar que crimes similares sejam punidos de modo similar, a Justiça Restaurativa, com sua confiança no papel do acaso – terceirizando a autoridade punitiva que passa das mãos do Estado para as mãos de figuras da comunidade –, efetivamente abandona a busca do objetivo da igualdade de justiça sob a lei. A Justiça Restaurativa, portanto, se arrisca a deixar duas "baixas" no Estado de Direito em seu rastro: igualdade sob a lei, assim como a certeza das sanções. (2007: 1409)

As expectativas da Justiça Restaurativa podem também ser um tanto limitadas caso fiquem muito presas à estrutura legal existente. A expressão de remorso por parte dos condenados nos tribunais, por exemplo, está repleta de erros potenciais, exacerbados pelo contexto público dos julgamentos. O acusado pode estar limitado pela habilidade ou pelo tempo, ou as vítimas podem não estar presentes para ouvir suas desculpas. Mesmo que exista intenção altruísta, os esforços para se desculpar podem ser interpretados como tentativas de manipular a situação para obter uma sentença mais branda. Por outro lado, o pedido de desculpas realizado no contexto da JR oferece oportunidades mais adequadas para as pessoas condenadas expressarem seu remorso espontaneamente na presença daqueles mais afetados por suas ações (Szmania e Mangis 2005: 356-58).

As limitações do Sistema Criminal em motivar e dar suporte a mudanças na conduta social dos causadores de danos podem ser localizadas no modelo punitivo. Como vimos no Capítulo 2, as pesquisas mostram que essas mudanças são fomentadas por meios diferentes e conceitualmente distintos das medidas punitivas. Tom Tyler (2006) argumenta que, dentre as duas abordagens para lidar com a violação de normas/leis – o modelo focado na punição, baseado na sanção, e no modelo da Justiça Restaurativa –, o último, com foco maior na conexão com as pessoas que causaram danos a outros e ativação de valores internos, detém maior potencial para cultivar o desenvolvimento moral.

Também foram levantadas preocupações sobre os potenciais conflitos que a JR coloca ao próprio Estado de Direito. Em uma meta-análise de vários programas de JR, os pesquisadores veteranos da JR Lawrence Sherman e Heather Strang argumentam que isso é uma questão de interpretação:

> Com base nas evidências até agora, a JR não entra em conflito com o Estado de Direito. Também não entra necessariamente em conflito com a estrutura básica do Direito anglo-saxão. O que ela oferece é uma alternativa para as interpretações convencionais dessa estrutura, tal como foi desenvolvida no mundo industrial. Como estratégia pública de segurança para a era pós-industrial, a JR pode oferecer melhores resultados dentro dos mesmos princípios básicos. Através da promoção de mais oportunidades para perguntas e respostas, presencialmente ou de outro modo, ela pode de fato tornar a lei mais acessível para as pessoas. As evidências da satisfação com a JR sugerem que ela possa reforçar o Estado de Direito. Não há evidências de que o uso mais amplo da JR possa minar o Estado de Direito. (207: 45)

Andrew Ashworth, inicialmente muito mais cético sobre a JR de uma perspectiva legal, admitiu em anteriores discussões acadêmicas sobre JR, que a Justiça Criminal Estatal tem, desde o princípio, promovido "a diminuição do reconhecimento de qualquer direito da vítima. De fato, a atenção aos interesses das vítimas de crimes parece ter alcançado seu nadir na metade desse século" (1993: 277). O preço, infeliz e injusto, do Sistema adversarial moderno é que todos os embates são entre o acusado e o Estado, que no Canadá é representado pela Rainha (o "R", ou "Regina", em *"R versus* Smith"*)*. Dada essa realidade estrutural, não é de admirar que as vítimas se sintam órfãs do Sistema, que acreditavam existir para protegê-las. Essa realidade não pode ser consertada por nenhum recurso convencional para limitar os direitos do ofensor ou aumentar a punição dos indivíduos condenados. Essas respostas continuam focadas no ofensor mais do que na vítima.

Apesar destas dificuldades, a JR conseguiu ser incorporada aos Sistemas Legais em diversas jurisdições. O primeiro exemplo foi a Nova Zelândia, que adotou em lei a JR ao promulgar a lei sobre Crianças, Jovens e suas Famílias (1989), mudando a estrutura e o processo para lidar com o abuso e a negligência da criança e ofensas criminais através da adoção do modelo de tomada de decisão por conferências de grupos familiares (Maxwell e Hayes 2006). Estas conferências reúnem membros da família estendida e profissionais do Sistema em um processo colaborativo, objetivando melhor atender os problemas centrais. Todas as jurisdições australianas, menos uma (Victoria), adotaram em seus estatutos estruturas da Justiça Restaurativa, desde 1994. Os resultados dessas práticas têm sido avaliados na maioria das jurisdições, demonstrando claramente a possibilidade de incorporar o processo de JR no estágio pré-sentença, tanto para adultos como para jovens (Maxwell e Hayes 2006: 148).

A experiência canadense com JR no Sistema Legal é representada por exemplos como o Youth Criminal Justice Act (YCA, 2003) e a decisão Glaudue (1999). O YCA incorpora aspectos dos ideais e processos da Justiça Restaurativa na forma de "medidas extrajudiciais" a serem usadas pela polícia e advogados da Coroa em vez do Sistema de Tribunais de Justiça Juvenil. Os policiais já começaram a usar estas medidas, particularmente aquelas chamadas "cuidados informais", na Nova Zelândia e Austrália. Também incluídas nessas medidas estavam as "sanções extrajudiciais", conhecidas como "medidas alternativas" sob a lei anterior, o *Young Offenders Act*. Em especial ressonância com o processo da Justiça Restaurativa está a seção 19 do YCA, que prevê uma "conferência", definida como um grupo de pessoas reunidas para oferecer conselho de acordo com essa seção da legislação.[1]

A província canadense da Nova Escócia vem adotando uma abordagem sistemática e abrangente exigindo o uso de medidas de JR dentro do Sistema de Justiça Criminal Juvenil desde 2001. Bruce Archibald e Jennifer Llewellyn (2006) observaram o interesse dos integrantes da Justiça Criminal em fundar o programa de Justiça Restaurativa na Nova Escócia. O alcance dessa abordagem foi viabilizado pela interconexão entre profissionais da Justiça Criminal da província, que foram educados na filosofia e processo da JR e motivados a levar a ideia como prioridade à pauta do Sistema de Justiça Juvenil. Os autores apontaram alguns dos desafios experimentados ao longo dos esforços para institucionalizar uma Justiça Restaurativa abrangente na Nova Escócia. A chave de nossas preocupações sobre a compatibilidade entre a JR e as práticas do Sistema Legal é seu comentário crítico: "Uma questão significativa para o futuro desenvolvimento do programa é se haverá flexibilidade por parte do Governo para permitir e encorajar o tipo de cooperação e integração necessárias para dar suporte a uma concepção relacional e holística de Justiça. Ou se, ao contrário, haverá compartimentalização continuada e aderência aos nichos departamentais e programáticos, levando a disputas de território na alocação de verbas?" (340). "A mentalidade das panelinhas" é uma queixa comum entre os praticantes da JR em todo o país, onde os esforços para tratar de modo holístico as consequências do dano são bloqueadas por limites institucionais artificiais. Isso transforma os esforços de prevenção do crime, que envolvem vários agentes governamentais, em um pesadelo de mandatos conflituosos ou desinteressados, e esquemas de movimentação que nos lembram dos períodos de tempo geológicos. Mas isso também nos oferece algumas pistas sobre as mudanças que precisam acontecer nas instituições governamentais à medida que lutam para atender às necessidades dos cidadãos a quem deveriam servir.

Conforme mencionei anteriormente, a óptica da JR é também suspeita de estar em desacordo com os objetivos de uniformidade de sentenciamento do Sistema Legal. A ideia de ter inúmeros programas de base comunitária processando os conflitos com atenção apenas às necessidades e desejos dos participantes do processo, em vez de atentar às regras de sentenciamento, não é bem-vinda para os Sistemas formais e objetivos. Sobre esse assunto, Michael O'Hear observa:

> Tenho argumentado que o termo "uniformidade" significa coisas bem diferentes para diferentes pessoas. Acontece que a noção de tratamento similar para situações similares (e tratamento diferente para situações diferentes) não é tão simples quanto parece. O ideal de uniformidade remete necessariamente à questão: O que exatamente faz dois ofensores serem semelhantes de forma que importem para nós? Uniformidade é um conceito vazio se não houver uma teoria subjacente sobre o propósito e as prioridades do Sistema de Justiça Criminal. (2005: 307).

É claro que o Sistema não oferece essa teoria, embora os praticantes experientes da Justiça Criminal entendam bem o argumento de O'Hear. Ao trabalhar com pessoas, nos sintonizamos com suas subjetividades individuais, com as diferenças de experiência de vida de cada um e o modo como isso está ligado ao dano em questão. Talvez o problema não seja que a JR não atenue bem as demandas do Sistema de Justiça Criminal, mas ao contrário, que o Sistema de Justiça Criminal não atenda bem às necessidades do povo.

Finalmente, há questões de aceitação pública da JR no contexto de consciência popular e seu entendimento do Sistema de Justiça Criminal atual. Reações comuns são: as medidas da JR são brandas ou lenientes em comparação com os Sistemas Legais punitivos. Isso sugere que o papel das emoções continua sendo um fator crítico nas percepções públicas sobre Justiça Criminal, conforme sugeriram Svend Ranulf e também Mead e Durkheim (citados nos Capítulos 2 e 3). Para esse fim, Gromet e Darley (2006) conduziram um estudo que testou a percepção das pessoas sobre a aceitabilidade dos procedimentos da JR. Nesse estudo, os entrevistados foram solicitados a escolher que casos encaminhariam à JR e que casos à Justiça Retributiva. Quando os casos retornavam para que eles avaliassem o resultado das sentenças, eles fizeram reduções consideráveis nas sentenças dos casos onde os facilitadores das conferências e as vítimas estavam satisfeitos com os resultados; na falta dessa satisfação, os participantes do estudo deram aos ofensores sentenças-padrão para o crime. Isso sugere que a percepção pública pode mudar ao receber maiores informações.

Justiça Restaurativa e Profissionais do Sistema

Não seria minimizar as coisas sugerir que a profissionalização da Justiça Criminal tenha resultado em uma mudança no tipo de relacionamento que existe entre as pessoas interessadas em um conflito. Benjamin Sells é ex-advogado e depois se tornou psicoterapeuta. Para ele, essas experiências ofereceram um *insight* único acerca dos efeitos da prática do direito sobre um ser humano que é também advogado. O trecho de seu livro que cito a seguir é sobre os efeitos pessoais da prática do Direito, e demonstra o paradoxo histórico do credo profissional atual de imparcialidade e distanciamento profissional no âmbito da Justiça Criminal:

> Estamos no meio da manhã na velha Atenas e um precursor da advocacia moderna levanta-se para falar em nome de um litigante. Ele começou sua oratória com um testemunho pessoal sobre o bom caráter do litigante, sua honestidade e franqueza. Tendo lançado essa

fundamentação, o advogado-cidadão então afirma sua crença pessoal de que o litigante tem razão. Volta para seu lugar e outro cidadão se levanta para repetir a ladainha: "Eu sei que o litigante é honesto, sua causa é justa e estou do lado dele".

Nos primórdios (mais ou menos na segunda metade do século quinto e primeira metade do século quarto a.C.), presumia-se que estes oradores estavam expressando suas crenças pessoais tanto sobre o litigante como sua causa. Geralmente esses advogados eram escolhidos precisamente por causa de alguma ligação pessoal estreita com o litigante [...] De modo muito real, eles eram ao mesmo tempo advogados e testemunhas da parte e, portanto, era essencial que quisessem professar sua crença no litigante com base em conhecimento pessoal e verdade.

Era impensável para um orador argumentar em nome de um litigante sem essa convicção pessoal. De fato, o pagamento para o advogado era visto como uma forma de suborno que desgraçaria tanto o litigante quanto o advogado [...] Somente depois, na metade final do século quarto a.C., é que a representação profissional paga tornou-se uma prática comum. A predisposição anterior contra o pagamento do advogado era baseada na crença de que isso daria vantagens aos ricos sobre os pobres, e que advogar a favor de alguém em quem se acreditava era parte dos deveres do cidadão. Nessa visão, a representação paga degradava a responsabilidade civil.

Obviamente, percorremos um longo caminho. Não se espera que o advogado moderno compartilhe da visão de seus clientes, e essa partilha de crenças entre advogado e cliente é vista como irrelevante. Não somente não se espera que os advogados sejam testemunhas de seus clientes, como também não é permitido que o sejam, mesmo se quisessem. Seu trabalho é advogar pela posição do cliente, independentemente do que o advogado pessoalmente pense sobre isso. Lembro-me bem da minha surpresa na Escola de Direito quando aprendi que um advogado criminal não pode expressar sua crença pessoal sobre a probidade do cliente, o fato de ele ter razão, nem a posição do cliente. Eu não tinha permissão de dizer: "Acredito que Maria está falando a verdade" ou "Sei que João é um homem honrado". Estes comentários, me disseram, eram inapropriados, censuráveis e poderiam até levar a um novo julgamento. Por outro lado, a despeito dessas proibições, era permitido (e visto como boa prática) enviar estas mensagens subliminarmente. Embora eu não pudesse dizer abertamente que acreditava em João ou em sua causa, eu podia sentar ao seu lado na sala do tribunal, colocar minha mão em seu ombro e chamá-lo pelo seu primeiro nome na tentativa orquestrada de mostrar que acreditava ser ele um bom rapaz, honesto e sincero. (1996: 163-64)

Muitas questões podem ser levantadas sobre os custos humanos atuais na arena dos profissionais do Sistema de Justiça Criminal (SJC) em geral – não apenas advogados. Sells escreve sobre as expectativas contemporâneas de uma desconexão intencional entre os advogados e seus clientes. Essa imparcialidade objetiva pode ser boa em teoria, mas, no nível interpessoal relacional, não é tão fácil proibi-las através de políticas e normas. Nas trincheiras, assistentes sociais, oficiais de Polícia e oficiais correcionais brigam por privilégios discricionários na área cinzenta da Justiça Criminal – o momento do encontro e da interação entre o profissional e o cliente. Temos o direito de ficar preocupados com os abusos individuais de poder, especialmente por agentes do Estado, e é esse o motivo pelo qual a transparência na governança é tão importante nas democracias. Mas também devemos reconhecer que há algo mais em jogo para os profissionais do Sistema Judicial no aspecto "relacional" de seu trabalho, e também devemos encorajar um diálogo significativo sobre essa área cinzenta.

Alguns anos atrás, uma carcereira aposentada, que foi palestrante convidada na minha aula sobre instituições correcionais, deu um exemplo dessa área cinzenta. Ela contou que alguém foi tomado como refém na sua prisão e nos disse que ordens ela recebeu de seus superiores, alocados em um quartel-general numa província distante dali. Sabendo quem eram os envolvidos no incidente e entendendo o contexto social no qual estava acontecendo, o plano da carcereira, de como lidar com a situação para resultar na menor quantidade de dano possível, diferia das ordens que recebeu. Finalmente, ela decidiu obedecer a seus instintos em vez de às ordens e regras, e a situação foi resolvida sem que ninguém saísse machucado. Sua observação para a classe foi algo como: "Decidi que eu poderia viver com minha própria consciência mais facilmente por desobedecer uma ordem do quartel-general do que por obedecer à ordem e colocar em perigo a vida da minha equipe e dos prisioneiros". Para essa carcereira, o que mais importava eram as pessoas. Foi na sua ação subjetiva, e não objetiva, que ela confiou.

Devido a esse tipo de tensões expressas pelos profissionais do SJC, não é surpresa que muitos deles sejam atraídos às práticas da JR dentro de suas instituições. Os serviços de liberdade condicional são o principal exemplo. No Canadá, alguns departamentos da Polícia também patrocinam programas de JR; a Real Mounted Canadian Police também, por um período, teve uma sessão dedicada a treinamento e programas de JR. Os profissionais institucionais estão acostumados a trabalhar dentro de regras e políticas fortemente estruturadas, enquanto os praticantes de base comunitária estão acostumados a ter mais flexibilidade para modificar práticas restaurativas a fim de atender às necessidades de determinados participantes. Esperam-se tensões quando os dois grupos tentam trabalhar juntos, particularmente quando o pessoal institucional está imbuído de maior autoridade do que os voluntários da comunidade. Estudando o desdobramento do processo da JR em um contexto de Justiça Criminal e suas resultantes tensões, James Dignan e seus colegas (2007) as descreveram através das lentes analíticas da dramaturgia – arte ou técnica da composição dramática ou representação teatral. Os julgamentos nas salas dos tribunais há tempos eram reconhecidos por suas características teatrais. Os autores explicaram como a análise teatral inclui a JR:

> Ao usar [a imagem teatral] não estamos sugerindo que os participantes da Justiça Restaurativa estejam meramente "desempenhando" papéis que não refletem suas próprias experiências e percepções. As ofensas com as quais a Justiça Restaurativa lida são eventos reais que causam efeitos reais e consequências para ambos – vítima e ofensor. Todos os participantes vão, é claro, apresentar suas próprias visões – esta é a essência da Justiça Restaurativa –, embora possa haver diferenças na espontaneidade e sinceridade com as quais algumas dessas visões são transmitidas, assim como em todos os encontros sociais. Ao usar a metáfora do teatro, estamos sugerindo que a Justiça Restaurativa possa ser comparada a um documentário com base na realidade, e não a uma representação ficcional. Nisto a Justiça Restaurativa é diferente da Justiça Criminal. A maioria dos participantes principais da Justiça Criminal (juiz, promotor, defensor) desempenha papéis *ocupacionais* e estão necessariamente desapegados dos eventos relacionados aos casos com os quais estão profissionalmente engajados. Em Justiça Restaurativa, os papéis dos participantes principais geralmente estão relacionados diretamente com o evento que aconteceu no curso de suas vidas diárias e atividades nas quais estão pessoalmente envolvidos. (2007: 6-7)

A similaridade subjacente entre Justiça Adversarial Criminal e Justiça Restaurativa, expressa através da imagem do teatro, é o foco em contar histórias. A tensão entre os dois paradigmas vem no *modo* como as histórias são contadas.

Também surgiram preocupações sobre o potencial que as expectativas e as ferramentas do SJC têm de comprometer a integridade das práticas restaurativas. Lois Presser e Christopher Lowenkamp (1999), por exemplo, defendem uma melhor triagem do agressor na JR para minimizar o impacto traumático das vítimas. Eles admitem que os instrumentos de triagem podem fazer a JR se assemelhar a processos formais do Sistema, mas que estes podem ser necessários em comunidades onde as pessoas não se conhecem (240). Na prática, contudo, a maioria dos programas de base comunitária tem mecanismos próprios de triagem, com critérios similares como, por exemplo: o ofensor tem de assumir a culpa ou a responsabilidade por algum aspecto significativo do dano para que seja encaminhado ao processo restaurativo. O problema com a formalidade institucional é que a flexibilidade é mais difícil; uma coisa é ter instrumentos de triagem disponíveis para serem usados quando se deseja, outra coisa é sustentar a expectativa de que os instrumentos devem ser usados a fim de assegurar uniformidade.

Os processos restaurativos também permearam outros domínios de agências governamentais: proteção infantil e assistência social em geral são duas áreas-chave. A incursão da Nova Zelândia nessa área foi materializada nas Conferências de Grupos Familiares (CGF) com serviços para crianças e suas famílias, bem como na Justiça Criminal. As Conferências de Grupos Familiares têm sido usadas com resultados mistos no Havaí, esclarecendo alguns dos problemas do encontro entre a JR e as instituições existentes:

> Mudar o papel do Estado para deixar de ser um controlador das famílias no sistema de serviços de proteção infantil e passar a assumir o papel de parceiro regulatório em conjunto com elas é dificílimo. A experiência do Havaí sugere que a adoção das Conferências de Grupos Familiares para as áreas convencionais do bem-estar social da criança e a implementação de valores centrais, princípios e práticas requeiram uma reorientação da prática profissional e do funcionamento burocrático. (Adams e Chandler 2004: 113-14)

Mudar a cultura burocrática dentro das instituições é uma tarefa formidável. Os assistentes sociais que trabalham a fundo na comunidade, nas casas das pessoas e nas ruas têm lutado com esse problema há algum tempo:

> A Assistência Social e os assistentes sociais há tempos vêm se preocupando em encontrar caminhos para fazer as burocracias, políticas e procedimentos mais sensíveis à promoção simultânea de autonomia

dos indivíduos e bem-estar das comunidades. Apostar nesse foco dual para a profissão significa que os trabalhadores têm uma experiência considerável de trabalhar com as linhas falhas entre aquilo que as organizações formais exigem – através de suas políticas e procedimentos (incluindo as formas como organizam o uso do tempo dos trabalhadores e alocam recursos) – e as necessidades das pessoas com quem trabalham. Os assistentes sociais bem sabem o dilema das famílias que tentam manter o controle sobre a definição de suas situações, especialmente quando confrontadas com caminhos múltiplos, categóricos e frequentemente conflitantes para obter ajuda para suas necessidades. (Burfor e Adams 2004: 21)

A experiência dos assistentes sociais resume a tensão entre a JR e o Sistema, e provavelmente também explica o alto índice de esgotamento dos assistentes sociais. É estressante negociar a relação entre as pessoas carentes e as instituições que ostensivamente estão ali para servi-los, não apenas por causa do conflito interno vivenciado pelos advogados de Sell, mas devido à inabilidade dos assistentes sociais em motivar os prestadores de serviço a fornecer suporte significativo e oportuno aos seus clientes. Em suma, um dilema para os profissionais geralmente é sinal de que as necessidades das instituições nas quais trabalham tornaram-se mais importantes do que as necessidades das pessoas a quem devem servir.

Justiça Restaurativa, Lei e o Povo Aborígene

Gladue é o nome dado a uma decisão proferida pela Suprema Corte do Canadá no caso de uma mulher aborígene, e que tem implicações para todo mundo. Este será o foco principal nesta seção, mas, sob o risco de cair em generalidades pan-indígenas, começaremos com pensamentos acerca das formas aborígenes de perceber o mundo. Algumas ideias são úteis para entender as dificuldades vivenciadas pelo povo aborígene no SCJ.

Começaremos com Patricia Monture falando sobre a lei e o que isso significa em um contexto aborígene:

> Embora eu esteja lutando para entender a tradição (ou seja, quem eu sou), sempre tento recuperar o significado das palavras na minha própria língua. Na língua Mohawk, quando dizemos lei, isso não se traduz diretamente por "Grande Lei de Paz", como foi dito a muitos de nós. Na verdade significa "a maneira mais agradável de vivermos juntos".

Quando penso nos tribunais, quando penso em política, quando penso nas experiências das pessoas na faculdade de direito, ou talvez nas negociações constitucionais – para realmente atrair vocês – será que essas experiências da lei refletem o viver junto de maneira agradável? O padrão Mohawk é o padrão que carrego comigo e comparo com minhas experiências. Viver de maneira agradável é um padrão bem elevado. (1994: 227)

A mensagem de Monture apresenta um modelo positivo da lei. De modo distinto da natureza proibitiva das leis criminais – "Você não deve fazer *isto*, senão nós faremos *aquilo* a você" –, que nos dizem o que não devemos fazer, a lei Mohawk parece estar nos dizendo o que *devemos* fazer de modo geral. É notável que as culturas aborígenes não sejam inclinadas a dizer a ninguém o que se deve fazer especificamente em alguma situação. O psiquiatra Clare Brant, de origem Mohawk, explicou que "[O] princípio da não interferência está totalmente enraizado em nossa cultura. Somos muito contrários a confrontar as pessoas. Somos muito contrários a dar conselhos a alguém se a pessoa não estiver pedindo especificamente por um conselho. Interferir ou mesmo fazer comentários sobre seu comportamento é considerado rude" (em Ross 1992: 13). No Canadá todos sabem que o povo aborígene está super-representado no Sistema de Justiça Criminal. Começando com diferentes pontos de partida sobre o significado da lei em si, o povo aborígene não se encaixa bem no sistema. Esse conflito cultural está começando a ser mais bem entendido e esforços têm sido feitos – com vários graus de sucesso – para acomodar os aborígenes em um sistema que, por vários motivos, está estrutural e conceitualmente em desacordo com suas tradições. É nesse contexto que examinaremos a decisão da Suprema Corte do Canadá em *Gladue* (1999).

Jamie Gladue era uma mulher que vivia fora da reserva aborígene e que, na noite da comemoração de seu nonagésimo aniversário, esfaqueou seu companheiro até a morte em uma briga por causa de percepções de infidelidade conjugal, no contexto de violência relacional continuada. Ela se declarou culpada por homicídio culposo e recebeu a sentença de três anos de prisão. Gladue apelou, e o Tribunal de Apelação da Colúmbia Britânica confirmou a sentença. O assunto foi então levado à Suprema Corte do Canadá (SCC), em uma questão levantada a partir do artigo 718 do Código Criminal do Canadá sobre os propósitos e princípios da sentença. Dentre todos os propósitos, o a.718.2 é o mais relevante.

718.2 A Corte que impõe a sentença deve também considerar os seguintes princípios:
(a) a sentença deve ser aumentada ou reduzida para considerar quaisquer circunstâncias agravantes ou atenuantes relativas à ofensa e ao ofensor, sem limitar a generalidade do acima exposto [...]
(b) a sentença deve ser similar às sentenças impostas a ofensores similares por ofensas similares cometidas sob circunstâncias similares;
(c) quando forem impostas sentenças consecutivas, a sentença cumulada não deve ser excessivamente longa nem severa;
(d) um ofensor não deve ser privado de liberdade se sanções menos restritivas podem ser apropriadas às circunstâncias; e
(e) todas as sanções diferentes da privação de liberdade que estiverem disponíveis, que forem razoáveis nas circunstâncias, devem ser consideradas para todos os ofensores, com particular atenção às circunstâncias dos ofensores aborígenes.

A questão de saber se o juiz cometeu um erro ao não seguir o princípio específico da sentença delineada no art. 718.2 (e) foi abordada na decisão da SCC. A SCC argumentou que o artigo 718.2(e) – com ênfase nas palavras "com particular atenção às circunstâncias do ofensor aborígene" – tem um propósito corretivo que deveria modificar a análise feita pelos juízes no sentenciamento de ofensores aborígenes (22-23).

Esse caso também guarda grande potencial para o sentenciamento de pessoas não aborígenes. Como explicaram Kenet Roach e Jonathan Rudin:

> A Corte [no caso *Gladue*] reconheceu que o artigo 718 contém não apenas os objetivos de sentença tradicionais, como dissuasão, denúncia e reabilitação, mas "novos" objetivos restaurativos de reparação de danos sofridos pelas vítimas individuais e pela comunidade como um todo, promoção de senso de responsabilidade e reconhecimento do dano causado por parte do ofensor, e a tentativa de reabilitar e curar o ofensor [*Gladue* 1999] [...] [*Gladue*] será um caso importante sempre que qualquer ofensor pedir à Corte que considere uma sentença com propósito restaurativo. (2000: 362)

Dois casos subsequentes – *Wells* (2000) e *Prolux* (2000) – desafiaram ainda mais a Suprema Corte do Canadá a refinar seus pensamentos sobre o uso do aprisionamento em certas circunstâncias, a despeito do artigo 718.2(e). Aqui o foco está em sentenças condicionais (art.742.1) e quando usá-las, levando em consideração o art. 718.2(e). Em ambos, *Wells* (2000) e *Prolux* (2000), as sentenças foram de menos de dois anos, mas ambas as ofensas envolviam violência: agressão sexual e morte causada por direção perigosa. Estas decisões da SCC, Roach notou, configuram uma "dicotomia entre o propósito restaurativo e o punitivo da sentença [...] Na maioria dos casos, as chamadas sanções restaurativas que atendem às necessidades de ofensores, vítimas e comunidade, mas que em geral não envolvem o uso de encarceramento, não serão apropriadas para as ofensas mais graves". (2000: 259)

No entanto, não está claro se o caso *Gladue* vai, em última instância, ajudar a resolver a questão da super-representatividade dos aborígenes no Sistema de Justiça Criminal. Como observa Rudin, os problemas vivenciados pelo Aboriginal Legal Services de Toronto em obter os benefícios de Gladue para seus clientes resultaram na criação da "Corte Gladue" naquela cidade. Além disso, Roach e Rudin advertem: "Se forem aplicadas sentenças condicionais apenas em casos menos graves, o caso Gladue pode contribuir para um processo de maior leniência" (2000: 384).

Conclusão

Parece haver muitos desafios para a acomodação da JR dentro de instituições legais, particularmente se estivermos preocupados em preservar a integridade dos valores da JR no processo. Não obstante, a Justiça Criminal é o terreno principal onde os dois paradigmas atualmente se interagem. Não sabemos ainda se esse trabalho terá sucesso. Os Tribunais Criminais foram concebidos para processar crimes, não para curar danos. Os profissionais da Justiça Criminal, treinados em uma cultura adversarial, podem não conseguir absorver facilmente a filosofia e práticas da JR; não há preocupação alguma de que o Sistema de Justiça Criminal possa ser cooptado pela Justiça Restaurativa. Apesar disso, existem exemplos de sucesso de parcerias entre Justiça Criminal e a JR, nos quais a integridade dos valores da JR e os processos são respeitados. O próximo trecho é de um artigo de jornal sobre as consequências de grandes conflitos em Serra Leoa, na África. Ele descreve a tensão entre a JR e o Sistema Legal formal.

> O Tribunal Penal Internacional está trabalhando em casos em cinco países africanos, e seus proponentes afirmam que os julgamentos de grande visibilidade internacional podem constituir uma efetiva proteção aos direitos humanos. Até agora, países como Serra Leoa e Libéria têm tido "uma cultura de baixas expectativas: aqueles que são

poderosos conseguem fazer tudo sem serem punidos", diz Corinne Dufka, uma ex-investigadora do Tribunal Especial de Serra Leoa, que agora monitora esse país e a Libéria para a organização Human Rights Watch.

"Isso tem implicações práticas para a democracia. As pessoas também esperam impunidade para a corrupção [...] Em Serra Leoa, é muito difícil julgar a eficácia do Tribunal Especial em ajudar a estabelecer o Estado de Direito, que é a base sólida para uma sociedade pacífica – e isso não pode ser avaliado pela acusação ou absolvição de dez pessoas. É algo a longo prazo."

Isso pode ser verdade, mas a Sra. Dufka, embora enormemente respeitada por seu profundo conhecimento do conflito, é norte-americana, e um número considerável daqueles que apoiam a Corte e outras formas internacionais de Justiça também são estrangeiros.

Na África, as críticas são mais numerosas. Acusa-se o Tribunal Penal Internacional e outras iniciativas de Justiça internacionais de derrubarem as perspectivas de paz em alguns dos conflitos mais intratáveis, aumentando o abismo entre Estados como o Sudão e o Ocidente, e de serem altamente políticos e de se submeterem à agenda ocidental. Talvez, ainda mais grave, dizem os críticos, esse Tribunal tem feito muito pouco, ou mesmo nada, em favor das vítimas.

"Não estou colocando uma etiqueta de preço na Justiça, mas de quem é essa Justiça?", perguntou John Caulker, chefe da organização chamada Forum for Conscience em Freetown. "Quem tem interesse em manter o Tribunal Penal Internacional? Como defensor dos direitos humanos, eu não deveria estar dizendo isto, mas, quando me coloco no lugar dos cidadãos de Serra Leoa, tenho de perguntar: essa Justiça é para agradar a comunidade internacional ou para atender às necessidades dos serra-leoneses?"

Caulker desenvolve programas de reconciliação nos quais encontra milhares de pessoas que sofreram horrores, mas que jamais receberão reparação. "Sim; estas pessoas dizem: 'O tribunal está processando os que têm maior responsabilidade, mas todos os dias, indo pela estrada, tenho que encontrar as pessoas que fizeram tudo aquilo comigo.'" (Noelen 2008)

Esse trecho desafia a noção do Estado de Direito como uma grande panaceia para todos os males sociais. Novamente, vemos os direitos das vítimas subordinados ao mandado para capturar, processar e punir os ofensores.

No entanto, o Estado de Direito não chega a contradizer a JR se levarmos em consideração o lembrete histórico de Daniel Van Ness:

> Estamos acostumados a pensar na lei penal como o meio através do qual o governo proíbe o comportamento criminoso e pune os infratores. Parece-nos óbvia a distinção entre erros públicos e privados, o que distingue a lei civil da lei criminal, uma distinção arraigada à tradição do "Direito Civil". Mas há outro entendimento da lei, mais antigo, que resiste a essa dualidade, afirmando que não importa o modo como administramos a lei, um dos objetivos primários da Justiça deve ser a restauração das partes lesadas pelo crime. (1993: 252-53)

A vontade de restaurar pessoas e comunidades levando a elas uma saúde melhor é a motivação que atrai muitas pessoas para o campo da Justiça Criminal. Lembre-se da administradora correcional juvenil, na história do início deste capítulo: "Eu me considero antissistema também – ou pelo menos já fui antissistema em algum momento, principalmente na juventude. Vim para o departamento porque eu não gostava de como as coisas eram na comunidade, e imaginei que entraria e mudaria algumas dessas coisas". As instituições continuam sendo conduzidas por pessoas, e sempre que as pessoas se conectam, há potencial para a Justiça Restaurativa.

Nota

1. A Seção 18 do *Young Offenders Act* também autoriza a convocação dos Youth Justice Committees, que devem estimular o envolvimento comunitário em Justiça Juvenil. Eles diferem das Conferências na medida em que têm um mandado mais amplo e podem ter de assumir um papel de monitorar a implementação da lei, aconselhando os governos no sentido de como desenvolver o sistema e oferecer informação pública sobre os trabalhos no Sistema de Justiça Juvenil.

6

Valores e Processos

"Sendo a Mudança"

Sr. Fisher
Irene Wood

No segundo ano do Ensino Médio, tive a sorte de ter o Sr. Fisher como professor de História. O curso se chamava "Povos e Políticas". Era a história sobre o século 20, o lado bom e o mau. O Sr. Fisher tinha sido boxeador e ele ia se deslocando pela classe como um boxeador no rinque. Eu já tinha ouvido relatos sobre ele e suas aulas de História. Ouvi falar que durante sua descrição da Batalha de Vimy, ele ficava em pé em cima da mesa e atirava "rá-tá-tá" com uma arma imaginária nos estudantes sentados nas carteiras. Ouvi que o Sr. Fisher abanava um lenço azul. No mínimo, eu estava curiosa.

Durante a primeira semana, o Sr. Fisher nos explicou como queria que as tarefas fossem entregues. Deveríamos sublinhar com régua a data, o título e o nome com caneta vermelha. Nossa escrita deveria ser legível, senão as tarefas seriam devolvidas. Via alguns alunos cuja tarefa foi devolvida por causa de caligrafia ruim. O Sr. Fisher não era bobo.

Durante o estudo da Primeira Guerra Mundial, o Sr. Fisher tornou as trincheiras imagináveis para nós. Estávamos chocados e horrorizados com o que estávamos aprendendo. Ele explicou as tragédias de um soldado em sofrimento, com lágrimas escorrendo pelo rosto e seu lenço azul sempre de prontidão. Estávamos aprendendo, e aprendendo bem.

Havia um garoto chamado Dennis que se sentava na minha frente, nas fileiras organizadas impecavelmente pelo Sr. Fisher. Dennis era encrenqueiro. Frequentemente o professor rejeitava suas tarefas. Estava sempre atrasado para as aulas. No mundo do Sr. Fisher, o atraso era inaceitável. Um dia, no meio da aula, Dennis entrou atrasado, jogou sua tarefa em cima da mesa do Sr. Fisher e sentou-se. O Sr. Fisher atingiu seu ponto de ebulição. Levantou-se, puxou para trás sua cadeira, pegou os papéis de Dennis, rasgou no meio e jogou-os na lata de lixo. Foi para cima da mesa de Dennis, apontou o dedo para o rosto dele e começou um rápido discurso, repreendo-o por tudo, desde os seus atrasos, até seus cabelos despenteados. A classe inteira ficou desconfortável. Quanto mais o discurso se estendia, mais quieta foi ficando a sala. E Dennis não falou uma palavra. Ele nem sequer olhou para cima em direção ao Sr. Fisher.

De repente, o professor parou, deu uma batida de leve no ombro de Dennis e disse: "Obrigado, Dennis". Então o Sr. Fisher olhou para nós: "Fiquei aqui, durante dois minutos, humilhando completamente este menino em frente de todos vocês, e nenhum de vocês disse nada. Todos vocês sabiam que eu estava perdendo a compostura, e não tinha o direito de falar estas coisas para o Dennis, mas, mesmo assim, ninguém tentou me impedir. Por quê? Porque eu sou o professor, a figura de autoridade? Porque vocês estavam com medo? Nenhum de nós teve coragem de olhar nos olhos dele. Ele continuou: "Dennis estava esperando isto hoje porque eu pedi a ele que chegasse atrasado, que jogasse a tarefa na minha mesa e lhe pedi permissão para ir para cima dele como um lunático por alguns minutos". Todos nós olhamos de boca aberta para o Sr. Fisher e para Dennis.

"Hoje", ele disse, "começamos nosso estudo sobre o Holocausto e a Segunda Guerra Mundial, e como tudo começou".

Não me lembro mais de muitas coisas do 2º ano do Ensino Médio – como fazer equações polinomiais, como flexionar o particípio passado de um pronome feminino em francês –, mas, enquanto eu viver, nunca me esquecerei daquela manhã na aula do Sr. Fisher. Sim, ele era excêntrico e, sim, ele subia na mesa e encenava batalhas armadas da Primeira Guerra Mundial. Mas também celebrou conosco quando Nelson Mandela foi libertado da prisão, e chorou enquanto lia o artigo que detalhava as primeiras cinco horas de liberdade de Mandela. Usava seu lenço azul para assoar o nariz, esfregar a testa e para enxugar as lágrimas, sempre. O Sr. Fisher nos ensinou a ser responsáveis, a ser empáticos, a não ter medo de protestar quando sabíamos que algo não estava correto. Depois de quatro meses que ele era meu professor, comecei a amá-lo como a um pai. Só espero que mais crianças possam ter um Sr. Fisher em sua vida. (Foi ao ar na CBC Radio's Vinil Café em 27 e 28 de novembro de 2004).

✳ ✥ ✳

O provérbio que diz que aprendemos com a experiência não é exatamente verdadeiro; aprendemos através da reflexão sobre a experiência. O processo da Justiça Restaurativa cria ambientes nos quais a reflexão sobre as experiências de um evento pode ajudar todos os afetados a aprender e crescer. O professor nesta história encenou um conflito que criou desconforto para seus espectadores, mas também ofereceu a eles a oportunidade de refletir sobre seu desconforto, relacionando-o ao currículo do curso. Por que os alunos não se pronunciaram se sabiam que algo não estava certo? Que valores foram desafiados e postos em conflito pelo discurso abusivo do professor? Como as pessoas aprendem ética, e quais as aplicações dessa aprendizagem moral pessoal para a questão do Holocausto?

A história do Sr. Fisher faz eco com algumas ideias sobre as quais refletiremos neste capítulo. Os estudantes impactados pelo evento continuam se lembrando das aulas muitos anos depois de terem acontecido, sugerindo que eles refletem frequentemente sobre seu significado. O significado de empatia foi observado, e empatia é um valor importante na Justiça Restaurativa. A história do autor também menciona "responsabilidade", palavra-chave na linguagem da Justiça Criminal, particularmente em referência às pessoas acusadas ou condenadas por ofensas criminais. Mas, neste caso, o autor parece estar se referindo à nossa responsabilidade individual e coletiva pela observância de valores, mais do que leis e regras. Algumas vezes, em uma sociedade embasada na autorização de alguns oficiais do governo para usar força sobre as pessoas, as regras e leis em geral parecem menos atraentes do que a motivação para agir por valores fundamentais. Lawrence Kohlberg, cujo trabalho analisaremos mais adiante neste capítulo, identifica esse estágio de desenvolvimento moral como "pós-convencional" – uma orientação social que, no mínimo, é baseada no pensamento do contrato social e dos direitos individuais e, no máximo, é baseada em consciência de princípios. O significado dos valores para um entendimento mais aprofundado da Justiça Restaurativa é encontrado no objetivo da JR de criar lugares seguros para a mudança individual e, portanto, também para a mudança coletiva em direção a uma sociedade civil na qual haja menos danos e tanto as inclinações individuais como as coletivas são voltadas para a redução do sofrimento humano. O processo da JR se submete a valores centrais, gerando questões como: "Este processo foi respeitoso para todos os envolvidos? Ele incluiu a todos que sentiam que deveriam estar ali? O resultado foi justo para todos os envolvidos?".

A Justiça Restaurativa como construção de paz é ativada através de respostas ao conflito baseadas em valores. Os valores do "Círculo" também expressam o modo como vivemos em relação aos outros. Nosso modo de lidar com os conflitos dá corpo aos valores que compartilhamos com outros em várias comunidades. Será que praticamos aquilo que pregamos? Como responder ao conflito de modo a sermos exemplo dos valores de uma sociedade pacífica?

As ideias de Justiça Restaurativa, seus valores e processos, recaem no campo teórico da criminologia para a construção de paz. Richard Quinney, um dos eminentes avôs desta abordagem criminológica, oferece a seguinte explicação:

> O crime é sofrimento e [...] o fim do crime só é possível com o fim do sofrimento. E o fim tanto do sofrimento como do crime, que é o estabelecimento da justiça, só pode nascer da paz [...] Eliminar o crime – para impedir a construção e a perpetuação de uma existência que torna o crime possível – requer a transformação do ser humano

[...] Uma criminologia de construção de paz [é] uma criminologia que estabelece o fim do sofrimento e que, assim, elimina o crime. É uma criminologia necessariamente baseada na transformação humana pela obtenção de paz e justiça. A transformação humana acontece à medida que mudamos nossa estrutura econômica, social e política. E a mensagem é clara: sem a paz entre nós e em nossas ações, não pode haver paz em nossos resultados. (1991: 11-12)

Com esta visão em mente, exploraremos o significado de valores e sua importância para os processos empenhados pela paz.

A Justiça Restaurativa é um conjunto de valores pertinentes ao modo como queremos estar juntos. Os processos da JR requerem consistência para incorporar e expressar esses mesmos valores centrais. Começaremos examinando os valores centrais e seu significado para a JR. Como são ensinados os valores de uma cultura – educação em valores – será o próximo assunto, seguido por uma revisão da literatura da psicologia educacional sobre educação e desenvolvimento moral. Depois, discutiremos valores específicos de cuidado e justiça no contexto das ideias de Gilligan e Kohlberg, e como se relacionam com a JR. Em seguida examinaremos os valores da educação para a cidadania ao explorarmos como os valores da JR podem nos ajudar no cultivo de uma democracia mais significativa. Finalmente, reconsideraremos a ideia de valores nos processos, que são fundamentais para a JR como um todo.

Valores Centrais

Até agora, fizemos referência específica a valores como empatia, paz e justiça. Este conceito é importante para o tema deste livro, mas, como vimos, eles não são universalmente entendidos. Agora consideraremos alguns valores e como eles estão relacionados a processos de construção de paz, que atendem a uma justiça que olha mais para o futuro. O objetivo é gerar uma resposta criativa aos valores, na qual o "discurso" se reflete na "ação".

No entanto, antes de embarcar em uma discussão de especificidades, é preciso estabelecer uma definição funcional de "valores". Como Cynthia Brincat e Victoria Wike definem, a palavra "valor"

> refere-se a uma afirmação daquilo que vale a pena, daquilo que é bom. Um valor é uma palavra ou frase isolada que identifica algo como sendo desejável pelos seres humanos. Os valores são promovidos e aplicados por teorias e depois regras. Temos norteadores sobre que

tipos de decisões são éticas porque identificamos certas coisas como sendo boas, e através de nossas decisões procuramos respeitar tais valores. Valores são o bem que nossas teorias, regras e decisões se esforçam para trazer ao mundo. (2000: 141)

Através dessa definição podemos supor que os valores são o fundamento das leis, que são as regras que definem os comportamentos que ofendem os valores sociais. Como Durkheim observou: "Existe uma solidariedade social que vem de certo número de estados de consciência comuns a todos os membros de uma mesma sociedade. Isso é o que a lei repressiva representa concretamente, ao menos na medida em que se fizer essencial. (1969 [1983]: 109). Esses estados de consciência incluem os valores centrais.

Os valores podem também ser descritos como virtudes, ou qualidades positivas, como compaixão, tolerância, perdão e assim por diante.[1] O Dalai Lama nos alerta para o fato de que a virtude não pode ser aprendida meramente como conhecimento adquirido:

Estamos falando de ganhar experiência da virtude através da prática constante e da familiarização, de modo que ela se torne espontânea. O que sabemos é que quanto mais desenvolvemos a preocupação pelo bem-estar dos outros, mais fácil se torna agir no interesse deles. À medida que nos tornamos habituados ao esforço necessário, a luta para sustentá-lo será menor. Por fim, se tornará uma segunda natureza. Mas não há atalhos. (Em Gytso 2000: 124-25)

A mensagem aqui é clara: só nos tornamos virtuosos através da prática. As virtudes/os valores são conhecidos através de sua expressão em atos e comportamentos mais do que em palavras e leis.

A filosofia do *alcançar* a paz *sendo* pacífico está em contradição com a crença dominante de que a prosperidade material universal é o fundamento da paz. Schumacher, em *O Negócio é ser Pequeno* enfatiza mais a pessoa do que o produto. Ele levanta uma importante questão sobre as consequências das explicações da "Idade da Razão" de como adquirir a paz:

Gandhi costumava falar com desdém sobre "sonhar com um sistema tão perfeito que ninguém precisará ser bom". Mas não é justamente este o sonho que podemos implementar agora através do maravilhoso poder da ciência e da tecnologia? Por que buscar virtudes, que os homens podem não adquirir nunca, quando racionalidade científica e competência técnica é tudo de que precisamos? (1974: 18)

Esta é uma questão assustadora, na qual crescem imagens de ficção científica de um mundo formado por "Mulheres Perfeitas" androides e robôs tirados de um livro de Isaac Asimov. Como será o mundo se as pessoas operarem apenas com base na racionalidade científica e na competência técnica, em vez de a partir de sua humanidade governada por valores e virtudes?

Evidentemente esta não é uma crítica às várias contribuições da ciência e da tecnologia para nosso bem-estar. No entanto, uma discussão de valores nos convida a um amplo questionamento ético, sendo que declarar-se mais ético que os outros é também uma atitude problemática. James Gilligan adverte sobre as desvantagens do julgamento de valores em questões de Justiça Criminal:

> Sempre escuto as pessoas explicarem a violência de alguém nos seguintes termos: "Ele deve ser simplesmente uma pessoa má [...]" Mas os julgamentos morais e legais sobre o comportamento violento, que os consideram "maus" ou "malvados" ou "culpados", são julgamentos de valor sobre o comportamento, e não explicações da violência. (1992: 91-92)

Há uma diferença entre usar valores para julgar os outros e usar valores para guiar nossas próprias ações. O argumento de Gilligan é que, a fim de entender a violência, temos de nos desligar da ideia de que os julgamentos de valor são suficientes em si mesmos para resolver problemas e, ao contrário, entender esses problemas demanda uma análise mais holística da causa. Indo mais além, precisamos considerar se as respostas punitivas àquilo que pensamos serem ações maldosas não são, em si, maldosas. Falando do trabalho de Nel Nodding, Roger Bergman observa (2004: 159) que "mal e moralidade má ganham novas definições de três maneiras: a primeira como "dor e infligir dor, [a segunda como] separação e negligência na relação e [a terceira como] desamparo e a perplexidade que o sustenta" (Noddings 1989: 103). Esta poderia ser a descrição de um evento danoso, uma medida disciplinar na escola ou uma sanção judicial. Se a resposta ao dano é a de causar mais dano, o que estamos ensinando e o que aprendemos?

Em sua discussão dos valores centrais universais dentro dos processos de Círculos de construção de paz (um dos modelos práticos de Justiça Restaurativa), Kay Pranis, Barry Stuart e Mark Wedge comentaram que, embora as pessoas de diferentes culturas, distintas classes sociais e diversas perspectivas religiosas possam descrever ou enfatizar valores de maneira diferente, "o tipo de valor é sempre o mesmo: valores positivos, construtivos e de cura – valores que dão suporte ao que há de melhor em nós e em todos" (2003: 33). Os valores centrais transcendem este modelo específico e podem ser aplicados a qualquer processo que visa a uma integridade restaurativa:

1. *Respeito:* "honrar a nós mesmos atuando de acordo com nossos próprios valores, honrando os outros pelo reconhecimento de seu direito de ser diferente, e tratar os outros com dignidade. Expressamos respeito não apenas na maneira de falar e agir, mas também através de nossas emoções e linguagem corporal. O respeito vem de um lugar interno profundo que reconhece o valor inerente de todos os aspectos da criação" (35).
2. *Honestidade:* "começa com a honestidade consigo mesmo – em nossos próprios pensamentos, sentimentos e ações. Baixamos as máscaras e nos permitimos ser verdadeiramente como somos. Ao invés de dissimular para proteger as próprias intenções não reveladas, compartilhamos nosso mundo interior e começamos um diálogo cujo objetivo não é defender nossa perspectiva, mas questioná-la abertamente para descobrir a verdade mais ampla.
3. *Confiança:* "aprendemos a confiar que podemos resolver as coisas de uma maneira boa, agindo de acordo com nossos valores. Confiança começa consigo mesmo: confiar em quem somos e que podemos agir de acordo com o que nossos valores mostram que devemos fazer. A confiança nos desafia a assumir riscos, primeiro ao expor o que somos e depois ao ir ao encontro dos outros" (36).
4. *Humildade:* "através da humildade, honramos a voz do outro pela sustentação de uma postura receptiva de escuta. Ao fazer isso, experimentamos quem uma pessoa é de uma forma aberta e sem julgamento [...] A humildade também cresce a partir do reconhecimento de nossas próprias limitações. Não sabemos o que é verdade para os outros ou quais são suas experiências [...] A humildade nos convida a focar mais na descoberta de uma verdade mais ampla do que a ir em busca de nossas próprias necessidades" (37).
5. *Compartilhar:* "abrirmo-nos aos outros e permitir que nossos relacionamentos com eles se desenvolvam naturalmente [...] Precisamos relaxar o impulso de controlar as pessoas e as situações. O compartilhar nos convida a mudar nossa posição de um ângulo de controle para o reconhecimento do interesse dos outros" (37).
6. *Inclusão:* "ativamente tentar envolver a todos cujos interesses foram afetados [...] respeitamos as contribuições dos outros e nos esforçamos para incorporar suas preocupações aos resultados, mesmo que as leis ou as circunstâncias não as requeiram [...] [A inclusão] inspira generosidade de espírito, que atrai a todos ao invés de manter alguns de fora" (39).

7. *Empatia:* "entender-nos reciprocamente por meio de nossas histórias reduz a distância que nos separa e inspira compaixão. À medida que aprendemos mais sobre o caminho que cada um de nós trilhou, o impulso de julgar os outros desvanece, e encontramos sentido em dar e receber empatia. Enquanto sentir pena pode parecer condescendência, a empatia expressa a igualdade entre nós e aqueles que a recebem.
8. *Coragem:* "ter valores e vivê-los são duas coisas diferentes [...] Precisamos de coragem para encontrar nossos próprios caminhos e conceder aos outros o espaço para fazerem o mesmo, especialmente quando nós ou eles tropeçamos [...] Coragem não significa ausência de medo, mas a habilidade de reconhecer os medos e seguir em frente apesar deles. A coragem nos leva para além do medo e da apatia" (41-42).
9. *Perdão*: "emerge da dinâmica da jornada de cura de cada indivíduo, que geralmente começa com aprender a perdoar a si mesmo [...] O perdão envolve uma experiência mais profunda de encontrar a paz interna ao longo dos caminhos próprios de cada um [...] Com o perdão, evitamos os efeitos autodestrutivos da raiva e do ódio" (43-44).
10. *Amor*: "precisamos de amor para desenvolver nossa conexão com todos e com tudo. O amor aprofunda nossa consciência de que não somos separados, embora muitos de nós pareçam ser. Todos os valores contribuem para nossa habilidade de amar, enquanto o amor, por sua vez, expande nossa habilidade de abraçar outros valores. Podemos não ser capazes de sustentar o amor incondicional total, mas, à medida que trabalhamos com os valores, nossa capacidade de amar se expande. Quando isso acontece, o amor se torna uma força curativa em nossa vida.

Isso pode parecer uma tarefa difícil. Claro que nossas ações não são sempre, em todos os aspectos, consonantes com nossos valores. Mas, se mantivermos os valores como metas de referência para nossa responsabilidade – para com nós mesmos e para com os outros, estaremos mais propensos a mantê-los na nossa consciência intencional e seremos então mais propensos a agir de acordo com esses valores. Isso é verdade tanto na vida pessoal diária como na participação dos processos restaurativos.

Os valores listados acima também emergem em muitos outros escritos. Braithwaite sugere uma estrutura para os valores da JR baseado em Tratados e Declarações Internacionais existentes que incluem respeito aos direitos humanos fundamentais (2000a: 438-39). Hal Pepinsky (2000c) aborda a inclusão como valor específico com implicações para o poder. Ele sugere que, quando um evento desencadeia um processo, a inclusão significa que se perderá o controle desse processo, e o poder passará às mãos das pessoas afetadas pelo evento. Ele sintetiza isso como "ceder à vulnerabilidade, abrir mão do apego aos resultados" (2000c: 482), e explica ainda como a inclusão afeta a ideia das agendas pré-determinadas dando o exemplo da violência:

> Em termos simples, a violência, inclusive o crime e a criminalidade, são assustadores porque os atores permanecem orientados para o objetivo, presos às suas missões, aderidos a um plano, não importa quem possa ser machucado ou deixado de fora ao longo do caminho. O ator pode ser uma única pessoa, um grupo, uma organização, ou mesmo a orientação coletiva de um movimento de toda a humanidade. Esta é minha definição de violência, aplicável a todos os níveis de interação humana. Ela se define, permanecendo fixada em determinado resultado social substantivo ou pauta, como seu maior problema social.
> Assim, por definição, a antítese da violência é a alteração dos objetivos ou da pauta de alguém, devido à compaixão por aqueles que são afetados por nossas ações. Na medida em que há uma troca, ou que acontecem concessões mútuas na interação, chamo a isto de interação "responsiva" e postulo que a "paz" está sendo "feita". Também me refiro a este processo como "democratização participativa", "conversação equilibrada" ou "discurso". Na medida em que fizermos a paz – estabelecendo relações confiáveis e construindo responsabilidade comunitária e pessoal, desvincular-nos-emos dos resultados. Somos violentos na medida em que nos agarramos a objetivos ou pautas substantivas. Esta tornou-se a variável confiável da minha teoria, que substitui o crime e a criminalização. (Em Sullivan 2003: 70)

A análise de Pepinsky sobre inclusão tem diversas implicações para o processo de Justiça Criminal ao qual estamos acostumados. Também esse conceito de violência é muito mais amplo do que o ataque físico de um contra o outro. Portanto, a inclusão pode reduzir a violência através da abertura verdadeira para os pensamentos e experiências de todos os afetados por um evento, eliminando as expectativas não atendidas.

A questão do poder e do controle aparece também na discussão do valor de equidade, que a maioria associa com justiça. Baseado no trabalho anterior de Thibaut e Walker (1875), Rob Neff (2004) nos fala de alcançar justiça na área de proteção infantil, onde a tensão entre as necessidades da criança, dos pais e do Estado frequentemente leva a resultados insatisfatórios. Neff observa que Thibaut e Walker argumentam que as pessoas julgam ações como sendo justas quando tanto o processo como os resultados são satisfatoriamente controlados. Neff acrescenta que "este argumento foi corroborado por uma série de experimentos que demonstraram de forma consistente que nossa percepção da equidade de um processo depende da quantidade de controle que temos sobre o processo, e este também determina a satisfação com o resultado de um procedimento" (2004: 141). Aqui há uma reconhecível conexão entre os valores de inclusão e equidade.

O valor do perdão é frequentemente motivo de contenda, sugerindo a expectativa de que as vítimas perdoem os ofensores. Muitas coisas estão erradas em relação a esta suposição, mas devido à sua ampla disseminação, examinaremos em maior detalhe o que já foi dito sobre perdão. Partiremos da suposição de que o perdão é um ato voluntário da vítima; é essencialmente uma decisão da vítima de se libertar do jugo que a ofensa tem sobre ela, e esta é uma escolha que só pode ser feita pela vítima e no momento certo para ela. Um erro comum é reduzir o perdão a uma mercadoria, algo que a vítima dá ao ofensor, que de certa forma se beneficia disso. Não podemos exigir nem proibir que as vítimas perdoem seus ofensores, reconhecendo, é claro, que os termos "vítima" e "ofensor" são designações intercambiáveis para nós seres humanos falíveis, que não somos santos. Quando sofrem danos, as vítimas precisam de autonomia no seu processo de recuperação; elas precisam "tomar as decisões", com o apoio de indivíduos carinhosos e da comunidade. A fim de encorajar o processo de recuperação – frequentemente referido como "cura" –, as vítimas precisam tomar suas próprias decisões a respeito do perdão. O trabalho do perdão é da pessoa que sofreu o dano, primariamente para beneficiá-la, e somente secundariamente para beneficiar o causador do dano.

Katy Hutchison, uma proeminente defensora da JR em prol das vítimas na Colúmbia Britânica, descreve o poder do perdão como um "presente". A passagem a seguir, do seu livro *Walking After Midnight*, reconta a cena na qual ela teve de contar aos seus filhos gêmeos de quatro anos que seu pai tinha morrido assassinado na noite anterior.

> Sentada à mesa da cozinha, de frente para Emma e Sam, disse a eles: "Em algum lugar, por trás de tudo isso, vamos encontrar um presente. Não posso imaginar agora o que será, mas eu prometo que vamos encontrá-lo. E quando o encontrarmos, vamos segurá-lo bem perto do coração. Talvez um dia conseguiremos compartilhar esse presente". Sem dizer uma palavra, eles assentiram com a cabeça. (2006: 27)

Um capítulo do livro que escreveu depois, chamado *Finding the Gift*, reconta a história do encontro de reconciliação de Katy com o homem responsável pela morte de seu marido na Matsqui Institution. Esta passagem articula as próprias crenças de Katy neste estágio do seu processo de perdão:

> Este é o cerne da questão. Acredito que, quando algo nos acontece na vida – tanto algo que nos é imposto de fora, como algo que nos vem em função daquilo que nós mesmos fizemos –, temos a responsabilidade de arregaçar as mangas e limpar a bagunça. Algumas vezes isso significa que nos encontraremos trabalhando exatamente ao lado da pessoa ou das pessoas que causaram o dano. Mas e daí? Por que se afastar e dizer: "Eu não tenho de fazer nada com esta pessoa nem ficar perto dela", quando existe um potencial de profunda mudança e cura? Que aliança poderia ser mais poderosa do que aquela entre os responsáveis e aqueles mais afetados pelo dano? (202-203)

Parece que a autonomia da vítima também inclui a responsabilidade de participar integralmente de sua própria recuperação. Para Katy Hutchison, isto é parte do "presente" do perdão.

Outras perspectivas levam em conta os benefícios e as obrigações gerados pelo perdão para aqueles que cometeram o dano. Como fica o perdão quando o conflito é entre grupos de pessoas ou povos, ao invés de indivíduos? Esta é uma das principais preocupações das Comissões de Verdade e Reconciliação em geral associadas a sociedades na fase pós-conflito, como na África do Sul. Escrevendo sobre Hanna Arendt e o perdão coletivo, Pettigrove (2006) trata o perdão como algo que beneficia mais os receptores do que os que o concedem. O conceito de perdão individual, como descrito por Govier e Hirano (2008), inclui a ideia de que o perdão da vítima requer que a vítima acredite que o ofensor parece reconhecer seu erro e a necessidade de repará-lo.

Finalmente, pesquisas recentes indicam que o perdão oferece benefícios de saúde para aqueles que o concedem. Depois de conduzir um estudo em 56 pessoas usando um caso imaginário de roubo, Charlotte Witvliet e suas colegas concluíram:

> As imagens da Justiça (especialmente a Restaurativa) e do perdão reduziram as motivações implacáveis e as emoções negativas (raiva, medo) e aumentaram as emoções pró-sociais e positivas (empatia, gratidão). As imagens de concessão de perdão (se comparadas a não perdoar) estavam associadas à menor reatividade da frequência cardíaca e à

melhor recuperação; à menor expressão de emoções negativas na testa (eletromiografia facial); e a menos expressões de alarme nos olhos (eletromiografia do músculo orbicular). Quando os participantes não imaginavam o perdão, os efeitos da fisiologia do justiceiro emergiam: sinais de estresse cardiovascular (maior produto batimentos por minuto x pressão sistólica) eram menores para a Retributiva *se comparada a* nenhuma Justiça; e a resposta do sistema nervoso simpático (condutividade da pele) era menor para a Justiça Restaurativa *se comparada* à Retributiva. (2008: 10)

Se o perdão é bom para o bem-estar do ser humano, como o texto sugere, a prática da JR deve incluir esforços significativos para dar o apoio e a segurança necessários para o perdão florescer.

Educação em Valores

Dada a tendência aparentemente insaciável de criar currículos e testes nos sistemas de educação, os professores tendem a oferecer instrução como lições formais. Mas Arthur Dobrin observa que o cultivo da moral e da ética nos estudantes não pode ser relegado somente a instruções didáticas:

Recentemente, muitos começaram a ensinar ética nas escolas públicas. De fato, as lições reais de ética estão sendo passadas o tempo todo, não necessariamente em aulas concebidas para tal. De modo geral, as verdadeiras aulas de ética não são encontradas no programa curricular, mas aprendidas pelo contato com o comportamento de funcionários e professores, e com a estrutura e os procedimentos da própria escola. (2001: 274)

A discussão do papel da Justiça Restaurativa em manter a sociedade civil se coaduna com a afirmação de Dobrin de que "as lições de ética estão embutidas em todas as relações da escola" (275). Morrison, por exemplo, conclui, em seus estudos de Justiça Restaurativa nas escolas, que "um forte investimento institucional que viabilize a capacidade individual de participar da vida comunitária é a pedra fundamental da construção de cidadania responsável" (2001: 209). Em outras palavras, cidadania responsável não pode ser reduzida apenas a um currículo, mas deve ser vivenciada e refletida diariamente no trabalho das instituições em si, desde suas políticas até a conduta da equipe.

A ideia de que devemos, como pediu Gandhi, "ser a mudança que queremos ver no mundo" é um tema consistente na literatura sobre paz. Richard Quinney, experiente criminologista e grande influenciador da tradição da construção de paz e do pensamento acadêmico sobre crime e controle social, sugere:

> Se as ações humanas não estiverem enraizadas na compaixão, estas ações não contribuirão para um mundo compassivo e pacífico [...] Os meios não podem ser diferente dos fins; a paz só pode surgir pela paz. Como observou A. J. Muste (1942), "não há um caminho para a paz; a paz é o caminho". (2000: 26-27)

As implicações dessa educação em valores para as instituições sociais são óbvias. As pessoas – crianças, adolescentes e adultos – precisam vivenciar a casa, a escola, o local de trabalho e outras instituições como lugares seguros e pacíficos para aprender e trabalhar. Para *ter* um ambiente pacífico, as pessoas que estão nele devem ser pacíficas. Isso significa que há uma responsabilidade de dar o exemplo de relações pacíficas, este exemplo está sendo passado na conduta e nas abordagens de manejo do conflito dos professores, administradores e pais.

O papel do programa escolar também está relacionado com o desenvolvimento de valores de cidadania responsável. A ideia de que os valores de paz devam ser vividos pode ser aplicada ao método pelo qual o currículo é apresentado. Quanto mais ativo for o papel de uma pessoa em seu próprio processo de aprendizagem, mais profundo será o aprendizado. Meramente estabelecer códigos de conduta para pessoas em qualquer contexto específico é algo problemático "se quisermos pensar a responsabilidade como algo mais do que mera obediência" (Rowe 2006: 521). A obediência às regras e leis pode ser alcançada através de motivações externas como punição e recompensa, como vimos no Capítulo 2, mas não substitui a conduta baseada em valores com motivação intrínseca – conduta que não é dependente de recompensa e punição. No entanto, os códigos externos *podem* ser ferramentas úteis para cultivar e aumentar os valores internos: "As regras de comportamento escolar devem ser consideradas poderosos contextos de aprendizagem e precisam, em muitos casos, ser repensadas em termos de suas próprias características éticas intrínsecas, e também ser mais conectadas com as oportunidades pedagógicas de reflexão ética autêntica e diálogo, elemento essencial no desenvolvimento da responsabilidade ética". (Rowe 2006:529)

Kristjan Kristjansson reforça a ideia de que a educação em valores requer várias estratégias, argumentando que dar o exemplo de boas virtudes não é suficiente para o entendimento completo de como viver uma vida virtuosa:

Certamente, podemos "saber um montão de coisas" sobre uma virtude simplesmente por vê-la ser transformada em ação por pessoas virtuosas; e seguir o exemplo dos virtuosos é de fato a maneira através da qual os jovens aprendem a ser virtuosos. Porém, se quisermos entender totalmente a natureza de uma vida boa e o papel de virtudes nesta vida, necessitamos de padrões objetivos, independentes de exemplo, para nos ajudar a alcançar essa verdade. Apenas apontar para nosso modelo de virtude ou outros bons exemplos não é suficiente. (2006: 48)

Em outras palavras, e como anteriormente observado, não aprendemos com a experiência, mas refletindo sobre ela. Educação ética requer um contexto no qual os valores centrais sejam a prática e a experiência comuns; no entanto, para estimular a reflexão, é também necessário articular estes valores de outras formas. Uma delas é a criação de políticas e códigos de conduta, outra é o diálogo contínuo sobre o que estes valores significam nas situações diárias em que aparecem. Em geral, uma estratégia clara de educação em valores deve estar refletida tanto no treinamento de professores iniciantes como dos que já estão trabalhando (Hastead e Taylor 2000). Muitos processos facilitam essa estratégia, tal como a instrução direta e os programas especiais de estudo e discussão, *Just Communities* (www.just-communities.org), cultos religiosos ecumênicos, atividades extracurriculares, envolver as crianças na elaboração de regras, hora de círculo na sala de aula, uso de estórias, narrativas pessoais, mediação de pares e o programa de filosofia para crianças.

Dobrin também considera a necessidade de esclarecer sobre valores, sugerindo que os valores centrais tendem a cair em duas categorias: valores que estimulam "relações amigáveis por meio do foco no tratamento equitativo" e valores "que visam prevenir que se cause dano aos vulneráveis" (2001: 277). Ele enfatiza o tratamento equitativo e a prevenção do dano aos vulneráveis e reflete que os sentimentos de justiça são componentes essenciais para a paz. Enquanto a ênfase no estímulo a relações amigáveis refere-se à construção de paz, prevenir o dano aos vulneráveis evoca o valor de justiça. Daremos seguimento a essa interessante reflexão com maior detalhe na próxima seção.

Oferecendo outra perspectiva sobre os valores, desta vez no contexto australiano, Braithwaite (2001) examinou um estudo conduzido nos anos 1970 e resumiu a lista de 125 valores encaixando-os em duas "grandes classes de valor ou dois sistemas de valores": um se baseia em harmonia e o outro em segurança. Braithwaite chama a isso de "modelo de equilíbrio de valores" (V. Braithwaite 1998), mas ela faz a ressalva de que os indivíduos estão propensos a priorizar harmonia ou segurança em vez de tentar equilibrar esses valores.

A correlação entre neurobiologia e desenvolvimento moral dá suporte ao modelo de Segurança e Harmonia, acrescentando o elemento da imaginação. Isso está expresso no artigo "Triune Ethics Theory", em que Darcia Narvaez e Jenny Vaydich explicam:

> É uma tentativa de integrar achados atuais nos subcampos da ciência social e da neurobiologia para abordar a motivação central e os estados emocionais identificados por Moll et al (2005). A Teoria da Ética Triúnica sugere que três tipos de orientação ética com base nos afetos emergiram na evolução humana. Surgidas das propensões biológicas, as três orientações motivacionais podem ser significativamente moldadas pela experiência. A Ética da Segurança é focada em autopreservação através de segurança e domínio pessoal ou grupal. A Ética do Engajamento é orientada pela afiliação emocional presencial com os outros, particularmente através de relacionamentos afetivos e vínculos sociais. A Ética da Imaginação coordena as partes mais ancestrais do cérebro, usando a plena capacidade humana de raciocínio para se adaptar a relações sociais em transformação e para abordar as preocupações menos imediatas. Cada uma dessas "éticas" tem raízes neurobiológicas que correspondem visivelmente a estruturas e circuitos do cérebro humano. (2008: 304-305)

Em suma, Dobrin identifica dois valores centrais: um estimula as "relações amigáveis por meio do foco no tratamento equitativo", o outro previne o "dano aos vulneráveis". Braithwaite demonstra que os dois sistemas, um baseado em harmonia e outro em segurança, são a base dos valores em geral. Parece que harmonia (relações amigáveis baseadas em igualdade) e segurança (prevenir dano, especialmente aos vulneráveis) são valores centrais dos quais emergem os outros valores, pensamentos e ações, enquanto a terceira ética – imaginação – abre possibilidades de mudança, adaptação e criatividade.

Cuidado e Justiça

O campo da teoria ética no final do século 20 foi enriquecido por contribuições de dois estudiosos que escreveram sobre desenvolvimento moral a partir de pontos de vista diferentes: o da justiça e o do cuidado. Lawrence Kohlberg (1981) desenvolveu uma ética da justiça cognitiva focada no raciocínio ético, que está resumida em seu modelo de estratégias de desenvolvimento ético:

Nível 1 (Pré-Convencional)
Orientação pela punição e obediência
Orientação de autointeresse

Nível 2 (Convencional)
Acordo interpessoal e conformidade
Orientação pela manutenção de autoridade e da ordem social

Nível 3 (Pós-Convencional)
Orientação por contrato social
Princípios éticos universais

Ele notou que, embora esses estágios sejam incrementais e sequenciais, os indivíduos podem não progredir através de todos os estágios. Esses estágios de desenvolvimento refletem diferentes capacidades de entendimento de justiça, conceito fundante deste modelo. Quando crianças saudáveis se desenvolvem até chegar à idade adulta, amadurecem passando pelos estágios de desenvolvimento ético, começando pelo autointeresse total depois pela reflexão diante de motivadores externos e, de forma ideal, chegam ao pensamento abstrato sobre ações baseadas em valores.

Carol Gilligan, outra estudiosa, em seu livro *Uma voz diferente* (Ed. Rosa dos Tempos, 1982), aponta uma diferença entre as formas masculinas e femininas de pensar sobre ética. Gilligan desafiou o modelo de Kohlberg argumentando que a ética poderia ser diferenciada entre ética de justiça e ética do cuidado (Vikan, Camino e Biaggio 2005). Observando que a maioria dos sujeitos de pesquisa usados no estudo do modelo de Kohlberg eram homens, Gilligan testou suas ideias em uma maioria de mulheres e descobriu que existe uma ética do cuidado (em vez de justiça), que determina o raciocínio ético da mulher. Vários estudiosos que analisaram os trabalhos de Gilligan e Kohlberg concluíram que ambas as perspectivas têm mérito, embora com menos ênfase nas conotações de gênero. Ou seja, tanto justiça como cuidado são éticas importantes em si mesmas e também estão correlacionadas com a orientação para valores de segurança e harmonia.

Justiça

Quando éramos pequenos, nossa primeira experiência com conflito nos convidou a um encontro com a ideia de justiça. Talvez tenhamos notado que nossos irmãos ganharam mais sorvete, ou que um amigo no tanque de areia pegou todos os brinquedos. As teorias econômicas postulam que as pessoas são essencialmente egoístas e procuram ficar com a melhor parte para si próprias. As teorias relacionais postulam que conduzimos nosso senso de justiça a partir de julgamentos sociais comparativos: "O que eu tenho em comparação aos outros?" (Schroeder et al. 2003: 384). Este é o domínio da Justiça Distributiva, no qual estamos preocupados com a justa alocação de recursos entre determinado número de pessoas. Mais isso não é tão simples quanto a abordagem "dividir e escolher"[2] para obter equidade na distribuição. Em Justiça Criminal também somos desafiados por outras ideias. Um exemplo é o princípio de menor elegibilidade apresentado por Jeremy Bentham no século 18, segundo o qual, essencialmente, os prisioneiros do Estado não deveriam ser mais bem tratados do que as pessoas pobres que trabalham duro e são cumpridoras da lei.[3] Aqui estamos preocupados com justiça como merecimento – o que a pessoa merece?

Analisar a justiça envolve muitas questões e perspectivas; o elemento comum a todos eles é a sua contextualização em estruturas institucionais mais amplas. Nossas experiências da infância podem servir de base para considerações mais abrangentes sobre políticas de Justiça Criminal. Nos exemplos citados acima, a justiça é calibrada e mensurada. Quem tem o quê? A distribuição é justa? Quem decide como decidiremos isso? "A justiça é a primeira virtude das instituições sociais, como a verdade é a primeira virtude dos sistemas de pensamento" (Rawls 1999:3). Esta observação reflete o entendimento convencional de justiça como uma característica institucional.

A ideia de justiça como *virtude* individual – uma ideia significativa no campo da educação para a cidadania e no campo da Justiça Criminal em geral – não é entendida de maneira uniforme dentro de uma mesma cultura. Primariamente, as interpretações modernas de "justiça" tendiam a vê-la "como a virtude das instituições sociais, e por isso, relacionada às decisões institucionais e políticas públicas, em vez de uma virtude de pessoas individuais em suas tomadas de decisão" (Kristjansson 2003: 185). Além disso, a justiça é um importante valor para a cidadania nas democracias, particularmente no nível dos relacionamentos individuais, como uma forma de reduzir conflitos. Quanto mais os indivíduos incorporarem o valor de justiça ao lidarem com pessoas no dia a dia, e como padrão para suas próprias ações pessoais, menos conflitos civis e criminais ocorrerão, conflitos que requerem intervenções coordenadas do Estado e da comunidade.

Este foco na dimensão pessoal da justiça nas instituições jurídicas tem eco e é explorado no campo da educação formal:

Não há escassez de interesse em justiça nos círculos acadêmicos. Desde os antigos gregos, as questões de justiça receberam a atenção de quase todos os principais filósofos. Nas últimas décadas, a justiça tomou a liderança como tópico de pesquisas na psicologia e na sociologia, e o interesse de Kohlberg pela justiça como princípio ético abrangente, racionalmente embasado, colocou firmemente a justiça como meta educacional. Na era pós-Kohlberg, duas tendências principais da educação em valores ainda exaltam a justiça como princípio ético fundamental a ser transmitido aos alunos: os proponentes da "educação para a cidadania" ressaltaram a justiça como virtude democrática pública, enquanto os proponentes da "educação do caráter" defendem a virtude da justiça como traço de caráter pessoal pré-institucional. (Kristjansson 2004: 291)

A sugestão de que a justiça seja primeiro um traço de caráter e, depois, um produto institucional parece quase estranha. No mundo de hoje, justiça parece ser algo a que somos levados ou que nos impõe, não uma forma de ser. O que significa ser uma pessoa justa?

O trabalho de Kohlberg em desenvolvimento moral baseado na ética da justiça foi inspirado pelo trabalho desenvolvido pela Just Community Schools, que são "instituições democráticas participativas onde cada membro, tanto estudantes como professores, escolhem participar de discussões éticas sobre questões de justiça nas escolas" (McDonough 2005: 200). Nessas escolas, o estágio do raciocínio ético dos participantes aumenta à medida que usam o diálogo e o consenso para lidar com os problemas. A Just Community enfatiza que o relacionamento interpessoal é um contexto necessário para a maturação ética e demonstra que o modelo de Kohlberg não é apenas cognitivo, mas também relacional.

Cuidado

O tema da ética do cuidado em educação, reavivado por Nel Noddings (1992), cuja premissa é "não podemos separar educação de experiência pessoal" (xii), sugere que o sucesso da educação ética depende de um contexto experiencial. Desafiando o currículo baseado em fatos e habilidades dos tradicionais sistemas educacionais liberais, Noddings oferece um paradigma alternativo, baseado no cuidado, para a educação ética, no qual os relacionamentos são essenciais. Ela delineia os quatro componentes da educação para uma ética do cuidado:

- exemplo (ensinar aos alunos por atos e não palavras, através da "criação de relações de cuidado com eles");
- diálogo (conversa aberta "sobre o que tentamos mostrar", sobre o que nos conecta com os outros);
- prática (oportunidades de desenvolver habilidades de cuidado e transformar escolas); e
- confirmação (afirmar e encorajar o melhor nos outros). (22-26)

Em contraste com a perspectiva freudiana autoritária, segundo a qual a ética começa no medo (daí a consequente sedução de educar para a ética pela punição), Noddings argumenta que "a ética é afetada pelo medo, mas é inspirada pelo amor" (110).

Paul Smeyers argumenta que cuidado é um conceito central para a educação. Cuidado envolve confiança, particularmente na relação aluno-professor, para sustentar um ambiente seguro de aprendizagem. Em relacionamentos de cuidado, "aquele em quem confiamos completa o relacionamento de confiança empenhando-se a viver de acordo com o que se espera dele. Em vez de compromisso com princípios, ter a confiança de alguém cria um compromisso com a pessoa que depositou confiança em nós e isso, por sua vez, afeta o comportamento" (1999: 242). Educação para a cidadania responsável através do cuidado também leva a outras revisões conceituais. Sintetizando o pensamento de Joan Tronto (1993), Smeyers observa:

> O nível de mudança mais fundamental em nossos ideais políticos resultante da adoção da perspectiva de cuidado é, de acordo com Tronto, a mudança de nossas premissas sobre a natureza humana: que os humanos não são completamente autônomos, mas precisam sempre ser compreendidos em uma condição de interdependência. Uma segunda mudança fica evidente se conectarmos nossa noção de "interesse" a uma preocupação cultural mais ampla com a "necessidade". Terceiro, de uma perspectiva do cuidado, presume-se que os indivíduos estejam em um estado de engajamento ético, em vez de estarem em uma condição de distanciamento. (1999: 246)

As virtudes do cuidado, portanto, oferecem uma perspectiva relacional à vida civil e social. Os programas de educação e Justiça Criminal que se propõem a melhor preparar as pessoas para uma cidadania responsável devem incluir a ética do cuidado, que só pode ser engendrada através dos relacionamentos.

Interdependência, necessidades e engajamento são também conceitos-chave tanto na teoria como na prática da Justiça Restaurativa. A interdependência significa interconexão, premissa importante da JR e crença fundamental dos pensamentos aborígenes (Ross 1996). Diferenciada da Justiça adversarial, a Justiça Restaurativa foca nas necessidades e não nos direitos (Sullivan e Tifft 2005). Seu processo é baseado no potencial de cura do engajamento com aqueles que causaram o dano, aqueles que sofreram o dano e as comunidades a que eles pertencem (Zehr 2002). O valor de cuidar é também consonante com os valores da Justiça Restaurativa. A descrição da Justiça Restaurativa como um "modo de vida", como frequentemente apresentada, contrasta com sua descrição administrativa como um programa ou Sistema, e está espelhada nas descrições de cuidado de Smeyer e Sherbloom:

> Em oposição a uma ética de justiça, uma ética de cuidado gira em torno de responsabilidade e relacionamentos, e não de direitos e regras, e está ligada a circunstâncias concretas em vez de ser formal e abstrata. A ética do cuidado é mais bem descrita como uma atividade, e não um conjunto de princípios, e mais do que ética de virtude e comunitarismo, ela desafia limites convencionais e dicotomias da filosofia moral. (1999: 244)
> A ética de cuidado é relacional, fundada em uma psicologia que inclui educação do caráter, aprendizagem socioemocional e psicologia positiva. (Scherbloom 2008)

Ambas, a ética da justiça e a do cuidado – englobando tanto a maneira dos homens como a das mulheres de estarem no mundo, reconhecendo a importância da pedagogia experimental e focando em valores que dão suporte a noções universais de boa cidadania –, têm relevância significativa para a Justiça Restaurativa. A Justiça Restaurativa, como notou Zehr, é um "tipo de sistema de valores coerente" que parece estar bem representado pela ética do cuidado e de justiça. Um estudo de Juujärvi, em que alunos de enfermagem prática, assistência social e policiamento foram estudados quanto a seu raciocínio de cuidado em conflitos morais da vida real, demonstrou a complexidade do raciocínio ético:

> Em resumo: a função de raciocínio de cuidado parece variar de acordo com o tipo de dilema. Em dilemas de transgressão, a preocupação parece ser a de reparação e manutenção dos relacionamentos após a transgressão ter acontecido. Em dilemas de tentação, o raciocínio de cuidado está centrado nos interesses egoístas *versus* altruístas no contexto dos

relacionamentos. Em contrapartida, os dilemas relativos a necessidades dos outros focam na relação diádica, com ênfase na resposta de cuidado. Em dilemas que envolvem demandas contraditórias, o equilíbrio das necessidades de todas as pessoas envolvidas assume uma posição central, enquanto em dilemas de pressão social, o cuidado é frequentemente expresso na forma de valores e princípios éticos. (2006: 207-208)

Aqui, novamente vemos ambos – justiça e cuidado – em ação no raciocínio ético, com o foco na reparação de relações e equilíbrio de necessidades.

Valores de Cidadania

As virtudes do cuidado também são as mesmas da democracia e são, portanto, "objetivos apropriados da educação pública" (Gregory 2000:445). Maughn Gregory atribui seis virtudes à ética do cuidado de Gilligan: conhecimento, atenção plena, imaginação moral*, solidariedade, tolerância e autocuidado. Estas virtudes significam que temos consciência das outras pessoas que podem ser afetadas por nossa conduta, que consideramos como nossas maneiras de agir afetam os outros, investigamos e entendemos, ajudamos o outro, temos empatia com peculiaridades e não sobrecarregamos os outros, pois cuidamos de nós mesmos (447-50). As democracias podem ser definidas pelo Estado de Direito e pela igualdade na distribuição da justiça, mas a realidade do dia a dia da vida social requer que vivamos "bem juntos". Como observou Gregory: "A democracia impõe àqueles que aderem a ela a obrigação pública de tratar uns aos outros com consideração, respeito e, às vezes, com tolerância. Isso viabilizará a busca da realização dos objetivos privados (ou seja, objetivos individuais e coletivos que não ameacem o pluralismo democrático)" (458).

As democracias saudáveis requerem tanto a educação do caráter como a educação para a cidadania. Wolfgang Althof e Marvin Berkowitz descrevem as diferenças e similaridades entre as duas:

> A educação do caráter foca mais em conceitos éticos, bons modos e civilidade; a base da educação para a cidadania foca mais em política, governo e interdependência da vida social. Os componentes (personalidade, traços, valores e motivações) da educação do caráter e da educação para a cidadania compartilham muitos exemplos: justiça social, honestidade, responsabilidade pessoal e social, igualdade etc.

---

* Imaginação moral, de acordo com o filósofo Mark Johnson, significa visualizar toda a gama de possibilidades em uma situação particular, a fim de resolver um desafio ético. [N. da T.]

É claro que há alguns componentes que são menos centrais para a cidadania e vice-versa, mas, de forma geral, o conjunto tem muitos pontos em comum. Várias das habilidades da educação do caráter também se aplicam à educação para a cidadania, uma vez que são requeridas habilidades socioemocionais básicas de autogerenciamento e competências sociais para uma vida social efetiva. (2006: 512-13)

O foco da JR em valores como justiça e honestidade, bem como nas oportunidades pragmáticas de assumir responsabilidade individual e coletiva, parece se encaixar muito bem nas sociedades democráticas. Em especial, a natureza participativa do processo de JR oferece aos cidadãos a oportunidade de revisitar e praticar valores em situações de conflito, em que os valores são frequentemente esquecidos.

A governança contemporânea é baseada no pressuposto de que as pessoas podem ser convencidas a ter uma conduta apropriada através do conhecimento das regras e suas sanções. No entanto, um infeliz subproduto desta posição é o fenômeno do "observador" – testemunhar passivamente atos antissociais sem fazer nada a respeito. As pesquisas sobre exclusão social demonstram que a expectativa de participação significativa na governança social melhora muito a prontidão das pessoas para intervir estrategicamente em situações de conflito. Em um estudo feito em cinco escolas, Feigenberg et al. questionaram o que pode levar um adolescente a fazer escolhas sobre seu próprio comportamento (de observador) em situações nas quais o grupo criou exclusão social:

> Embora a não perpetuação de uma situação de exclusão seja uma escolha mais aceitável do ponto de vista social ou ético, nossos achados também sugerem que o foco em regras não influenciou os adolescentes no sentido de escolher uma estratégia ativa ao invés da posição de observador. Só quando os adolescentes perceberam suas ações como passíveis de operar uma mudança pró-social é que eles ficaram mais propensos a ajudar a vítima. Esses adolescentes entenderam as oportunidades de mudança em seu contexto social e perceberam a possibilidade das coisas serem diferentes ou melhores no futuro. Os adolescentes que sentiam seu ambiente social receptivo à participação e aberto a transformações tinham mais probabilidade de se envolverem quando testemunhavam a exclusão ou outros atos de injustiça. (2008: 178)

Este estudo nos lembra a história do início deste capítulo, na qual os alunos, apesar do desconforto, testemunharam passivamente seu professor fazer *bullying* com um colega. A evidência deste estudo mostra que, quando alguém tem uma experiência de pertencimento ao contexto da comunidade, quando existe a expectativa de um envolvimento significativo com ela e quando erros sociais são evidentes, este alguém fará "a coisa certa". A expectativa de participação e a vontade de agir aumentam quando os indivíduos têm experiência e capacidade de fazer isso. Os processos de JR ajudam os indivíduos a construir essa experiência e habilidade

Francis Schweigert (1999) afirma, em primeiro lugar, que é necessário nutrir um senso de obrigação para com o bem comum e, segundo, que a introdução da JR como intervenção educacional com base comunitária pode promover uma ética de preocupação e ação pelo bem comum. Schweigert argumenta que o aprendizado do bem comum "acontece dentro de uma situação social de mobilidade individual e comunidades em transformação" e que "a consciência norte-americana em formação responde simultaneamente a dois imperativos éticos: as liberdades da sociedade civil e os compromissos da virtude cívica" (167). Em um nível pragmático, esta perspectiva reconfigura os conflitos da sala de aula, que passam de problema para oportunidade, e oferecem aos professores uma estratégia diferente – a "arte do cultivo ecológico". De acordo com Schweigert, "a *expertise* mais proeminente do educador é a organização do espaço social para facilitar a aprendizagem. Consequentemente, uma tarefa crítica para professores de educação ética é aprender a reconhecer e, depois, organizar as oportunidades mais potentes que nossa sociedade oferece para o aprendizado ético – isto é, ver o conflito e a transgressão como oportunidades de engajamento, e não ocasiões de exclusão". (179)

Reconhecer as oportunidades de ação da JR na vida das sociedades democráticas, como Schweigert fez, requer uma perspectiva holística. Com esta perspectiva, os valores da JR podem ser a força orientadora de nossas ações individuais e culturas institucionais começando pelo desenvolvimento infantil, passando pelas experiências familiares e escolares, até chegar ao mundo social mais amplo do trabalho e interação cívica. As democracias saudáveis devem adotar maneiras de os cidadãos desenvolverem e praticarem os valores da JR, conforme Tifft explica através do trabalho da vida inteira de Richard Quinney:

> Para abordar de forma realista os problemas sociais de nossa sociedade, os métodos de tomada de decisão e as configurações econômicas de nossa sociedade precisam mudar, e podem ser mudados. Mudanças sociais acontecem constantemente; vida é processo. A democracia – verdadeira oportunidade para aqueles que desejam participar no processo de tomada de decisão, especialmente em decisões de investimento que afetam a todos – só pode ser incrementada

pela alteração do poder hierárquico e das relações participativas que atualmente restringem a verdadeira consciência e participação. Para que isso aconteça, o Estado (caso sejam mantidas as configurações atuais) seria forçado a servir a outros interesses, diferentes daqueles das pessoas que atualmente tomam decisões de investimento público e privado em nossa sociedade. (2002: 247)

A mensagem subjacente aqui é que, se não participarmos dos processos que afetam nossas vidas, terminaremos como uma sociedade padrão. A participação significativa exigida pela JR nos oferece a oportunidade de articular nossas necessidades em contextos fundados na escuta e na afirmação, e a de agir coletivamente para remediar as condições sociais que geram tais necessidades.

Processos

Ao longo deste capítulo, falamos sobre processos no contexto de valores. Apresentaremos dois exemplos finais que manifestam a ligação entre valores e processos. O primeiro é o diálogo, o segundo é a avaliação.

O termo "diálogo" é usado genericamente como referência à conversação ou à discussão. Os mediadores e outros praticantes da JR se referem a diálogo como um tipo mais específico de processo, uma conversa com determinado propósito, "na qual os participantes estão abertos à possibilidade de que a visão que eles têm ao chegar à conversa podem evoluir ao longo do processo. É uma conversação que pode ocorrer em uma ocasião única ou de modo continuado. O cerne do diálogo é uma disposição para a escuta" (Sigurdson e Danielson 2005:1). Esta disposição é guiada por valores como respeito, honestidade, empatia, inclusão e assim por diante. A conversa deve se configurar como lugar seguro para todos os participantes expressarem suas visões, e o objetivo não é ganhar a discussão, mas escutar uma gama de possibilidades que levam a um entendimento coletivo do acordo. Os relacionamentos, como Glenn Sigurdesen e Luke Danielson observam, são um produto significativo do diálogo: "Não vejo o relacionamento como uma condição ou um precursor do diálogo, mas como resultado do mesmo. Este ponto é mais claramente evidenciado quando o ambiente é altamente conflituoso, onde não existem relacionamentos, e o desafio é encontrar um caminho através do diálogo para construir um relacionamento suficiente para iniciar e, daí em diante, sustentar o diálogo. A dialética entre diálogo e relacionamento é dinâmica, interativa e fluida" (2005: 1). A JR, conforme vimos, trata de reparar e de construir relacionamentos; portanto o diálogo é perfeitamente adequado a seus propósitos.

Está crescendo o interesse em avaliar os programas e os projetos da JR. A maioria dos programas de JR requer fundos para funcionar, e os financiadores desejam evidências para saber se seu investimento vale a pena. Isso coloca dilemas interessantes para uma visão holística da JR, segundo a qual os benefícios dos valores e processos podem ser difíceis de quantificar e, mesmo se isso fosse possível, podem não ser reconhecidos por muitos anos, particularmente com relação à mudança de paradigma. Harry Mika (2002) apontou alguns problemas comuns que dificultam a avaliação de projetos da JR. A presença de "paraquedistas" – fenômeno comum no mundo da JR – levanta questões de distanciamento, exclusão, imposição de mandatos externos e ausência de engajamento e investimento comunitário significativo. Estas preocupações incorporam valores que são antitéticos à JR em si e ressaltam a dificuldade de manter consistência entre valores e processos. A Justiça Restaurativa não é algo que "fazemos" aos outros, mas um conjunto de valores segundo os quais procuramos conduzir, ainda que imperfeitamente, todos os nossos pensamentos, palavras e ações.

Conclusão

A história do Sr. Fisher nos lembra que todos temos a responsabilidade de fazer do mundo um lugar melhor, mesmo (e talvez especialmente) quando as coisas ficam difíceis. Não é fácil, mas é essencial se quisermos que alguma mudança significativa aconteça. Valores são critérios que mostram quem queremos ser no mundo; como pessoa individual e como cidadão no coletivo. Valores não são meras palavras publicadas na declaração de missão na entrada dos prédios municipais, escolas e prisões, mas estão corporificados nos próprios processos de aprendizado, de gestão e de resolução dos conflitos inevitáveis que aparecem quando interagimos. A JR oferece os valores a serem considerados e o processo que proporciona integridade a esses valores. Isso traz um desafio para as sociedades democráticas contemporâneas, nas quais as pessoas se parecem mais com consumidores do que com cidadãos. Uma vez mais, considerar os conceitos inerentes ao conflito comparando diferentes culturas frequentemente nos oferece um interessante contraste com nossos próprios modos de ser. O conceito europeu de crime é chamado pelos navajos de "desarmonia" (Zion e Zion 1993: 408). Aí vemos traços de nossa discussão prévia sobre orientações de valores, particularmente na pesquisa de Valerie Braithwaite sobre harmonia e segurança. O crime é conceituado como uma interrupção da harmonia relacional. Como conclui Yazzie (1994:181): "Os objetivos primários do Sistema navajo tradicional são de restaurar à harmonia as vítimas e, mais importante, os próprios transgressores".

O livro de Nils Christie, *Crime Control as Industry*, inclui descrições de anúncios da revista *Corrections Today*[4] como evidência do crescente interesse negocial na política penal carcerária (2000 [1993]: 111-17). Todo ano, na minha aula introdutória de Justiça Restaurativa, apresento exemplos de anúncios que demonstram as nuances deste fenômeno. Ao longo dos anos, um novo anúncio se destaca nesta revista comercial. Uma empresa que vende arame laminado e cercas para prisões com a palavra "segurança" escrita em letras maiúsculas e em negrito no título da página, com uma explicação em estilo de dicionário, como a seguir:

Se-gu-ran-ça
Substantivo (do latim *securus*; sem cuidado)
Condição de estar livre de riscos ou danos; segurança. 2. Estar livre de dúvida, ansiedade ou medo; confiança. 3. Algo que dá ou assegura proteção.

A simples definição da raiz latina da palavra "segurança" como "sem cuidado" oferece uma frustração metafórica para o diálogo em andamento em Justiça Restaurativa. No contexto da definição que vem em seguida, parece que "sem cuidado" pode, mais especificamente, ser traduzido como "sem preocupação" – um estado de ser resultante de segurança efetiva. Em ambos os casos, as impressões são de que a segurança liberta o indivíduo do cuidado e da preocupação quanto à sua própria proteção, presumivelmente permitindo a autoatualização sem medo. Falta nesta explicação, no entanto, as implicações de uma vida social em um mundo sem cuidado. Cuidado não é um trabalho paranoico de vigilância individual e coletiva; é um importante ingrediente no desenvolvimento de relacionamentos sociais. Cuidar dos outros é fundamental para o desenvolvimento humano. Também, como Noddings nos lembra, "o filósofo alemão Martin Heidgger (1962) descreveu cuidado como o próprio Ser da vida humana". (1992: 15). Sem cuidado, portanto, não é um estado positivo.

No contexto do anúncio, a segurança é representada pela imagem do arame laminado em cima de cercas altas. Esta é uma visão de segurança sem cuidado, como uma separação das pessoas e vidas. A liberdade justaposta à condição de cativo, sujeitos humanos separados dos objetivos humanos. Essa interpretação de segurança como separação guarda profundas implicações para a saúde e para a existência dos relacionamentos. Mas há uma outra versão da palavra "segurança" com conotações muito diferentes, associada a cuidado como ligação afetiva. Os primeiros teóricos do desenvolvimento humano ligaram o cuidado com ligação afetiva:

[A] criança sofisticada, motivada por competências, usa o cuidador primário como base segura a partir da qual explorar o mundo e, quando necessário, como um paraíso de segurança e fonte de conforto [...] [O] conceito de base segura é central para a lógica e coerência da teoria do apego e para o *status* como um construto organizacional. (Waters e Cummings 2000:165)

Mostro aos meus alunos duas imagens que uma vez copiei do Google ao buscar a palavra "segurança". Uma imagem é a de uma cerca com arame farpado em cima, denotando a visão de segurança baseada na separação. A outra imagem é a de um garotinho sorridente enrolado em um cobertor, sugerindo a visão de segurança baseada na ligação afetiva. Coloco as duas imagens simultaneamente no projetor e pergunto: "O que vocês preferem?" Quase ninguém gosta da cerca e quase todo mundo quer o cobertor. Em outras palavras, nossa preferência é por segurança com cuidado.

Notas

1. Projeto que promove bem-estar individual e coletivo. Veja The Virtues Project em www.vistuesproject.com.
2. Isso refere-se à abordagem parental de equidade comum em questões simples. Por exemplo, ao cortar ao meio um pedaço de bolo, uma criança corta e a outra escolhe o pedaço. Isso incentiva aquela que corta o bolo a repartir em metades justas, uma vez que a outra escolherá o pedaço primeiro.
3. Bentham falou mais genericamente sobre pobreza do que sobre prisões no contexto de seu princípio do menos desejável, embora o contexto desse princípio tenha sido mais comumente o da Justiça Criminal punitiva. A referência específica ao menos desejável é como segue: "Se a condição das pessoas sem propriedades mantidas pelo trabalho de outros for considerada mais desejável do que a das pessoas mantidas pelo seu próprio trabalho, então [...] a destituição individual de propriedades as retirará continuamente da classe das pessoas mantidas pelo próprio trabalho, e as colocará na classe das pessoas mantidas pelo trabalho dos outros" (em Sieh 1989:162). Para uma discussão mais ampla deste princípio da Justiça Criminal, veja Sieh (1989).
4. *Corrections Today* é a publicação oficial da American Correcional Association.

7

A Geometria dos Indivíduos e dos Relacionamentos

O Homem Marcado: Conversa ao Pé do Vaso Sanitário, Vazamento de Arquivos e a Tatuagem de Suástica – O que Ottawa deve fazer?
Michael Friscolanti

No final dos anos 1990, Darren LeTourneau ficou muito tempo em confinamento solitário enquanto estava preso na Drumheller Institution, em Alberta. Totalmente sozinho a maior parte do tempo, ele fez o que a maioria dos prisioneiros na solitária faz: retira toda a água do vaso sanitário, enfia a cabeça lá dentro e puxa conversa com o preso da cela ao lado. Por meses, ele e o seu vizinho oculto – um prisioneiro chamado Ron – conversaram pelos canos subterrâneos, geralmente por horas a fio. Até jogavam xadrez, reproduzindo os movimentos do outro, cada um no seu tabuleiro. "Nos tornamos muito bons amigos", lembra-se LeTourneau. Um dia, após semanas de conversas anônimas pela tubulação, eles finalmente se encontraram cara a cara. Encarando um ao outro no pátio de exercícios da prisão, LeTourneau ficou perplexo.

Ron era negro.

Para um homem como LeTourneau – um racista fanático com uma suástica enorme tatuada no abdômen – não há nada pior do que descobrir que seu novo melhor amigo é de fato seu inimigo declarado. Desde o nascimento, LeTourneau viveu em um contexto de supremacia branca, tendo aprendido a desprezar qualquer outra cor que não a sua. Quando fez essa tatuagem repugnante, tinha apenas 14 anos de idade. "Quando descobri a cor da pele dele, simplesmente não gostei dele e não sabia porquê", disse LeTourneau, relembrando aquele dia no pátio. De volta à cela, sentou-se silenciosamente por horas, tentando justificar o preconceito de sua vida toda. Desiludido, ele acabou voltando ao sanitário para falar com Ron. "Disse a ele quem eu era e quais as minhas crenças", revelou LeTourneau. "Meio que fomos resolvendo o problema juntos".

Quando LeTourneau saiu da solitária, tinha renunciado ao racismo. Tudo o que restava do seu passado preconceituoso era sua tatuagem – a suástica grande e negra estampada em seu abdômen. Em maio de 2001, ele formalmente pediu ao Serviço Correcional do Canadá que pagassem pela remoção da tatuagem. A primeira resposta foi sim, mas logo em seguida, não, e isso depois se tornaria o fulcro de uma ação judicial que poderia custar ao governo federal muito mais de 6.500 dólares, que era o custo da remoção da tatuagem em um primeiro momento. Os oficiais da Mountain Institution, na Colúmbia Britânica (LeTourneau já tinha saído de Drumheller), em princípio concordaram em pagar uma cirurgia a *laser*, concluindo que um abdômen sem a suástica seria algo que agradaria a futuros empregadores, e também ajudaria a evitar tensões entre gangues dentro da prisão.

Em fevereiro de 2002, no entanto, o jornal *Globe and Mail* teve acesso a essa informação, e informou aos contribuintes que eles estavam prestes a pagar milhares de dólares para que um detento – reincidente, ladrão de carro a mão armada, ex-neonazista,,que uma vez já havia fugido da prisão de Quebec – pudesse se ver livre de uma parte de seu passado repugnante. O artigo da primeira página também citava os relatórios internos de seu progresso, incluindo um que descrevia LeTourneau como um homem "manipulador" que poderia estar "tentando uma estratégia para escapar da prisão". Em outras palavras, toda a questão racista talvez fosse um embuste. Em meio ao calor da discussão na imprensa (pois as agências de notícias de todo o mundo compraram a história), os oficiais da Correcional cancelaram a cirurgia e declinaram em fornecer qualquer razão específica. Pior ainda, outros *skinheads*, de dentro e de fora da prisão, começaram a ameaçar seu antigo colega. "Foi um pesadelo", disse LeTourneau. "Tem muita gente por aí que realmente não gosta de mim e não se importaria em me ver morto".

Mas ele continuou lutando, pedindo ao Comissário Federal de Privacidade que investigasse como seus arquivos pessoais tinham chegado até a imprensa. O comissário o apoiou, concluindo que o vazamento fora de fato uma violação de sua privacidade. No mês passado, com base nessa decisão, LeTourneau entrou com uma ação judicial contra o estado de Ottawa, pedindo indenização pela "humilhação" que suportou devido à "grave violação" de sua privacidade. Além disso, esperava que o juiz forçasse o governo a pagar pela cirurgia como originalmente prometido. Um porta-voz do Serviço Correcional do Canadá disse que não poderia discutir este caso porque ainda não fora julgado pelo Tribunal.

LeTourneau foi solto da prisão no dia 3 de maio, algumas semanas depois de entrar com o pedido de indenização. Hoje, dia 28, ele está na Colúmbia Britânica trabalhando em uma siderúrgica de alumínio. "Nunca mais vou colocar o pé numa prisão", ele insiste. Quando contatado pela revista *Maclean*, LeTourneau estava hesitante até mesmo em falar sobre o caso, bem consciente do que acontecera da última vez em que ficara sob os holofotes. Hoje em dia, prefere não aparecer, ansioso para evitar qualquer atenção indesejada, ou pior, visitantes indesejados. "Adoraria receber um pedido de desculpas, mas isso nunca vai acontecer", ele disse. "O governo nunca pede desculpas por nada que tenha feito de errado."

Uma coisa é certa: não espere ver Darren LeTourneau andando pela rua sem camisa. "Isto arruinou uma série de coisas na minha vida", ele afirma a respeito da suástica. "De um modo ou de outro, ela vai desaparecer." (Friscolanti 2006, *Maclean's Magazine*)

※ ✻ ※

Na realidade as relações não param em lugar algum, e o refinado problema do artista consiste apenas em traçar, com uma geometria própria, o círculo no qual as relações *parecerão* de bom grado fazê-lo. O artista se vê em um dilema de percepção, pois, para ele, a continuidade das coisas é tudo o que importa na comédia ou na tragédia; e que esta continuidade nunca seja quebrada, nem por um instante ou um centímetro e, para fazer qualquer coisa, ele ao mesmo tempo deve consultá-la intensamente ou intensamente ignorá-la. (Henry James, 1875)[1]

Embora Henry James estivesse se referindo ao problema do novelista que deve limitar prolongamentos desnecessários em um romance, a metáfora de "uma geometria própria" pode ajudar na apreciação de uma dimensão importante das abordagens restaurativas para a resolução de problemas no âmbito social. Frequentemente entendida como rota alternativa ao processo penal, ou como programa de medidas alternativas para jovens ofensores não violentos e primários, na verdade a Justiça Restaurativa pode oferecer uma compreensão mais profunda sobre a construção de comunidades pacíficas. Nela, as comunidades se envolvem em processos pragmáticos, baseados em valores, para ajudar a abordar as questões de justiça social que estão na raiz dos males cometidos no âmbito individual e, mais significativamente, na esfera das próprias comunidades. As comunidades são constituídas pelos relacionamentos que as vinculam. As respostas restaurativas aos danos, criminais ou de outra ordem, cuidam da saúde desses relacionamentos.

Nosso Sistema de Justiça Criminal atual opera com base em indivíduos que ocupam diferentes papéis no Sistema: vítimas, ofensores, oficiais de polícia, advogados e profissionais dos presídios, para citar apenas alguns. Em Justiça Criminal a geometria do artista de Henry James é um círculo desenhado firmemente ao redor do indivíduo culpado, e refere-se à sua responsabilidade individual. O autor do crime é a causa do crime, assim sendo, a solução para o crime é encontrada na nossa resposta ao ofensor, geralmente através de punição ou "tratamento". Essas respostas são frequentemente o encarceramento, prática que danifica ou aliena qualquer relacionamento que o indivíduo possa ter tido. Quando o crime é entendido como um problema meramente criminal, as estratégias de prevenção do crime tendem a focar no condenado.

A história de Darren LeTourneau, prisioneiro de supremacia branca tatuado com a suástica, confinado em uma solitária, compartilhando seus pensamentos e seu tempo com um prisioneiro negro, oculto pelo "telefone" do vaso sanitário, é um exemplo convincente de como os indivíduos podem ser transformados através dos relacionamentos, ainda que em situações adversas.

A história também esclarece as limitações das respostas institucionais às situações, particularmente quando a instituição é tão sensível a influências políticas.

O foco no relacionamento cria uma nova geometria para estruturar nosso entendimento de justiça. Zehr descreve o crime como uma "violação de pessoas e de relacionamentos (1990). Neste capítulo consideraremos aspectos do indivíduo e das relações individuais. Uma característica-chave das abordagens restaurativas é que elas são relacionais; o bem-estar dos indivíduos e das comunidades depende da saúde de seus relacionamentos. O foco nos relacionamentos enriquece e intensifica importantes objetivos de prevenção do dano através da assistência aos indivíduos com necessidades pessoais de cura, tratando justamente daquilo que o Sistema de Justiça Criminal formal chama de fatores criminogênicos. Os grupos comunitários seriamente engajados, que oferecem processos restaurativos para pessoas em conflito, podem também reunir informações importantes sobre a capacidade das comunidades de prevenir o dano, bem como acompanhar as análises que procuram discernir de modo realista os pontos cegos e as fraquezas dos serviços comunitários e das estratégias de desenvolvimento, contribuindo assim para a prevenção geral do dano. Estes programas são as engrenagens da Justiça Restaurativa, a teoria e a prática.

Começaremos com uma visão geral de onde estamos agora com referência específica a indivíduos e relacionamentos na Justiça Criminal Retributiva e adversarial e outros sistemas institucionais. Depois veremos uma conceituação diferente dos indivíduos e dos relacionamentos baseada na visão da Justiça Restaurativa. Nesta parte do capítulo, contaremos sobretudo com a visão indígena dos indivíduos e dos relacionamentos, no contexto particular de Justiça e cura como orientações preferenciais das práticas mais genéricas da JR. As abordagens aborígenes são particularmente úteis como ponto de comparação em relação a sistemas e processos com os quais a maioria dos ocidentais está mais familiarizada.

Os Indivíduos e as Relações em um Paradigma Retributivo

Como vimos, o Sistema de Justiça Criminal ocidental é baseado nas questões: "Que crime foi cometido?", "Quem fez isto?" e "O que eles merecem?". Estas perguntas demonstram não apenas que o Sistema tem uma forte orientação para o ofensor, mas realçam também o foco no indivíduo. Os processos, desde os relatórios de pré-sentenciamento até a tomada de informações para criar os arquivos subsequentes, são gerados através da compilação do perfil de transgressores individuais com atenção a fatores de risco criminogênico. De modo mais ameno, as escolas seguem um processo similar quando lidam com alunos que desobedecem às regras. Nesse caso a reação é um processo administrativo e, geralmente, alguma forma de punição, por vezes envolvendo exclusão (suspensões escolares). Ou seja, o problema do crime ou daqueles que quebram as regras é percebido como um problema do indivíduo. A fonte do crime ou do dano se encontra no ofensor, portanto a solução do crime ou dano é lidar com este indivíduo.

Isso não quer dizer, claro, que não se dá nenhuma atenção aos relacionamentos dos indivíduos em questão. Nas avaliações do indivíduo, os relacionamentos são levados em conta, mas são genericamente abordados segundo as necessidades do Sistema, mais do que as necessidades da sociedade como um todo. Se os relacionamentos dos ofensores com os membros da família forem ruins ou inexistentes, isto é considerado um fator de risco individual, ao invés de uma questão social mais ampla. Dá-se grande atenção a como "corrigir" um indivíduo através de um programa apropriado; com pouco ou nenhum interesse em abordar os fatores etiológicos do crime e da delinquência através do desenvolvimento comunitário. Além disso, este último foco é visto geralmente como um mandato que não é dos órgãos de Justiça Criminal ou dos sistemas educacionais.

Nesta perspectiva, o desvio é visto como interno à pessoa (psicologia) ou inato ao ser (biologia). Stephen Duguid explica como isso é diferente da contextualização social própria da abordagem sociológica:

> A abordagem da psicologia tem sido diversa e com implicações bem diferentes para o criminoso individual. Em vez de a reabilitação restituir o criminoso ao seu estado pré-criminal, a abordagem psicológica centrou a fonte do desvio no indivíduo, ao invés do contexto [...] Desde as suas primeiras incursões no mundo da transgressão, os psicólogos e psicanalistas mostraram a tendência de ver o transgressor criminal mais em termos de alguém que realmente não pode se controlar [...] Gerland postula que este movimento que faz do sujeito objeto tem uma longa e variada história de rotular, categorizar e classificar o ofensor criminal, incluindo categorias como degenerado, retardado, ébrio, imoral, ofensor contumaz e, mais recentemente, psicopata. Todos esses rótulos presumem o poderoso efeito da "norma" da qual o indivíduo se desviou [...] Os rótulos são todos concebidos para permitir que nós, de alguma forma, possamos compreender o "outro", aquela pequena minoria de marginais e almas problemáticas que encontramos em nosso meio.

> Essa imagem da maioria dos crimes como sendo essencialmente um "evento molecular" [...] retira uma tremenda pressão do Sistema Social, já que muitos dos crimes que poderiam ser vistos como decorrentes da pobreza, do racismo, da desestruturação familiar, ou da anomia geral advinda do capitalismo ou do socialismo burocratizados agora são vistos meramente em termos individuais, extraídos do contexto. (200:28)

As observações de Duguid, embora relativas ao contexto dos regimes prisionais, podem ser facilmente generalizadas e aplicadas aos Sistemas de Justiça Criminal e às escolas. São limitadas as ferramentas disponíveis para responder ao dano dentro de um paradigma retributivo, independentemente se este dano é definido como crime ou quebra de regra. Na essência, a resposta é algum tipo de punição. Portanto, é fundamental para o processo gerar um ator punível, uma pessoa responsável que pode ser culpada a fim de que a retribuição "funcione".

A abordagem ao crime (ou outros eventos danosos) que se concentra no indivíduo pode ser explicada pela metáfora do microscópio. O evento criminoso ou danoso é o primeiro ponto de intervenção. Em nosso Sistema atual a intervenção é moldada por uma visão que coloca os indivíduos e suas ações sob o microscópio para dissecar e determinar os componentes patológicos. O problema do dano é abordado dessa forma: conhecendo e tratando os problemas do "desviante". Uma vez que o mandato do Sistema é apenas para lidar com o indivíduo condenado pela lei, ou com a pessoa acusada de quebrar uma regra, sua resposta é necessariamente dirigida para o indivíduo.

Os indivíduos são importantes também para a concepção retributiva da dissuasão, ideia baseada na crença de que os indivíduos serão desestimulados a praticar atividades criminais por medo da punição. As ações dos indivíduos são julgadas com base no padrão do "homem de bom senso", atentando-se à capacidade mental da pessoa de formar a *mens rea*, ou intenção criminal. A suposição é que o homem razoável evitará as atividades criminais (que lhe trariam prazer ou vantagens) a fim de evitar dor e punição. Dissuasão geral refere-se à noção de que os indivíduos em geral serão dissuadidos pela punição imposta a outros indivíduos condenados por determinadas ofensas. Esta é a motivação para impor as punições mais duras nas sentenças em casos criminais com grande impacto na mídia. Aqui cabe questionar se é desejável usar os indivíduos como meio para um fim, ao invés de vê-los como fins em si mesmos.

Já consideramos a ideia de que as vítimas têm sido colocadas de lado no processo penal. Uma vez que o Estado é a vítima legal em casos criminais, o papel atual das vítimas é agir como testemunhas do Estado ou espectadores passivos. Dá-se às vítimas a oportunidade de oferecer declarações de impacto, mas isso é usado com o propósito de assegurar a punição contra o causador do dano. Novamente, as vítimas não são vistas como um fim em si mesmas, mas são usadas como meios para um fim. No Sistema Retributivo não há obrigação de atender às necessidades da vítima, mesmo que tenham sofrido um trauma significativo. Os serviços externos ao Sistema de Justiça Criminal devem oferecer assistência às vítimas e, se elas não se enquadrarem nos requisitos para obter compensação por danos criminais, podem não receber recursos financeiros necessários para aconselhamento individual ou outra medida corretiva.

A relação primária do processo penal é entre o acusado e o Estado. Esta relação vem da crença de que comportamentos e atos danosos e podem ser abordados satisfatoriamente através de um Sistema de regras codificadas, processos regulatórios e punições administradas pelo Estado. As relações pessoais são problemáticas nesse Sistema, que trabalha como uma máquina impessoal.[2] No entanto, atos danosos são acontecimentos muito pessoais – para aqueles que infligem dano, para aqueles que são vitimizados por eles e para todos aqueles que são significativos na vida de ambos. A maioria dos envolvidos em violência interpessoal, por exemplo, é formada por homens jovens que se conhecem. Além disso, raramente se dá atenção à dinâmica e à complexidade dos relacionamentos ou do histórico pessoal que tinha causado o evento danoso, nem às necessidades que devem ser atendidas para prevenir a recorrência do dano.

É ilustrativo o caso de Matthew Vaudreuil na Colúmbia Britânica: ele foi abusado desde a infância e finalmente sufocado até morrer por sua mãe em 1992. Antes da morte da criança, o caso foi estudado pelo Gove Inquiry into Child Protection (1994), que determinou que o Ministério da Assistência Social visitasse a casa da família em várias ocasiões, acompanhando as três mudanças de cidade que fizeram ao longo do período de seis anos, mas ninguém protegeu a criança. A mãe de Matthew era, ela própria, um produto do Sistema de Bem-Estar Social. O juiz Thomas Gove fez uma lista de 118 recomendações para melhorar o Sistema de bem-estar da infância e juventude, e criou novos procedimentos de responsabilização e comunicação entre profissionais, que resultaram na criação do Ministério da Criança e Famílias. No entanto, nenhum desses especialistas do novo Ministério deveria ter um relacionamento pessoal com as crianças ou com seus pais. Embora talvez morem em comunidades onde também residam seus clientes, espera-se que mantenham certa distância. De fato, quase quinze anos depois ainda não se vê muito avanço no bem-estar infantil na Colúmbia Britânica. Em 2008 uma representante do Departamento de Infância e Juventude da província, Mary Ellen Tuper-Lafond, reportou que as mortes de várias crianças sob cuidados do Ministério foram devidas à inexperiência dos assistentes sociais, ao alto número de casos, à supervisão insuficiente e ao treinamento ineficiente (CBS News 2008).

As pessoas que têm o benefício do apoio de uma comunidade são menos propensas a serem vítimas dos tratamentos despersonalizados das agências estatais. Em uma comunidade saudável, as pessoas estão atentas aos problemas umas das outras e se ajudam em tempos de necessidade ou crise. Por outro lado, as pessoas que são encaminhadas para os serviços do Sistema de Bem-Estar Social e para as agências de Justiça Criminal são desumanizadas. Além do mais, as instituições responsáveis por educação, punição, sistema de garantias e Justiça Criminal vão isolá-las e estigmatizá-las. Quando buscamos encontrar justiça nas leis e nos processos formais regidos por regras e por um conjunto de punições, extinguimos a esperança de fortalecer os relacionamentos entre os indivíduos envolvidos, e entre os indivíduos e suas comunidades.

Vivemos em um Estado altamente burocratizado. Os profissionais da Justiça Criminal notaram um aumento expressivo da papelada exigida pelo Sistema. A Polícia e os oficiais de liberdade condicional, em especial, agora passam menos tempo "no batente" com seus clientes por causa das responsabilidades com os documentos que devem preencher e produzir. Ruth Morris, uma reconhecida abolicionista penal canadense, recontou sua conversa sobre Justiça com Sakej Henderson, do Native Law Centre em Saskatchewan. Diz ela:

> Em um encontro do Ministério da Justiça do Canadá, eles concordaram que o Sistema de Justiça Criminal do Canadá falhou e continua a falhar. O povo aborígene chama o Ministério da Justiça de "os guardiões de todas as experiências ruins". Meu avô costumava dizer: "Você realmente pensa que pode transformar idiotas em anjos só com um pedaço de papel?" (em Morris 2001:118)

O avô de Henderson levantou um ponto importante. Leis, regras, diretivas, relatórios etc. – os "pedaços de papel"– não podem operar mudanças em pessoas e comunidades, algo necessário para lidar com o crime e preveni-lo. É somente através dos relacionamentos e da comunidade que o comportamento aberrante ou destrutivo pode ser combatido, trabalhado e modificado. As leis podem ser necessárias para responsabilizar as instituições, mas é mais provável que um ser humano sinta uma conexão emocional com outro ser humano do que com uma instituição, e a responsabilidade intrínseca é cultivada através dos relacionamentos e não por comandos institucionais.

Infelizmente, os relacionamentos que podem ter um impacto constitutivo, tanto nos problemas da vítima como do ofensor, são desestimulados ou mesmo proibidos pelas políticas penais e de bem-estar social. Solicita-se aos profissionais de suporte à vítima que limitem a extensão das interações com as vítimas do crime para evitar o risco de serem eles mesmos intimados a testemunhar e para preservar a integridade do Sistema formal. Além disso, pode acontecer de um profissional de suporte à vítima passar o caso para um profissional de suporte a vítima do Conselho da Coroa (se existir algum), que encaminha a vítima para um terapeuta clínico, resultando em uma esparsa continuidade de relacionamentos e pouca oportunidade para formar uma base de confiança entre a vítima e os profissionais de suporte.

Os transgressores também passam de um profissional da Justiça Criminal para outro, dentro da sequência que vai da captura até a pré-liberdade no encarceramento. Aconselha-se repetidamente aos funcionários da Justiça Criminal e aos voluntários da comunidade que mantenham limites firmes em seus relacionamentos com os prisioneiros a fim de impor uma distância profissional. Todos os relacionamentos são monitorados para evitar qualquer troca sexual, de dinheiro ou de drogas. Embora os voluntários possam estabelecer relacionamentos significativos comas pessoas na prisão, eles o fazem sob vigilância e são alvo de suspeitas. Muitos prisioneiros não recebem nenhuma visita. As visitas são tratadas como privilégio, não como direito e, quando surgem problemas na prisão, elas são canceladas. Para as autoridades prisionais, o valor das relações dos presos com suas famílias ou amigos com vistas à reintegração de longo prazo na comunidade é ofuscado por interesses mais imediatos da segurança prisional.

Em resumo, qualquer Sistema embasado na filosofia de retribuição trata o indivíduo como o único *locus* do problema e, portanto, o foco da intervenção. Isso frequentemente envolve punição e exclusão, como se os problemas fossem desaparecer simplesmente porque os proibimos. Neste contexto, os relacionamentos são vistos com desconfiança, não importa se a preocupação é que o "ofensor" vá comprometer aqueles com quem se relaciona, ou se é que os parentes do ofensor são apenas um incômodo para a empreitada correcional. O paradigma retributivo tira os indivíduos de seu contexto social, emocional e espiritual, deixando intactas as comunidades famílias e práticas sociais disfuncionais.

Indivíduos em um Paradigma de Justiça Restaurativa

Os indivíduos são o foco tanto nas abordagens restaurativas quanto no Sistema Retributivo. No entanto, dado que o processo restaurativo é ancorado em valores centrais que preservam a integridade das atividades de intervenção, nele os indivíduos são tratados como sujeitos e não como objetos. Os indivíduos são vistos como fins em si mesmos, não como um meio para os fins mais amplos da Justiça Criminal.

A resposta clara à primeira questão da Justiça Restaurativa: "Quem sofreu o dano?" é a vítima individual. Processos totalmente restaurativos atentam às necessidades únicas e específicas da vítima. Uma vez que cada pessoa chega ao evento criminal com sua própria história de vida e experiências, as respostas individuais variam. Suas necessidades serão diferentes, e assim também o suporte e os serviços oferecidos também serão diferentes.

Assim como as vítimas individuais, as vidas daqueles que causaram o dano também são únicas. As abordagens holísticas para a responsabilização consideram o contexto de vida do indivíduo, não para desculpá-lo, mas para entender como os danos ocorreram. O caso de R. v. Jacob – no qual o juiz Barry Stuart situou o crime no contexto de um histórico de intervenções institucionais mal sucedidas na vida do acusado – oferece um bom exemplo da importância da contextualização em nossos esforços para entender a causa dos problemas. As pessoas que causam danos comumente experimentam vergonha e desespero após o evento, e o processo que se rege por valores centrais será sensível às suas necessidades individuais. Idealmente, os processos restaurativos esforçam-se para criar um ambiente bastante seguro para que os causadores de danos a outros consigam interagir a partir de seus valores centrais em vez de posições defensivas e evitação. Nos Capítulo 8 e 9 consideraremos em grande profundidade como dois fenômenos psicológicos-chaves – trauma e vergonha – afetam os indivíduos e as abordagens restaurativas.

A noção de indivíduo em JR deve ser sensível às diferenças culturais. Exemplo disso no Canadá é a questão de o povo aborígene estar super-representado no âmbito da Justiça Criminal. Como observou Richard Dana, o *self* do índio americano "tem limites e conteúdo mais fluidos e permeáveis, que incluem não apenas o indivíduo, mas em geral também a família, a família estendida, a tribo ou comunidade. Em indígenas que seguem de perto suas tradições, este *self* pode ser ainda mais ampliado para conter animais, plantas e lugares, tanto quanto forças naturais, sobrenaturais e espirituais" (2000: 70-71). Aqui, as linhas de separação entre o *self*, os outros e o ambiente são ambíguos; parece também que estas linhas nem existem, em claro contraste com o conceito de individualidade tão prezado nas culturas ocidentais. Paul

Krech reflete esta observação: "O valor de se separar do grupo nunca foi bem aceito nas comunidades aborígenes, e sempre levou a uma grande alienação dos indivíduos em relação a seu povo. Acima de tudo, os valores indígenas estão relacionados ao grupo, à família e ao bem-estar da comunidade" (2002: 80).

Ao mesmo tempo, de alguma forma o indivíduo existe nas culturas aborígenes. A observação de Zion sobre a Justiça dos navajos – é que eles foram (e são) mais preocupados com a "inteireza da pessoa, com uma comunidade pacífica e com o ajuste dos relacionamentos do que com a punição de pessoas" (1995:6) – permite este reconhecimento. Mas Krech expressa um alerta sobre a posição do indivíduo relativa aos outros. Por exemplo, nas culturas aborígenes o respeito pelo *self* está embasado no respeito saudável aos outros, aumentando as conexões individuais com a comunidade (78). Estas ideias serão exploradas mais profundamente neste capítulo quando tratarmos do conceito africano de *ubuntu*.

Peter D'Errico apresenta uma comparação particularmente útil entre a sociedade aborígene e a ocidental:

> Há grandes diferenças entre a comunidade indígena e a sociedade construída sobre o que eu costumo chamar de "individualismo de mercado". Uma comunidade indígena oferece um contexto paradigmático interpessoal para a vida individual: "Como as minhas ações afetam os outros?" e "Quem sou eu em relação aos outros?". Este contexto é imediato, palpável, reflete uma consciência no momento em oposição à concepção racionalizada dos "deveres" e normas. Eu sinto o espírito comunitário como uma preocupação dos outros comigo. (1999: 385)

A melhor expressão do "individualismo de mercado" talvez seja aquele esquema piramidal de vendas que teve muita popularidade no passado, no qual se pedia aos novos "membros" que usassem sua rede de relacionamentos para vender produtos da empresa. Os relacionamentos entre os indivíduos eram vistos como oportunidade de ganhar dinheiro, que é a graxa das engrenagens da sobrevivência individual. Em uma sociedade capitalista mais radical, as pessoas podem estar menos preocupadas com a maneira como suas ações afetam os outros, e mais interessadas no que os outros podem dar a elas.

> Como um povo indígena pode ajudar o Estado liberal a aprender com a justiça comunitária indígena e a entender as alternativas comunitárias para o liberalismo? Este desafio nos faz pensar no primeiro desafio, porque eles estão relacionados. O problema é o individualismo.

> O Estado moderno evoluiu em um ambiente em que a autoridade central e o poder eram de poucos [...] O desafio é definir o individualismo em um contexto onde as pessoas formam relações umas com as outras (talvez em pequenos grupos de vizinhos), definem suas necessidades comuns e fazem planos para atendê-las. (1993: 364)

Novamente vemos o individualismo ser definido em um contexto comunitário, onde o papel da comunidade é fundamental para a constituição do indivudual. A observação de D'Errico sobre a individualidade indígena enfatiza a *sensação* gerada pela conexão da comunidade – agimos ou não agimos de certas formas de acordo com o modo como isso pode afetar nossos relacionamentos com os outros, porque não queremos comprometer as conexões comunitárias que nos fazem sentir bem. Comunidade, neste sentido, significa uma base de engajamento interpessoal, e não algo que não tem relação alguma com o governo. "Colocar os 'sentimentos' em primeiro lugar na busca de justiça não ameaça a individualidade e a liberdade humanas; ao contrário, demanda que a lei seja avaliada à luz do que significa para aqueles que foram afetados. A individualidade está enraizada na história da experiência humana [...] A individualidade não corre risco por causa do discurso da comunidade, mas pelo açambarcamento da comunidade pelo estado. (D'Errico 1999: 392)

Relacionamentos no Paradigma da Justiça Restaurativa

As epistemologias ocidentais da ciência e da razão estão bem estabelecidas no nosso Sistema de Justiça Criminal. A dominância da criminologia positivista nas práticas convencionais se evidencia no modo como o conflito é processado, assim como no foco em fatores criminogênicos individuais ao sentenciar e elaborar tratamentos. Rupert Ross explicou como os modos aborígenes de conhecimento, baseados em conexões e relacionamentos, diferem da abordagem ocidental.

> [A ciência aborígene] parece ter uma ênfase diferente daquela dada pela ciência ocidental, pelo menos em seu passado mais recente. Milton M.R. Freeman, professor de Antropologia da University of Alberta, explorou esta diferença em um artigo sobre conhecimento ecológico tradicional:
>> Os métodos científicos [ocidentais] são essencialmente reducionistas, isto é, procuram entender os organismos ou a natureza através do estudo de suas menores partes ou subsistemas, ou

os mais fáceis de serem manejados, que são examinados isoladamente [...] O explorador não ocidental vive em um mundo de eventos não lineares nem causais, mas de constante mudança, multidirecionais, de ciclos interativos, onde nada é simplesmente uma causa ou um efeito, mas onde todos os fatores são influências que impactam outros elementos do sistema como um todo.

Essa passagem me tocou. Recordei, por exemplo, o estudo de plantas no Ensino Médio. Aprendemos sua estrutura celular, o processo de fotossíntese, os sistemas de enraizamento, os sistemas reprodutivos e outros mais. No entanto, não aprendemos muito sobre como eles contribuem com outras plantas, pássaros, insetos, a terra e os animais que compartilham seu campo, ou vice-versa. Esta era, como sugere Freeman, uma abordagem reducionista, com pouco foco nos relacionamentos *entre* as coisas e mais foco nas características delas.

Devido a seu relativo silêncio sobre as conexões entre as coisas, a abordagem reducionista acabou por criar a impressão oposta. Nada parece ser parte essencial de qualquer outra coisa. Ao contrário, todas as "coisas-lá-fora" tornam-se recursos separados para serem extraídos (ou ignorados, envenenados, pavimentados, etc.) por capricho nosso. Segundo esse ponto de vista, jamais me ocorreria que eu devesse me acomodar à realidade do equilíbrio "daquelas coisas". Ao contrário, elas estavam lá para se acomodarem a mim. Era claramente um universo centrado-no-humano, dominado-pelo-humano que me ensinaram a ver, mesmo que ninguém tenha me dito isso. (1996: 62-63)

A observação de Ross demonstra os obstáculos a transpor na tentativa de imaginar uma justiça que vê o crime como "violação de pessoas e de relacionamentos" (Zehr 1990: 181). Isto sugere que nosso modo de pensar sobre o crime e os protocolos de resposta a ele é afetado da mesma maneira como o modo de nos relacionarmos com os outros.

Nos ensinamentos aborígenes, o objetivo não é a prevenção do crime, mas sim a construção de paz, uma abordagem que reforça as normas sociais. As éticas nativas e as regras de comportamento exemplificam as normas da construção de paz, que começam com os relacionamentos individuais. Já fomos apresentados a algumas facetas da cultura e da justiça aborígene, que se diferenciam do Sistema de Justiça Criminal moderno. Clare Brant aborda as razões do desenvolvimento dessas regras de conduta para suprir o conflito em comunidades aborígenes.

A sobrevivência individual e do grupo de habitantes das planícies, matas e florestas deste continente aborígene requer relacionamentos interpessoais harmoniosos e cooperação entre os membros do grupo. Não era possível para um indivíduo sobreviver sozinho em um meio ambiente natural hostil, mas para sobreviver como grupo, os indivíduos, que convivem de perto por toda a vida, tinham de ser sempre cooperativos e amigáveis. (1990: 534-535)

Essas regras ou conceitos incluem a não interferência, a não competitividade, a contenção emocional, o compartilhamento, um entendimento especial do tempo (para agir quando "for a hora certa" e não pelo relógio), a atitude de gratidão e aprovação, o protocolo e o ensino por exemplo. Essa abordagem, desenvolvida através de séculos de experiência, requer comportamentos individuais em interconexão com os outros e que reduzem a razão ou as oportunidades de conflito. Sem sugerir que a adoção de todas estas regras ou conceitos pela sociedade canadense seja possível, ou até mesmo desejável, o artigo de Brant apresenta inúmeras ideias interessantes que convidam à reflexão sob o ponto de vista da Justiça Restaurativa como construção de paz.

Rupert Ross também observa como as dificuldades de sobrevivência dos indivíduos sozinhos no ambiente natural do Canadá funcionaram como dissuasão ao comportamento antissocial:

Antigamente [...] a dissuasão era realizada sem muita intervenção direta do homem. Em primeiro lugar, o grupo social era a família estendida, então qualquer dano causado era um dano a todos os membros da família. Em segundo, a Mãe Natureza era o grande policiador, pois a conduta antissocial, por definição, diminui a capacidade de o grupo sobreviver desprotegido nas florestas. Se o homem falhasse, a Mãe Natureza puniria. A ameaça primordial era ser banido do grupo, banido para lugares selvagens onde, sem a ajuda dos outros, haveria grande possibilidade do banido morrer. Era vital para cada pessoa que ela continuasse a ser acolhida pelo grupo, sem o qual, estaria perdida. (em Green 1998:31)

A motivação para reparar os danos resultantes de uma conduta antissocial viria na forma de relacionamento entre aqueles que causaram o dano e os membros da família estendida. Os causadores do dano eram motivados a embarcar em uma jornada de cura em benefício da própria sobrevivência, garantida pelo relacionamento com sua comunidade.

Thomas King, professor da Guelph University e ator do popular *show* da Rádio CBC *Dead Dog Cafe*, explica o significado da expressão aborígene "todas as minhas relações".

"Todas as minhas relações" é a tradução de uma frase familiar para a maioria dos povos nativos da América do Norte. Ela pode iniciar ou finalizar uma oração, ou um discurso, ou uma estória e, embora cada tribo tenha sua própria maneira de expressar estes sentimentos em sua própria língua, o significado é o mesmo.

A expressão "todas as minhas relações" é primeiramente uma lembrança de quem somos e de nossos relacionamentos com nossa família e parentes. Ela também nos lembra dos relacionamentos estendidos que compartilhamos com todos os seres humanos. Mas na visão dos povos nativos os relacionamentos vão mais além – a rede de parentesco se estende para os animais, pássaros, peixes, plantas, para todas as formas animadas e inanimadas que podem ser vistas ou imaginadas. Mais do que isso, "todas as minhas relações" é um estímulo para aceitarmos as responsabilidades que temos dentro dessa família universal, vivendo nossa vida de maneira harmoniosa e ética. (1990:ix)

Novamente somos lembrados da orientação dos valores-chaves da harmonia nos relacionamentos e da percepção do indivíduo como parte de um todo. Neste sistema de crenças, não é possível extrair o indivíduo do seu contexto relacional e tratá-lo como uma unidade separada.

No paradigma da Justiça Restaurativa, o relacionamento entre pessoas reais é o foco do processo de intervenção. Conforme coloca Zehr (1990), crime é primariamente uma violação de pessoas e de relacionamentos, e não de leis e do Estado. O crime pode envolver danos físicos ou outros, e eles afetam nosso senso de confiança em outrem. Estes danos precisam ser reparados, e muitas das práticas da Justiça Restaurativa equivalem a justiça com cura. Uma sociedade pacífica e segura começa com indivíduos que estão em paz consigo mesmos, vivendo interações pacíficas com os outros, com mecanismos culturais para trabalhar os conflitos dentro da comunidade. Uma sociedade pacífica, segura e justa não começa por decreto ou estatuto governamental.

Ross (1996) e outros fazem referência à centralidade dos relacionamentos nas respostas aborígenes tradicionais ao dano. O foco era a cura de relacionamentos sociais, semelhante à justiça *tsedaka*, descrita por Bianchi e apresentada no Capítulo 3. Robert Yazzie e James Zion comentam a expressão navajo para descrever alguém que demonstrou desrespeito por suas ações: "Ele age como se não tivesse parentes" (1996: 162). Quando os relacionamentos não estão bem entre os indivíduos de uma comunidade, a comunidade em si é afetada. O conflito pode ser visto como uma oportunidade de detectar o que não está funcionando em nossos relacionamentos e reunir a todos em um processo motivado pelo desejo de encontrar o que está errado e descobrir como consertar.

A importância dos relacionamentos na Justiça Restaurativa é também ressaltada pela descentralização dos profissionais, que (como Christie observa) tem "roubado" o conflito e tem se tornado atores primários na resposta ao mesmo. Os relacionamentos profissionais se tornam pesados pelo distanciamento profissional, muitas vezes desprovido de muito conhecimento acerca das comunidades nas quais seus clientes vivem. Praticamente sem conexão com a comunidade, assistentes sociais, terapeutas, policiais, advogados, e assim por diante, prescrevem e entregam programas de tratamento a serem seguidos pela pessoa condenada.

De acordo com as teorias de controle social, faz sentido que as pessoas vinculadas a uma comunidade ou a uma família estendida tenham interesse nesses relacionamentos. São os relacionamentos primários – não as sanções da lei – que inibem as atividades criminosas ou danosas. Quando as pessoas cometem ofensas apesar de seus vínculos, os processos da Justiça Restaurativa olham tanto para o ato danoso como para os relacionamentos que foram afetados, e determinam como estes relacionamentos podem ser fortalecidos para o benefício de todos. Isto é particularmente importante em situações onde a comunidade não é saudável. O bem do indivíduo está intrinsicamente conectado com o bem da comunidade e vice-versa. Michael DeGagné (2007: 53) observa: "As curas da comunidade são um complemento necessário para a cura individual. Restaurar as redes de suporte familiar e comunitário é essencial para estabilizar a cura dos indivíduos que continuam carregando o peso do trauma infantil e da disfunção familiar".

Pepinsky (2000a) sugere que a empatia é uma importante ferramenta para a construção de relacionamentos saudáveis e para gerar maior proteção contra a violência pessoal. Seu artigo desafia a efetividade da obediência em encorajar verdadeiramente o comportamento pacífico. Se voltarmos à nossa discussão do Capítulo 2 sobre punição, poderemos ver algum paralelo entre esses temas. Enquanto a punição pode danificar os relacionamentos, a empatia ajuda a construí-los. Infelizmente, os ambientes políticos punitivos podem enfraquecer o desenvolvimento da empatia na seara da Justiça Criminal, onde a empatia é taxada equivocadamente de sentimento de "coração mole" e leniência.

Finalmente, podemos considerar o papel dos relacionamentos em programas de desenvolvimento da Justiça Restaurativa. Susan Sharpe nota que uma forte característica dos programas da Justiça Restaurativa é "uma relação aberta e colaborativa entre aqueles que têm o potencial de afetar significativamente a operação do programa, o foco e por fim o seu sucesso" (1998:54). Enquanto diferentes comunidades colocam ênfase em diferentes relacionamentos, os programas mais sólidos geralmente constroem relacionamentos efetivos com alguns funcionários do sistema oficial, bem como com a comunidade ampliada. Em outras palavras, a atenção aos relacionamentos na Justiça Restaurativa não se limita aos do caso em si – uma "geometria" específica circunscrita por limites institucionais – mas se aplica também aos relacionamentos entre os facilitadores da JR e pessoal institucional.

Visões Holísticas do Indivíduo e Relacionamentos

Temos feito um uso generoso das perspectivas indígenas sobre indivíduos e relacionamentos. As traduções diretas de palavras aborígenes podem ser difíceis uma vez que pode não haver palavras que se comparem a alguns conceitos. Zion se baseia em várias ideias introduzidas neste capítulo e no Capitulo 6 – harmonia, respeito, relacionamentos, amor – ao explicar a tradução problemática de palavras como "justiça":

> Uma das coisas mais importantes sobre a justiça comunitária indígena [...] é o sentimento. São os relacionamentos. É o *k'e* navajo e o *ubuntu* zulu. É o *ki-ah-m* do povo cree. Os três conceitos são difíceis de traduzir. *K'e* é uma palavra do navajo traduzida como "respeito", "amizade", "relações recíprocas", "solidariedade" e até "amor". *K'e* está relacionada a *hazho*, ou o "estado perfeito", como o Chefe de Justiça Robert Yazzie explica. *Hoxho* geralmente é traduzida como "harmonia", mas significa uma situação na qual pessoas e coisas em relação – toda a realidade – estão funcionando juntas como deveriam. Como se poderia desenvolver um procedimento legal baseado no conceito "estado perfeito"? Os navajos estão tentando nos dizer que justiça é respeito nas relações. (1999: 367)

A interdependência onipresente na cultura indígena descrita nesta passagem também sugere um senso de bem-estar comunal derivado da harmonia. Harmonia pode ser explicada através do exemplo da roda da medicina. Quase todas as tradições espirituais nativas norte e sul-americanas têm a roda da medicina como conceito central. Isso é expresso através de muitos relacionamentos de quatro elementos – por exemplo, quatro avós ou quatro pontos cardeais – que podem ser usados para ver e entender ideias (Bopp, Bopp, Brown e Lane 1985: 8-17). Nesta abordagem, curar os efeitos do dano no indivíduo requer atenção aos quatro aspectos da natureza: físico, mental, emocional e espiritual. A roda da medicina simboliza equilíbrio no desenvolvimento de todos estes aspectos, equilíbrio que é o fundamento da saúde individual. Da mesma forma, quando a roda da medicina é usada para entender a dinâmica da família ou comunidade, as quatro "dimensões interligadas de atividade e potencialidades que estão constantemente em jogo" são os padrões dominantes de pensamentos (mental), de relações humanas (emocional), de ambiente físico e econômico (físico) e de vida cultural e espiritual (espiritual) (Boop e Boop 2001:25-28). Para novamente levar uma parte negligenciada ou danificada ao equilíbrio com as outras partes, é preciso curar e nutrir a pessoa, a família ou a comunidade.

Uma possível explicação para a dificuldade em oferecer traduções significativas de conceitos como *k'e*, *ki-ah-m* e *ubuntu* está em um componente espiritual que não é familiar às sociedades ocidentais. Barbara Wall dá um exemplo: "Em seu cerne, a filosofia navajo é inerentemente espiritual; ela fala da conexão de todas as coisas, foca na unidade, equidade e harmonia, para equilibrar os aspectos espiritual, físico, emocional, intelectual e as necessidades familiares da comunidade e de toda a criação" (2001: 532-33). Conexão é um processo espiritual bem como emocional (afetivo). É a fonte do dano, da cura e de muitas outras coisas.

O conceito africano de *ubuntu* foi amplamente apresentado aos países ocidentais quando as Comissões Sul-Africanas de Verdade e Reconciliação promoveu audiências públicas para processar o rescaldo de anos de terror e destruição durante o regime de *apartheid* e depois da dissolução dele (Minow 1998:52). Um outro conceito africano, *ukama,* proporciona uma camada adicional de significado para uma visão mais holística do indivíduo e das relações. Murove (2004) explica estas ideias:

> Enquanto a palavra *ukama* da língua shona significa relacionalidade, *ubuntu* sugere que nossa humanidade deriva da nossa relacionalidade com os outros, não apenas com aqueles que estão vivos, mas também com as gerações passadas e futuras. Quando estes dois conceitos são reunidos, eles proporcionam uma perspectiva ética que sugere que o bem-estar humano é indispensável para nossa dependência e interdependência com tudo o que existe, em particular com o meio ambiente imediato do qual toda a humanidade depende [...]

A geometria dos indivíduos e dos relacionamentos

O conceito de *ukama* oferece um escopo geral para o entendimento da ética africana. Segundo *ukama*, a *relacionalidade* permeia todas as esferas da existência. No entanto, esta relacionalidade é concretizada ainda mais em *ubuntu* porque o pressuposto principal de *ubuntu* é que o indivíduo está indelevelmente associado à comunidade, e só pode florescer através de *ukama* dentro da comunidade. *Ubuntu* implica a inerente apreciação africana da relacionalidade ou *ukama*. (2004: 196, 203)

O arcebispo sul-africano Desmond Tutu, figura importante nas Comissões de Verdade e Reconciliação, descreve *ubuntu*: "Uma pessoa com *ubuntu* está aberta e disponível para os outros, afirmando os outros, não se sente ameaçada pelo fato de o outro ser capaz e bom, pois ele ou ela têm uma autoconfiança apropriada, nascida da consciência de pertencer a um todo maior, e que é diminuída quando os outros são humilhados ou diminuídos, quando os outros são torturados ou oprimidos" (1999).

Só pela imaginação podemos visualizar como seriam a família, a comunidade, a escola e o serviço social ou o Sistema de Justiça Criminal caso fossem baseados nos conceitos de *k'e*, *ki-ah-m*, *ukama* ou *ubuntu*. Imaginar um mundo diferente, no entanto, é um primeiro passo importante para criar uma alternativa de mundo. Estes conceitos parecem resumir belamente os temas principais da Justiça Restaurativa e nos oferecem um caminho para a realização de mudanças significativas. No Ocidente, as abordagens familiares de vergonha, exclusão e estigmatização colocam desafios para a manifestação da JR em ação, e continuará sendo assim caso não haja uma mudança em nossas concepções fundamentais sobre quem somos em nossas relações com os outros. JR não se trata de mudar os outros. Tanto por razões éticas como práticas, só podemos mudar a nós mesmos e, segundo esses conceitos relacionais, as famílias, as comunidades e as sociedades às quais pertencemos também mudarão.

Patricia Monture-Angus (1999) observou sua "dança" com a noção de que é tanto uma mulher Mohawk como uma advogada, quando tentava compreender a construção de paz aborígene no contexto da lei canadense. Foi significativa sua percepção do quanto ela "resiste a pensar como advogada" (158), o que sugere um contraste entre os paradigmas de justiça aborígenes e os eurocêntricos. Ela se refere à "vitalidade e resiliência da lei indígena" (159) como um sistema vivo de crenças relacionais no qual há curiosidade constante e afirmação de relacionamentos, desde a apresentação social até nossa conexão com a terra e tudo o que há nela. Isto não é uma lei abstrata, mas uma lei vivida: "Estes relacionamentos [parentesco ancestral] são a base das leis aborígenes. Toda vez que os indivíduos do povo aborígene se cumprimentam, eles estão afirmando os relacionamentos fundamentais que existem entre eles. Portanto, é correto afirmar que o povo aborígene está confirmando seu relacionamento jurídico diariamente. Isso é parte da sutileza de quem nós somos" (159). O constante reconhecimento da existência desses relacionamentos através das práticas sociais é a realização, a vida da lei.

Uma visão mais holística da pessoa individual e dos relacionamentos inclui a ideia de dependências. Valendo-se do *Ojibway Heritage* (1984), de Basil Johnson, Rupert Ross (1996) explica os relacionamentos como dependências, mais do que hierarquias. A terra vem primeiro, tudo depende dela; na sequência vêm as plantas, os animais e depois os humanos. Nesta visão, a sobrevivência humana individual depende não somente de afirmar relacionamentos com os outros humanos, mas também de seu relacionamento com os animais, as plantas e a terra. Devemos reconhecer os aspectos da visão aborígene dos relacionamentos na crítica a seguir sobre a nossa consciência mais familiar, dita por Morris Berman:

> A visão da natureza que predominava no Ocidente às vésperas da Revolução Científica era de um mundo encantado. Rochas, árvores, rios e nuvens eram vistos como maravilhosos, vivos, e os seres humanos sentiam-se em casa nesse meio ambiente. O cosmo, em resumo, era um lugar de pertencimento. Um membro deste cosmo não era um observador alienado do mesmo, mas um participante direto desse drama. Seu destino pessoal estava ligado ao destino do cosmo, e este relacionamento dava sentido à sua vida.
>
> A consciência científica é uma consciência alienada: não há uma fusão extática com a natureza, mas sim uma total separação desta. Sujeito e objeto são sempre vistos em oposição um ao outro. Eu não sou minhas experiências, e assim não sou uma parte real do mundo ao meu redor. O ponto final lógico desta visão de mundo é um sentimento de total reificação: tudo é um objeto, alheio, um não eu. E eu sou, em última instância, um objeto também, uma "coisa" alienada em um mundo de outras coisas igualmente sem significado. Este mundo não é de minha própria autoria; o cosmo não se importa em nada comigo, e eu realmente não tenho um sentimento de pertencimento a ele. O que sinto, de fato, é uma doença na alma. (1984: 2-3)

Há muito que refletir sobre a afirmação de Berman sobre os efeitos menos atraentes da consciência científica em termos de relacionamento. Há, é claro, muitos efeitos positivos da ciência em diferentes aspectos da vida moderna, tal como na tecnologia e nos cuidados de saúde. Mas temos sido reticentes em reconhecer os aspectos negativos dessa mentalidade, como Berman a descreve. Objetos alienados são, por definição, desengajados de relacionamentos significativos, uma vez que ser um objeto é também ser algo "diferente de", e a alienação em si diz respeito à falta de relacionamentos. A visão contrastante da natureza é mais parecida com o pensamento aborígene, holístico e interdependente, e por isso, imbuído de significado. Relacionamentos não são descrições clínicas e abstratas, mas experiências afetivas vividas.

Conclusão

O pensamento veio à mente de [Fools Crow] sem aviso; ele repentinamente compreendeu por que Fast Horse gostava tanto de correr com Owl Child. Era por causa da sensação de estar livre de responsabilidade, da sua responsabilidade pelo grupo; isso era o que o atraía. À medida que alguém pensa em si mesmo como parte de um grupo, passa a responder ao grupo e ser responsável pelo grupo. Se as amarras fossem cortadas, ele teria a liberdade de vagar, de pensar somente em si mesmo e de não se preocupar com as consequências de suas ações. Portanto, Owl Child e Fast Horse se puseram a vagar, e os pikunis a sofrer. (Welch 1986:211)

Esta passagem do romance *Fools Crow*, de James Welch – sobre a colonização do povo indígena no centro-oeste norte-americano, em especial dos pikunis, um clã da tribo Blackfeet –, nos lembra o poder da conexão e o da desconexão. Também afirma o valor que a comunidade tem para um membro individual ter verdadeira responsabilidade. Caracterizando esse senso particular de responsabilidade está o sentimento de pertencimento ao grupo que o motiva. Isso é bem diferente da responsabilidade mais superficial que se espera que os indivíduos tenham pelas leis e instituições, que são entidades abstratas animadas por profissionais e servidores públicos que são, igualmente, limitados por fronteiras relacionais.

A Justiça Restaurativa começa com cada um de nós como indivíduo, e estende-se a nossas relações com os outros e com nossa comunidade. De um modo bem concreto, os valores da Justiça Restaurativa se coadunam com o que Mark Kingwell chama de "virtudes de uma ordem política diversa": tolerância e sensibilidade, civilidade e respeito (2000: 89). Sócrates perguntou: "O que faz a vida valer a pena?" Kingwell respondeu: "No final das contas estamos mais felizes não com mais coisas, mas com mais significado: mais tempo de lazer criativo, conexões mais fortes com grupos ou amigos, comprometimento mais profundo com projetos sociais em comum e mais oportunidades de refletir – em resumo, a vida da pessoa bem equilibrada, que inclui como elemento vital o aspecto orientador de praticar uma cidadania virtuosa" (218).

Por algum motivo, os relacionamentos nos transformam como indivíduos. A história de Darren LeTourneau no início do capítulo ilustra bem isso. Nas circunstâncias especiais da história, um homem comprometido com a ideologia de supremacia branca foi transformado pelo envolvimento pessoal e amizade com um prisioneiro negro que ele não tinha visto, mas com quem estabeleceu um vínculo de amizade. Imagine o que mais seria possível através do relacionamento entre jovens menores de idade e adultos engajados, membros da comunidade, ou entre um causador de danos isolado e a pessoa a quem ele causou danos. A separação aumenta a distância entre nós; o envolvimento nos aproxima. E pelo engajamento ganhamos oportunidades inesperadas de crescimento pessoal, que caminham na direção de maior saúde da comunidade.

No entanto, a palavra "relacionamento" é frequentemente explorada em políticas institucionais, de modo que também denota a ideia de trabalhar com os outros, mas desprovido de uma conexão emocional. Outro perigo de um envolvimento institucional no nível relacional é que os praticantes da Justiça Restaurativa com embasamento comunitário e os participantes devem interagir com pessoas específicas que ocupam certas funções dentro da instituição, e estas pessoas mudam de função dentro de sua própria instituição. Embora seja possível estabelecer o tipo de relacionamento que descrevemos em uma comunidade ou família em que um funcionário institucional assume um papel, nem todos os funcionários estão abertos a esse tipo de relacionamento. Parece mais justo dizer que são mais incentivados os relacionamentos entre as pessoas e as instituições em si, o que é problemático. Como pode alguém ter um relacionamento do tipo que discutimos neste capítulo com uma entidade abstrata? Essa questão tem ressonância especial quando considerada no contexto do conteúdo abordado no próximo capítulo, onde exploramos o efeito da vergonha.

Notas

1. Do "Prefácio da nova edição de Nova York", escrito por Henry James em sua novela *Roderick Brown* (1986, orig. 1875).
2. Cheliotis argumenta que o gerencialismo no Sistema Penal tem um "efeito pernicioso" nos profissionais da Justiça Criminal. Ele pondera sobre "a razão pela qual as burocracias penais contemporâneas esforçam-se sistematicamente para despir o trabalho de Justiça Criminal de sua inerente natureza afetiva; as forças estruturais que asseguram o controle sobre os profissionais; o processo pelo qual estas forças atuam; e as consequências da submissão a ambientes onde reina o totalitarismo burocrático" (2006: 397).

8

Psicologia da Justiça Restaurativa
A vergonha de ser você mesmo

Vergonha
Vern Rutsala

Esta é a vergonha da mulher cuja mão esconde
seu sorriso porque os dentes estão muito ruins, não o grande
ódio de si que leva alguns às navalhas ou comprimidos
ou a mergulhar de belas pontes apesar do quão
trágico seja. Esta é a vergonha de ser você mesmo,
ou ter vergonha de onde você mora e o que
o salário de seu pai te permite comer e vestir.
Esta é a vergonha da gordura e da calvície,
da insuportável vermelhidão da acne, a vergonha de não ter
dinheiro para almoçar e fingir que não está com fome.
Esta é a vergonha da doença disfarçada – enfermidade
tão cara que oferece apenas seu frio
bilhete de ida para fora da vida. Esta é a vergonha de estar envergonhado,
o desgosto próprio do vinho barato bebido, a lassidão
que deixa acumular o lixo, a vergonha que te conta
que há outra maneira de viver, mas você é
burro demais para encontrá-la. Esta é a vergonha real,
a maldita vergonha, a vergonha de chorar, a vergonha que é criminal,
a vergonha de saber que palavras como "glória" não estão
no seu vocabulário embora sobejem na Bíblia
que você ainda não acabou de pagar. Esta é a vergonha de não
saber ler e fingir que sabe. Esta é
a vergonha que te dá medo de sair da sua casa,
a vergonha dos vale-compras no supermercado quando
o balconista demonstra impaciência pois você conta os trocados.
Esta é a vergonha da cueca suja, a vergonha
de fingir que seu pai trabalha em um escritório
como Deus queria que todo homem fizesse. Esta é a vergonha
de pedir aos amigos que te deixem em frente de uma das
casas bonitas da vizinhança e depois esperar

na penumbra até que eles tenham ido embora antes de andar
até sua triste casa. Esta é a vergonha do fim
da mania de possuir coisas, a vergonha
de não ter aquecimento no inverno, a vergonha de comer comida de gato,
a vergonha profana de sonhar com uma casa nova e um carro novo
e a vergonha de saber quão baratos são estes sonhos. (1988)

※ ❈ ※

Muitos de nós nos reconheceremos em algum dos aspectos do poema de Rutsala. O afeto da vergonha é inato ao ser humano, e todos sentimos vergonha durante a vida, seja como uma emoção passageira ou crônica, ou como condição debilitante. A vergonha é a fonte da conduta violenta e de comportamentos como ferir a si mesmo; pode ser vista na linguagem corporal como ombros caídos e olhos voltados para baixo. A vergonha está em toda parte, ainda pouco reconhecida, e muito pouco compreendida.

Uma das características insidiosas do Sistema de Justiça Criminal adversarial é sua maneira distorcida e insensível de lidar com a emoção humana. Este é um fenômeno curioso uma vez que, sem dúvida, o crime tem a ver com a gama de emoções evocada por ações que violam a pessoa. Embora a emoção gerada pelo crime seja uma das principais razões pelas quais o crime aparece tanto nas notícias e entretenimento, na sala de audiência o potencial de expressão individual de sentimentos humanos é visto como um problema que deve ser gerenciado pelos funcionários do Tribunal a fim de manter a ordem. As vítimas talvez sejam aconselhadas por seus advogados a manter suas emoções sob controle quando estiverem testemunhando a fim de dar a impressão de que seu depoimento é racional e coerente; as pessoas acusadas que mostrarem sentimentos durante seu julgamento podem ser vistas como manipuladoras. No entanto, ao mesmo tempo, é aceitável – e até louvável – que as nossas reações ao crime e à Justiça Criminal sejam intensamente emocionais. Isto nos diz algo sobre nossa cultura e instituições, mas também camuflam o fato simples e observável de que os humanos são frágeis.

A ligação entre emoções e Justiça Criminal é um tópico pouco examinado em criminologia porque seu foco está nas racionalidades (De Haan e Loader 2002). A minimização deste assunto pode ser explicada, em grande medida, pela recém-estabelecida dominância da psicologia cognitiva e comportamental em instituições de Justiça Criminal, que foca primariamente em avaliações criminogênicas e prescrições de tratamentos. Esta abordagem serve bem às demandas de controle e segurança dos processos institucionais, assim como atende às perspectivas ameaçadoras de responsabilização embutidas nas estruturas legal e política. Testes e resultados de testes prometem se enquadrar nas definições de "evidência" empírica requeridas pelas racionalidades administrativas e institucionais. No entanto, qualquer atenção significativa à psicologia das emoções, bem como à forma como esta se integra com a biologia e a sociologia, tem sido afastada justamente por sua inclinação psicológica. A história e a filosofia, outras duas vítimas da racionalização técnica das práticas institucionais, limitam ainda mais o exame completo do relacionamento entre emoções e Justiça Criminal.

Na Inglaterra do século 18, ainda não havia nenhuma instituição fixa de Justiça Criminal, e o Tribunal viajava por diferentes comunidades. Os *inquéritos judiciais* – sessões periódicas do Tribunal Superior para julgamento de casos civis e criminais – usualmente ocorriam duas vezes por ano em cada comunidade. Às vezes, eram celebrados com um grande baile, e as sessões do Tribunal eram oportunidades para a comunidade reunir-se e assistir a eventos solenes. A Corte era teatral: "Na sala do Tribunal, as ações dos juízes eram governadas pela importância do espetáculo" (Hay 1975: 27). Esse espetáculo, aliás, assemelhava-se mais à teatralidade do púlpito do que a do palco:

> Com seu ritual, seus julgamentos e sua canalização de emoções, a lei criminal reproduzia muitos dos fortes componentes psíquicos da religião [...] Além do mais, há razão para acreditar que os sermões seculares da lei criminal se tornaram mais importantes do que os da Igreja no século 18. (29)

As instituições de Justiça Criminal começaram a substituir a Igreja na demonstração de autoridade moral, e na transferência de emoções, reduzindo gradualmente a relevância nas práticas de resolução do conflito com base na comunidade. A Corte como "teatro moral" tornou-se a prática na qual a emoção gerada por conflitos sérios tornava-se propriedade do Juiz e do Tribunal – que representavam os cidadãos como um todo – ao invés de ser propriedade das partes em conflito mesmas. Mas a demonstração de emoções pelas partes em conflito e pelos membros da comunidade nas galerias era provavelmente mais evidente do que é hoje, pois o gerenciamento da emoção se tornou mais institucionalizado e racionalizado.

A colocação de Christie (1977), de que os profissionais roubaram o conflito de quem o detinha por direito, como demonstrado nesse exemplo histórico, acarreta duas mudanças significativas. Em primeiro lugar, as pessoas em conflito foram privadas de uma maneira de processar suas próprias emoções geradas pelo conflito, tendo delegado isso ao juiz. Em segundo lugar, os membros da comunidade ampliada – também excluída de participar no processo do conflito – não ficaram apenas privados de sua capacidade de lidar com seus próprios sentimentos em rituais coletivos, mas passaram a perder sua competência natural de apoiar e ajudar os vizinhos (McKnight 1995). Transformados de participantes em espectadores, os cidadãos individuais tornaram-se menos ativos quanto às questões de sua própria vida e da comunidade ampliada. O foco deste capítulo é o modo como essas mudanças afetaram a interação das emoções – especialmente a da vergonha – com a Justiça Criminal – da perspectiva das lentes da Justiça Restaurativa.

Como já foi observado, as práticas restaurativas não se restringem necessariamente ao domínio da Justiça Criminal, embora o foco deste livro esteja em boa parte dentro desse contexto. Os conflitos interpessoais que violam a pessoa ou a propriedade em geral são considerados como crimes, e a especificidade do ato determina o lugar do mesmo no espectro das intervenções da Justiça Criminal. A teoria e a prática da Justiça Restaurativa ressaltaram duas áreas de interesse psicológico que revisaremos neste livro. A primeira delas, a vergonha, foi um conceito fundamental em uma das primeiras obras teóricas no campo da JR: *Crime, Shame and Reintegration* (1989) de Braithwaite, e continua a provocar discussão e debate. A segunda área é a do trauma, levantada mais recentemente por praticantes restaurativos que trabalham com casos de crimes e violência grave (Gustafson 2005), que é o tópico principal do Capítulo 9. Embora emergindo primariamente na área da Justiça Restaurativa, ambos os fenômenos psicológicos contêm enormes implicações para os processos de Justiça Retributiva Adversarial.

Emoções e Justiça Criminal

Em seu clássico estudo da história das boas maneiras, o processo de civilização e a formação dos Estados, Norbert Elias adverte que o estudo do comportamento humano que focalizar a razão às custas da emoção terá um valor limitado (1994 [1939]: 486). Desde os anos 1980, o conceito de "inteligência emocional" foi inserido no discurso das Ciências Humanas, embora a criminologia tenha se mostrado notadamente resistente, evitando a maior parte das possíveis incursões teóricas no campo das emoções. Quando a atenção às emoções aparece no âmbito da Justiça Criminal ou nos esforços de segurança nacional, isto acontece de modo estranho e obsoleto. No Canadá, por exemplo, os programas federais correcionais abordam as emoções no comportamento dos prisioneiros[1], mas os contextos emocionais nos quais estes programas acontecem e a saúde emocional do trabalhador correcional permanecem bem fora do foco. Nos Estados Unidos, a obsessão política com a "guerra contra o terrorismo" essencialmente equivale à guerra contra um afeto emocional[2], alvo militar bastante duvidoso sob qualquer critério. A ampla apropriação e o abraço protocolar da ciência e da razão no âmbito da pesquisa criminológica e das instituições de Justiça Criminal parecem ter enfraquecido qualquer desenvolvimento do interesse pelas emoções, com implicações curiosas. Como nota Sherman: "Por três séculos, a criminologia tentou fazer da razão, e não da emoção, o método primário de Justiça. Os resultados, no entanto, são modestos, bloqueados pelo paradoxo da política social: *supomos que os criminosos sejam racionais, mas que a Justiça deveria ser emocional*" (2003: 2, ênfase no original).

A discussão da vergonha especificamente na Justiça Restaurativa será mais frutífera se precedida pela exploração do terreno conceitual geral das emoções no campo da Justiça Criminal. Em um exame profundo desta ligação, Susanne Karstedt (2002) observa a mudança da imaginação moral nas sociedades onde as ideias de vergonha e Justiça Restaurativa revitalizaram a reflexão sobre as emoções na Justiça Criminal em geral. Ela identificou três problemas centrais e questões correlatas geradas nesse contexto: "As reações emocionais aos crimes são 'naturais' ou 'primordiais' a ponto de precisarem não apenas um lugar próprio, mas um lugar proeminente na Justiça Criminal, lugar que vem sendo indevidamente ignorado?", "As emoções constituem nossos princípios morais?" e "As instituições deveriam pedir ou exigir a manifestação de 'emoções autênticas' dos indivíduos?" (301). Em resposta a sua primeira questão e usando exemplos contemporâneos, ela se opõe à ideia de que as reações emocionais ao crime sejam "naturais", argumentando que "o padrão cultural e institucional específico no qual estas emoções estão inseridas constitui e define a reação emocional" (305). Ela, de forma similar, desafia a questão das emoções como princípios éticos e, em vez disso, sugere que as emoções sejam mais "consequências" ou "expressões" de padrões morais aceitos, ao invés de premissas nas quais esses princípios estão baseados. Finalmente, ela considera espinhoso o assunto das instituições que esperam emoções autênticas e conclui que qualquer uma dessas expectativas pode ficar comprometida pelo fato de que as emoções são amplamente invisíveis: Como pode alguém (muito menos uma instituição) saber como um "ofensor" ou uma "vítima" se sentem com relação ao dano em questão ou, ainda, ordenar que revelem de forma autêntica seus sentimentos?

Estas questões levantam temas importantes relacionados a emoções geradas por questões de Justiça Criminal, demonstrando a complexidade da justiça na prática, fora das estruturas legais. As emoções não podem ser legisladas, nem dentro nem fora da prática; os processos de Justiça não podem obrigar nem garantir a autenticidade individual. O *self* privado e sua expressão pública não coincidem necessariamente, então não é surpresa que as emoções sejam "invisíveis", especialmente diante de expectativas históricas e culturais específicas sobre sua expressão. A indignação contra injustiças ou danos graves, seja ela flagrante ou invisível, não é *a priori* a base da moralidade e, portanto, não é uma justificativa para respostas morais autoritárias. Nossas emoções não são aceitas como motivação ética para nossas ações; mesmo em processos no Tribunal, as argumentações baseadas em emoções são vistas no máximo como agravantes ou atenuantes. As emoções não são vivenciadas e expressas universalmente em todas as culturas e instituições políticas, que desafiam qualquer alegação de que elas sejam "naturais". A expectativa de que as vítimas ou os ofensores expressem certas emoções de determinada maneira pode distorcer ou mesmo descarrilhar o processo de Justiça se as partes envolvidas não atenderem a essas expectativas. Isto é bem demonstrado nas diferenças culturais entre os povos aborígenes e as sociedades norte-americanas colonizadas por europeus. A ética aborígene de não interferência e não competitividade, que leva à contenção emocional, figura significativamente entre as interpretações errôneas das formas aborígenes de processo de justiça criminal.[3]

Além disso, as emoções têm um papel significativo na Justiça Criminal, assim como nos processos de resolução de conflitos em geral. O trabalho do Harvard Negotiation Project, descrito no renomado livro *Como chegar ao sim*, aborda o elemento da emoção em sua estratégia de resolução de conflitos: "Em negociação, particularmente em uma amarga disputa, os sentimentos podem ser mais importantes do que as falas" (Fisher, Ury e Patton 1991: 29). Os autores sugerem que as emoções nos processos de resolução de conflitos podem levar a negociação a um fim; consequentemente, é necessário lidar com as emoções, primeiro reconhecendo e entendendo as mesmas, explicitando-as e reconhecendo-as como legítimas e, em seguida, permitindo aos participantes que liberem as emoções, expressando-as. Os processos de Justiça Criminal, no entanto, não são baseados em negociação ou em resolução de conflito; ao contrário, são estruturalmente adversariais e produzem "ganhadores e perdedores". Neste contexto, as emoções podem ser vistas como indicadores de sinceridade ou manipulação, enquanto o processo é baseado nos pressupostos de racionalidade e aplicação objetiva da lei e do procedimento legal. Não há mecanismo nem estratégia em processos formais do Tribunal para acomodar as emoções de seus participantes, uma vez que a expressão de sentimentos gerada pelo crime em questão é irrelevante em face do foco dominante em fatos demonstráveis.

O papel da Justiça Restaurativa em movimentar e avivar o interesse pelas emoções na Justiça Criminal tem sido reconhecido recentemente (De Haan e Loader 2002; Sherman 2003: Karstedt 2002), e a atenção à vergonha é um exemplo disso. Na introdução deste capítulo, discutiremos a vergonha como ponto focal de conscientização nas práticas restaurativas, e também como variável psicológica à qual devemos atentar no serviço aos participantes e em relação à nossa própria conduta.

O que é vergonha?

As pesquisas da neurofisiologia e da neuropsicologia sugerem que as emoções são baseadas em um conjunto fixo de mecanismos psicológicos (Nathanson 2003: 2). Donald Nathanson descreve a sequência de relações conceituais ligadas à vergonha da seguinte forma:

1. Usamos o termo "afeto" para representar qualquer uma das nove famílias de mecanismos fisiológicos subjacentes a qualquer emoção. Os afetos são um grupo de ações musculares e circulatórias altamente padronizadas, primariamente demonstradas através de "expressões faciais", mas também de certos odores, posturas e vocalizações. É a função evoluída do sistema de afetos que dá significado às informações derivadas de outros sistemas.
2. Quando aceitamos ou prestamos atenção ao afeto que foi desencadeado por um [desses] mecanismos [...] ele se torna o que convencionalmente chamamos de "sentimento".
3. À combinação de um afeto com nossa memória de experiências prévias desse afeto, é dado o nome formal de "emoção". Sugeri alhures que afeto é sempre biológico, enquanto emoção é sempre biográfica. Cada um de nós tem os mesmos nove afetos inatos, mas nossa experiência de vida faz nossas emoções muito diferentes. (2003: 3)

Neste modelo, a vergonha é considerada um afeto; ou seja, é um grupo de mecanismos fisiológicos que funcionam como um sentimento e é descrito como uma emoção. O espaço entre biologia (afeto) e biografia (emoção) sugere um interlúdio durante o qual o indivíduo interpreta as pistas fisiológicas como tendo significados particulares.

Na década de 1920, Charles Cooley considerou os "autossentimentos" no contexto da psicologia social através de um construto bastante conhecido como "o *self* espelho" (Cooley 1922), ou olhar para nós mesmos do um ponto de vista do outro. De acordo com Cooley, esta dialética entre a autopercepção e a percepção dos outros motiva a tendência ao automonitoramento: "uma ideia de *self* desse tipo parece ter três elementos principais: a imaginação de nossa aparência para o outro; a imaginação de seu julgamento dessa aparência e algum tipo de autossentimento, tal como orgulho ou mortificação" (184). George Mead (1934) posteriormente argumentou que o indivíduo era um produto não apenas da biologia, mas também da interação social, como é visto na prática individual de assumir papéis. Mais tarde, Erving Goffman (1959, 1963) elaborou a ideia do *"self* espelho" sugerindo que o constrangimento, ou sua antecipação, está na raiz da maior parte das interações sociais. Thomas Scheff e Suzanne Retzinger usam o pano de fundo desse trabalho histórico para lançar sua tese da vergonha como "a emoção mestra da vida diária". Eles veem a vergonha como "o nome da classe de uma grande família de emoções e sentimentos que crescem através da autovisão negativa, *ainda que apenas levemente negativa*, através dos olhos dos outros, ou mesmo por simplesmente antever esta reação nos outros" (2000: 4). Eles explicam sua conclusão de que vergonha é a emoção mestra por "possuir muito mais funções sociais e psicológicas do que as outras emoções" (6-7). Três observações motivaram esse entendimento. Primeiro: vergonha é central para a consciência "uma vez que sinaliza transgressões morais mesmo sem pensamentos ou palavras"; segundo: ela vem sob a forma de ameaças reais ou imaginárias aos vínculos sociais ("ela assinala problemas em um relacionamento"); e terceiro: vergonha é a chave para a regulação e a consciência de outras emoções (7).

Richard Shweder apresenta uma definição de vergonha que parece incorporar a maioria desses temas:

> Vergonha é o sentimento profundo e altamente motivador da experiência do medo de ser julgado imperfeito. É uma experiência de ansiedade da perda de *status*, tanto real como antecipada, um afeto ou autoimagem que resulta do conhecimento de que somos vulneráveis ao olhar desaprovador ou ao julgamento negativo dos outros. É um terror que toca a mente, o corpo e a alma precisamente porque estamos cientes de que podemos decepcionar se comparados a um ideal partilhado e inconteste, que define o que significa ser uma pessoa boa, valiosa, admirável, atraente ou competente, dado nosso *status* ou posição na sociedade. (2003: 1115)

Talvez porque a vergonha seja um afeto inato aos humanos é que podemos reconhecer as experiências descritas aqui no contexto de nossa própria vida.

Johann Klaassen expande a definição de vergonha para incluir o que a catalisa, quais são seus efeitos e quais estratégias temos de utilizar:

> A vergonha tem três características relevantes. Primeira: um julgamento de vergonha cresce em casos de falha moral, ações imperfeitas entendidas como indicativas de alguma falha importante no caráter. Segunda: ela provoca um tipo de dúvida que pode, às vezes, se tornar um senso de autodestruição quase insuportável. E terceira: a vergonha é superada quando mudamos nosso caráter, isto é, quando, através do crescimento ético, paramos de suportar a vergonhosa falha de caráter que originou o julgamento gerador de vergonha. (2001:175)

O modelo da "bússola da vergonha" de Nathanson e colegas explica as respostas mal adaptativas à vergonha às quais recorremos quando sentimos que não podemos prestar atenção àquilo que o foco da vergonha nos mostra a respeito de nossas ações. A bússola inclui os quatro polos seguintes: *afastamento* (afastar-se daqueles para quem nossas inadequações foram reveladas); *ser de ataque* (usado quando o afastamento é muito solitário e nos alinhamos com aqueles que nos parecem mais poderosos, mesmo que não seja saudável para nós, como um parceiro abusivo); *evitação* (meios utilizados para fazer os sentimentos ruins se dissiparem, como no abuso de álcool, drogas, sexo); e *atacar o outro* (reduzir a autoestima dos outros a fim de elevar a nossa). O "caráter moral" de Klaasen é o *self* mais saudável que emerge quando se corrige as estratégias mal adaptativas de resposta à vergonha.

As palavras "vergonha" e "culpa" são quase sempre usadas indistintamente, mas os estudiosos que trabalham nessa área traçam diferenças. Paul Gilbert (2003), por exemplo, afirma que a culpa não está baseada em ameaças ao *self* ou na necessidade de defender seu *self*, como acontece na vergonha; ao contrário, a culpa está baseada na preocupação com os outros. Ele argumenta também que, embora a vergonha possa estar associada com a raiva dirigida ao outro, a culpa não. Em sua visão, o produto da culpa é a reparação e o produto da vergonha é a dissimulação (1206). A importância e a preocupação com os relacionamentos individuais, ainda que de modo distinto, aparecem na distinção entre os dois: "A raiz evolucionária da vergonha está em um sistema de ameaça social autocentrado, relacionado a um comportamento competitivo e a uma necessidade provar que sou aceitável/desejável para os outros [...] A culpa, no entanto, evoluiu a partir do cuidado e de um "sistema que evita causar danos aos outros" (1205). Cassie Striblen (2007) reforça a visão da vergonha como relacionada à consciência pessoal de suas falhas, medidas em comparação a padrões do grupo a que pertence ou gostaria de pertencer. Além disso, ela nota: "Enquanto a vergonha está relacionada às falhas de alguém, a culpa está relacionada à transgressão. A culpa surge quando alguém quebra uma regra cuja autoridade aceita" (478). Tais percepções da diferença entre vergonha e culpa, no entanto, não foram confirmadas em um estudo com pessoas condenadas por dirigirem embriagadas (Harris 2006); o autor sugere que este deve ser um resultado isolado, dado o contexto específico para o estudo de emoções específicas.

Se partirmos das premissas delineadas pelos autores acima, então concordaremos que o indivíduo é um ser social e que, pelo engajamento social com outros, ele formula papéis e expressões que, em algum nível, são retroalimentadas – de fato ou como expectativa – por aqueles ao seu redor. Vergonha é uma família de emoções (que inclui também humilhação, constrangimento) que é relacional, por definição. Sente-se vergonha enquanto indivíduo, mas a vergonha é uma resposta afetiva a uma situação social. Como apontaram Scheff e Retzinger, a maneira como um indivíduo lida com a vergonha depende de muitas variáveis, incluindo a cultura. As sociedades ocidentais favorecem uma orientação individual ao invés da relacional, comum nas culturas aborígenes, portanto a vergonha nas culturas ocidentais modernas assume formas camufladas (2000: 5). Este entendimento da vergonha sugere, pelo menos, duas importantes considerações para a Justiça Restaurativa e seus processos: 1) que a vergonha tem uma base relacional e 2) que os relacionamentos são parte integrante tanto do manejo da vergonha quanto da compreensão teórica da Justiça Restaurativa; e que a vergonha oculta e camuflada das sociedades ocidentais coloca certos desafios práticos para a facilitação dos processos restaurativos.

Vergonha e Violência

O Processo Civilizador, de Norbert Elias (1994 [1939]), trabalho seminal sobre a sociologia das sociedades ocidentais, oferece uma rica história dos costumes, da formação dos Estados e da civilização onde figura a vergonha (entre outros fenômenos). A riqueza da análise dessa obra, baseada em grande medida em escritos pós-medievais sobre costumes, delineia uma moldura sociológica para a discussão da vergonha. Em resumo, considerando inúmeras atividades humanas, Elias conclui que os padrões europeus – especificamente violência, comportamento sexual, funções corporais, modos à mesa e formas de falar – mudaram com base no aumento dos limiares da vergonha. A mudança das expectativas quanto à conduta individual emanava da etiqueta das classes privilegiadas nas cortes (daí vem o termo "cortesia") e demandou uma nova forma de autorrestrição, particularmente diante da crescente repugnância pelo comportamento "grosseiro" da sociedade em geral. Elias prossegue, examinando as implicações psicológicas da vergonha dentro do tema da violência. O segundo volume dessa obra revela como o Estado adquiriu o monopólio da violência sobre o indivíduo e o quanto a conduta civilizada proibiu expressões violentas por parte do indivíduo.

Uma fonte primária dos padrões de boas maneiras descritas por Elias foi escrita por Erasmo de Roterdã em meados de 1500. O número de vezes que sua obra foi publicada – foi reimpressa trinta vezes e reproduzida em mais de 130 edições no século 18 – é indicativo de sua importância na época (Elias 1994: 43). A passagem a seguir exemplifica o tipo de instrução que Erasmo ofereceu para a população do Estado ocidental nascente:

> A pessoa bem-educada deve sempre evitar expor, sem necessidade, as partes às quais a natureza atribuiu pudor. Se a necessidade o exige, isso deve ser feito com decência e reserva mesmo que ninguém mais esteja presente. Isso porque os anjos estão sempre presentes e nada lhes agrada mais em um menino do que o pudor, companheiro e guardião da decência. Se desperta vergonha mostrá-las aos olhos dos outros, menos ainda devem ser expostas ao seu toque [...]
>
> Para contrair uma doença: escute a velha máxima sobre flatulência. Se ela puder ser solta sem ruído, será melhor. Mas ainda assim, melhor soltar com ruído do que conter.
>
> A esta altura, porém, teria sido útil suprimir a sensação de embaraço de modo a acalmar o corpo ou, seguindo o conselho de todos os médicos, apertar fortemente as nádegas e agir de acordo com a sugestão dos epigramas de Éton: fazia de tudo para não peidar explosivamente em um lugar sagrado, e orou a Zeus, mesmo com as nádegas comprimidas. O som do peido, especialmente das pessoas que se encontram em um lugar elevado, é horrível. Sacrifícios devem ser feitos com as nádegas fortemente comprimidas. (106)

A surpreendente franqueza dessas descrições é engraçada por causa do tom sério das instruções. Erasmo ofereceu uma clara informação sobre o que precisava ser mudado na conduta pessoal individual com respeito às funções corporais, a fim de que a pessoa fosse vista como "bem-educada". Parece que esses padrões eram novos para aqueles tempos, dada à atenção cuidadosa aos detalhes.

Elias nota que o tratado de Erasmo, na imposição de restrições sociais, "tem precisamente a função de cultivar sentimentos de vergonha" (110). Durante muitos séculos, o crescimento dos limites da vergonha estava conectado com o aumento da expectativa de autorrestrição mental em pessoas "civilizadas" (447). A realização dessa autorrestrição em assuntos de funcionamento corporal estendeu-se para a conduta social, na qual o desejo de agir violentamente também foi restringido. Elias argumenta que o cultivo da autorrestrição de impulsos violentos, difundidos na população em geral, era uma precondição necessária para a formação de Estados civilizados – que então, paradoxalmente, ganharam o monopólio da força:

> A moderação das emoções espontâneas, a modulação dos afetos, a extensão do espaço mental além do momento passado e futuro, o hábito de conectar eventos em termos de nexos de causa e efeito – todos estes são diferentes aspectos de uma mesma transformação de conduta que necessariamente acontece com a monopolização da violência física e o prolongamento dos elos da ação social e interdependência. É uma mudança de comportamento "civilizadora". (448)

Assim, começando com as recomendações de como suprimir a passagem dos gases de modo a não ser vista como vergonhosamente mal-educada, o processo civilizatório estendeu-se a outras áreas da vida social. A fim de evitar o desconforto da vergonha, os indivíduos nas sociedades ocidentais habituaram-se a ponderar de que modo os impulsos e desejos poderiam afetar nosso *status* aos olhos dos outros. A essa composição foi adicionada uma nova atenuação do conceito de tempo – a consideração de como as ações de hoje podem afetar a nossa reputação e relacionamentos do passado e no futuro.

A partir de uma base sociológica, podemos ver como os limiares da vergonha foram elevados e ligados a uma maior expectativa de restrição individual da conduta violenta e concomitante aceitação da violência estatal. Examinaremos agora o impacto psicológico da ligação entre vergonha e violência e consideraremos dois trabalhos-chaves: a análise da humilhação individual, da vergonha e da inveja em culturas baseadas na honra, do professor de direito William Ian Miller, e as observações do psiquiatra James Gilligan sobre vergonha e violência no contexto de seu trabalho com prisioneiros condenados por crimes violentos.

Um dos interesses de Miller está na sociedade heroica descrita nas sagas da Islândia. Em suas palavras, a saga "revela, com uma astúcia pouco usual, o comportamento das pessoas que se preocupavam integralmente com a imagem pública que passavam e o respeito que despertavam. Estas pessoas não podiam pensar em autoestima sem ter a estima dos outros" (1993: ix). Sua discussão de vergonha está intrinsicamente conectada com honra: "Vergonha é, em certo sentido, nada mais do que a perda da honra [...] A vergonha tem funções óbvias na socialização de pessoas honradas e na manutenção do controle social" (118-19). A ideia de vergonha é simultaneamente individual (um afeto da pessoa) e social (o contexto escolhido pela pessoa). Na passagem a seguir, a honra está ligada à violência:

> Simplificando bastante, honra é aquela disposição que faz com que atuemos de modo a envergonhar a quem nos tenha envergonhado, a humilhar a quem nos tenha humilhado. A pessoa honrada é aquela cuja autoestima e posicionamento social é intimamente dependente da estima ou da inveja que provoca nos outros. No fundo, honra significa "não pise em mim". Mas para deixar claro para os outros que eles não devem pisar em você, muitas vezes, era preciso mostrar que você estaria disposto a pisar nos outros. [...]
> Na cultura baseada na honra, a perspectiva da violência é inerente a praticamente toda interação social entre homens livres e mulheres livres também. (84-85)

Por sorte não vivemos em uma sociedade heroica que Miller viu na saga islandesa – ou será que vivemos? Uma revisão anedótica dos filmes de ação mais populares criados pelo cinema de Hollywood provavelmente revelaria algumas similaridades com uma cultura heroica. Os enredos seguem padrões familiares, onde o que é interpretado como um ato injusto a uma pessoa honrada ou decente é vingado com autoridade moral. A violência, em geral, é essencial para a estória.

Infelizmente, a conexão vergonha-honra não é tema apenas de filmes comerciais ou estórias de *vikings*. James Gilligan viu isso vividamente em seu trabalho com prisioneiros condenados por ofensas violentas nos Estados Unidos. Em seu livro *Violence: our Deadly Epidemic and its Causes* (1996), ele se baseou em grande medida na compreensão adquirida ao longo de muitos anos de trabalho psiquiátrico com homens violentos encarcerados, que o fez concluir que "o propósito da violência é diminuir a intensidade da vergonha e substituí-la, na medida do possível, pelo seu oposto – o orgulho – evitando assim que o indivíduo seja inundado por sentimentos de vergonha" (1996: 111). Na vida desses homens – sobreviventes de uma história de abusos e negligência por parte de supostos cuidadores – o incentivo à violência vem do desejo de reconquistar o respeito que acreditam ter perdido por alguma agressão verbal, confronto físico ou ato desdenhoso. Gilligan notou que "a conexão intrínseca entre desrespeito e vergonha é enfatizada pelo antropólogo Julian Pitt-Rivers, que concluiu que em todas as culturas conhecidas 'a perda do respeito dos outros provoca desonra [...] e inspira o sentimento de vergonha'. Em prisões de segurança máxima, esta é a história de vida dos homens". (109-10)

O trabalho de Gilligan oferece um relato frequentemente trágico da relação que esses homens violentos travam com a prisão:

> A violência em si proporciona um modo digno de obter cuidado (um crime não violento não proporcionaria isso). É digno porque o prisioneiro não precisa reconhecer para si mesmo nem para os outros que quer cuidado, comida, abrigo e tudo o que representam. Ele pode acreditar, e todos acreditam, que está na prisão precisamente pela razão oposta: porque ele é tão ativo, agressivo e independente, tão grande, resistente, forte e perigoso que a sociedade está de fato com medo dele; que ele realmente quer sair da prisão e que é bom que coloquem aqueles muros altos, patrulhados com guardas armados, senão, pode ter certeza, ele escapará assim que puder. E, claro, toda a sociedade e o Sistema de Justiça Criminal, desde os jornais e políticos até os Tribunais e prisioneiros, inconscientemente contribuem com ele para ocultar a razão de ele estar na prisão – isto é, ninguém tomaria conta dele em nenhum outro lugar, e ele próprio está muito envergonhado disso e não quer admitir sua necessidade de cuidado e sua inabilidade em cuidar de si mesmo. Portanto, o comportamento violento viabiliza o desejo reprimido de ser amado e cuidado pelos outros, mas de uma maneira segura que garanta sua dignidade, pois desse modo um homem que se sinta envergonhado pode tolerar que estes desejos sejam atendidos. Isso preserva a dignidade porque o comportamento violento é a imagem no espelho, o reverso exato desses desejos. (119)

A interpretação de Gilligan do comportamento violento de alguns prisioneiros corrobora a percepção daqueles que trabalharam neste campo. Muito frequentemente os prisioneiros, como estes que ele descreve, quando estão prestes a serem soltos, envolvem-se com o que parece atos de autossabotagem que os colocam de volta na progressão de sua sentença. Gilligan descreve isso em um contexto de *cuidado* – ou antes, ausência de cuidado – que começa quando a pessoa é muito jovem e continua ao longo de toda a sua vida. No período de encarceramento, essa ausência de cuidado requer uma intervenção de segurança, ao menos ostensivamente.

É inquietante imaginar o sentimento devastador de vergonha que advém de não ter ninguém que se importe com você. Se entendermos que as raízes da violência estão na vergonha, então aí devem começar nossas respostas à violência. Atualmente, a resposta correcional à violência, tanto no Canadá como nos Estados Unidos, é uma restrição forçada, acoplada à programação cognitiva e à avaliação psicométrica de risco. As intervenções dentro da prisão focam na conduta e no que esses prisioneiros fizeram aos outros; raramente, se tanto, os programas das prisões abordam o que os outros fizeram ao indivíduo ao longo de sua trajetória até a sentença de prisão. O Sistema de Justiça Criminal em particular tem uma incapacidade inata de ver as pessoas como criaturas complexas. O indivíduo é ou vítima ou ofensor, e "esses dois nunca hão de se encontrar". Por alguma razão, acreditamos que a punição é o tônico que curará a violência. Gilligan mostra o outro lado:

> As condições que aumentam e intensificam os sentimentos de vergonha (como punição, humilhação) diminuem os sentimentos de culpa (isto é, aumentam os sentimentos de inocência). Esta verdade psicológica – a capacidade que a punição tem de aliviar o sentimento de culpa e intensificar o sentimento de inocência – é, como já expus, a base da confissão, penitência e absolvição dos pecados. É também uma das razões por que a punição estimula a violência. A vergonha, por outro lado, não motiva a confissão, mas a dissimulação do que quer que seja que a pessoa se envergonhe. Por outro lado, as condições que intensificam os sentimentos de culpa (agressão bem-sucedida e ambição, vitória em uma competição) diminuem os sentimentos de vergonha (ou, em outras palavras, intensificam os sentimentos de orgulho). (2003: 1173)

Portanto, além da noção de punição como a imposição deliberada de dano, Gilligan afirma que a punição é também um catalisador de violência em quem está sendo punido. Isso equivale a um círculo vicioso de dano que não tem saída aparente. Os debates públicos sobre Justiça Criminal, educação e criação de filhos, em sua maioria, se colocam num movimento pendular sobre punição, e o debate fica entre respostas punitivas "duras" ou "lenientes" diante do desrespeito a leis ou regras. Presos na rotina dessa estrutura punitiva autoimposta, qualquer esforço criativo que façamos para encaminhar o problema de modo significativo (isto é, de uma maneira a resolvê-lo) definha.

A vergonha proporciona lentes diferentes para entender a violência e como preveni-la, lentes diferentes do pensamento comportamental. Até aqui, consideramos a vergonha como um afeto inato em todas as pessoas. O modo como a vergonha é manejada inclui perspectivas históricas, culturais e pessoais. Vimos que a mudança dos limiares de vergonha ao longo dos séculos resultou em um crescente monopólio da violência pelo Estado, acompanhado pela diminuição da tolerância social à expressão individual de violência. Mas a vergonha também pode ser uma fonte de violência, um modo de responder à percepção de desrespeito ou desonra. A punição provoca mais vergonha e, se aquele que foi punido tem maneiras inadequadas de lidar com a vergonha, gera ainda mais violência. Qual é a implicação política disso para a Justiça Criminal? O nosso processo corrente consegue abordar o fenômeno da vergonha? Uma vez que a vergonha mostrou ser uma fonte central de violência, e há uma demanda política recorrente para trazer segurança às comunidades, será que a vergonha deveria ser vista como um elemento a considerar na construção de políticas de Justiça Criminal?

Uma possibilidade desconfortável é que o nosso processo de Justiça Criminal atual exacerba a vergonha e gera violência. A resolução de problemas requer muita criatividade na busca de lentes alternativas e formas de considerar a redução do dano. As crenças restaurativas constituem um paradigma diferente de pensamento através do qual consideraremos os mesmos problemas.

Vergonha e Justiça Restaurativa

A criminologia é multidisciplinar uma vez que seleciona teorias e pesquisas de várias disciplinas, principalmente sociologia, psicologia, biologia, direito e, mais recentemente, geografia e educação. Na tentativa de entender o "crime", a criminologia mergulha nessas disciplinas para reunir ideias que ajudem a produzir explicações que não são apenas "testáveis", mas que permitem colher evidências para influenciar as políticas de justiça criminal e bem-estar social. Seria conveniente formular a questão mais profunda sobre as motivações destas diferentes orientações às quais nos levam as evidências. Por exemplo, a pesquisa criminológica pode ser dirigida a melhores técnicas policiais, práticas prisionais ou estratégias de sentenciamento. Este livro sugere que a questão da motivação está eticamente vinculada à noção de interesses comuns, e que esses interesses se resumem à segurança individual e comunal. Embora os exemplos mencionados acima visem ao objetivo da segurança, seus pressupostos em geral são ideias teóricas ou de "senso comum", sem fundamentação empírica, ou que omitem a consideração de fatores relevantes que desafiam o *status quo*. Vergonha e trauma são dois desses fatores; ambos podem ser mais bem entendidos através das lentes diferentes e multidisciplinares da Justiça Restaurativa.

Um dos primeiros trabalhos teóricos na Justiça Restaurativa – *Crime, Shame and Reintegration* – apresentou a ideia de vergonha como um componente central do processo colaborativo. Seu autor, John Braithwaite, integrou a implantação das recém-surgidas Conferências de Grupos Familiares no modelo de bem-estar social e na Justiça Juvenil da Nova Zelândia com seu trabalho sobre crimes corporativos, no qual ele trabalhou a variável da vergonha, ressaltada no processo neozelandês, ainda que seu interesse fosse menos na vergonha em si (uma emoção ou afeto) e mais no ato de *causar vergonha*, que ele define como "todos os processos sociais que expressam desaprovação com a intenção ou efeito de evocar remorso nas pessoas envergonhadas, e/ou condenação por aqueles que se tornam conscientes de causar vergonha" (1989: 100). Na opinião de Braithwaite, o problema do Sistema de Justiça Criminal Retributivo moderno é que a vergonha é estigmatizante em vez de reintegrativa – daí a abertura para as abordagens da Justiça Restaurativa. De vários modos, esse tratado foi uma contribuição marcante para o campo mais amplo da criminologia, onde o construto da "vergonha reintegrativa" abriu uma nova abordagem teórica para o entendimento do crime e das respostas da Justiça Criminal. Como o próprio Braithwaite observou posteriormente: "A teoria da vergonha reintegrativa é uma tentativa explícita de integrar nossa compreensão das teorias criminais do controle, da subcultura, da oportunidade, da aprendizagem (por exemplo, associação diferencial) e da rotulação" (2000b: 296). O conceito de vergonha reintegrativa de Braithwaite começou a ter repercussão no campo da educação e administração escolar, onde os professores estão aplicando os conceitos de seu trabalho na forma de gerenciamento da vergonha através da reintegração dentro da disciplina escolar e do manejo do *bullying* (Ahmed et al. 2001; Morrison 2006).

Na Austrália, nos anos 1990, a noção de vergonha reintegrativa foi introduzida no modelo de Conferência de Grupos Familiares, que estava sendo adotada por departamentos de polícia e nos emergentes serviços de transformação de conflitos privados. Esse modelo recentemente migrou para a América do Norte. Nos Estados Unidos, apareceu inicialmente no trabalho da Real Justice, companhia que ofereceu treinamento em Conferências de Grupos Familiares para pessoas que trabalham no campo da Justiça Criminal e educação. No Canadá, a Royal Canadian Mountain Police foi treinada pela extinta empresa australiana Transformative Justice Australia; as primeiras tentativas de usar a vergonha reintegrativa nas conferências aconteceram em Sparwood, Colúmbia Britânica, e estenderam-se para outros destacamentos da Real Polícia Montada Canadense, a maioria na Colúmbia Britânica[4]. Os voluntários da comunidade, os policiais, os professores e diretores de escolas participaram do treinamento das conferências, que geralmente durava um ou dois dias. Uma introdução à vergonha reintegrativa era oferecida como componente do treinamento para demonstrar a aplicação da teoria de Braithwaite na prática.

As fissuras no construto da vergonha reintegrativa ficaram claras para mim alguns anos atrás quando participei de um encontro de mentores de Justiça Restaurativa na Colúmbia Britânica. Um colega lembrou-se de uma conversa com um policial que havia sido apresentado recentemente ao modelo das Conferências de Grupos Familiares, em preparação à eminente implementação do Youth Criminal Justice Act (YCJA). Esta lei veio exigir que a polícia implementasse medidas similares a "aconselhamento" e Conferência de Grupos Familiares. Meu colega se lembrou do *feedback* espontâneo do policial diante de seu modelo de Justiça Restaurativa: "A melhor coisa sobre esse modelo é a parte da vergonha". Seja lá o que for que se pretendesse com a ideia de "vergonha reintegrativa", esta mostrou-se passível de distorções no ponto de vista particular desse policial, cujo paradigma de justiça era, por vício profissional, claramente retributivo. No contexto de seu trabalho e de seu modo de entender as coisas, envergonhar uma pessoa jovem significava repreendê-la – e ele parecia entusiasmado com a perspectiva de fazê-lo. A Justiça Restaurativa refere-se à cura de danos, e não a criar novos danos, e essa percepção equivocada de vergonha significa que alguns não ofensores participantes das Conferências estão agora agindo deliberadamente de maneira a causar danos ao ofensor, envergonhando-o. A distinção entre vergonha reintegrativa e estigmatizante, apesar de bem articulada em sua expressão teórica, foi distorcida na prática.

O significado conceitual e prático de vergonha como emoção pode ser resgatado através da descontinuidade do uso do termo "vergonha", que parece estar irremediavelmente sujeito a má interpretação e má utilização. Duas razões apoiam esta posição. Primeira: vergonha é uma emoção que guarda enormes implicações para as práticas do Sistema de Justiça Criminal, bem como para aquelas relacionadas à disciplina escolar. Como temos visto, a teoria e a pesquisa sobre vergonha levam a uma séria reconsideração da Justiça Criminal atual e das práticas disciplinares, enquanto, ao mesmo tempo, abrem possibilidades para intervenções restaurativas que podem nos levar a progredir ainda mais na direção de nosso interesse universal em comunidades seguras e inter-relacionadas. Segunda: o mau entendimento e a má utilização da vergonha como ação (*causar vergonha*) pode resultar em intervenções perigosas e distorcidas que exacerbarão os problemas presentes, levando-nos, então, para longe desses nossos interesses universais.

Se o objetivo da Justiça Restaurativa é curar danos, provavelmente é contraproducente responder ao dano de modo a causar mais danos. Envergonhar alguém de maneira reintegrativa é um processo que pressupõe que a pessoa a ser envergonhada receba apoio no abraço da comunidade: "Envergonhar alguém de maneira reintegrativa significa que as expressões de desaprovação por parte da comunidade, que podem variar desde uma leve repreensão até cerimônias degradantes, sejam seguidas por gestos de renovado acolhimento à comunidade dos 'cidadãos cumpridores da lei' " (Braithwaite 1989:55). O objetivo de um Sistema de Justiça Adversarial é encontrar as pessoas culpadas e puni-las. Usando a vergonha para estigmatizar, fazemos da pessoa acusada um pária e a colocamos fora do coletivo, sem nenhum ritual robusto equivalente a um julgamento e que marque o fim da punição. Em casos de ofensores sexuais, tem sido sugerido que as abordagens estigmatizantes podem exacerbar a inclinação para uma má conduta sexual através do isolamento social do autor, ao passo que as abordagens reintegrativas protegem melhor a criança de violações subsequentes (pois a consciência da comunidade é afetada) e protege o autor dos vigilantes (McAlinden 2005). A diferença de abordagens à teoria da vergonha reintegrativa não está em envergonhar ou não envergonhar, mas no que ocorre depois. No entanto, Nathanson (1997) observa que, embora a teoria da vergonha reintegrativa admita que a vergonha, em um processo de Conferência de Grupos Familiares, "ajuda" a mudar o comportamento (se for acompanhada pela receptividade da comunidade), na verdade "a força transformadora é a *empatia*, e não a vergonha" (16, ênfase adicionada). Nathanson explica que no Círculo os membros da comunidade expressam quem são e o causador do dano sente vergonha pela ofensa às pessoas do Círculo. Quando o causador do dano percebe que "se não está dentro, está fora", ele começa a querer estar dentro.

Os estudos sobre a teoria da vergonha reintegrativa (TVR) abordaram diferentes aspectos do processo. Em sua pesquisa sobre delinquência no Ensino Médio, Ibolya Losoncz e Graham Tyson (2007) perceberam que envergonhar o ofensor pode não afetar o crime predatório como previsto na teoria. No entanto, eles encontraram amplo suporte para o foco na diferença entre estigmatização (danosa) e reintegração (benéfica) (175). Um estudo sobre beber e dirigir, como parte dos experimentos de vergonha reintegrativa (EVR) na Austrália examinou o efeito da TVR e da justiça procedimental no tocante à reincidência e suporte da lei durante quatro anos (Tyler et al. 2007). Os resultados demonstraram que o "tratamento" (isto é, as consequências de ser apreendido, da intervenção da JR ou do serviço comunitário, ou da intervenção punitiva) não parece afetar a reincidência – nem no grupo processado pela JR nem no grupo sob o Sistema Retributivo. No entanto, constatou-se que o tratamento "afetou a posição das pessoas com relação à lei, no caso daqueles que participaram das Conferências, que passaram a ver a lei como mais legítima e a acreditar que desobedecer à lei pode criar problemas para sua vida" (565).

O teste de Lening Zhang e Sheldon Zhang (2004) sobre a teoria da vergonha reintegrativa de Braithwaite no tocante à "delinquência predatória" também produziu apoio incerto ou fraco à teoria. Seus achados não corroboram a ideia de que a vergonha reintegrativa possa predizer um futuro comportamento predatório, no entanto, eles descobriram que o perdão dos pais e ser envergonhado pelos pares tinham efeitos significativos na redução da probabilidade de estes jovens se envolverem novamente em comportamentos predatórios. Anteriormente, Carter Hay (2001) havia testado a teoria da vergonha reintegrativa com adolescentes sendo envergonhados pelos pais, resultando em achados que "não apoiam de modo uniforme nem denotam ausência de apoio" à teoria. Ele notou que, semelhante à evidência discutida no Capítulo 2, as sanções éticas e baseadas na razão foram mais eficazes com os adolescentes do que as sanções coercitivas e intimidatórias. Hay sugere que a TVR pode estar correta em afirmar os efeitos danosos da estigmatização, mas que talvez a fonte dessa estigmatização não seja o ato de envergonhar em si, mesmo quando a reintegração não acontece (148).

Finalmente, a ênfase que a Justiça Restaurativa dá ao envolvimento das vítimas tem esclarecido a função da vergonha nas respostas da vítima. Parece natural pensar que um causador do dano sinta vergonha; podemos até esperar que a pessoa que cometeu a transgressão contra outra sinta os efeitos da consciência e depois da vergonha por ter sido capaz de machucar o outro. Mais difícil de compreender é que aqueles que sofreram as transgressões quase sempre sentem vergonha também. Intuitivamente, podemos pensar que uma pessoa inocente vitimizada por outro não "precisa" sentir vergonha porque não fez nada de que se envergonhar, mas isso não é necessariamente assim. Shapiro (2003) considerou a situação dos campos de concentração e dos sobreviventes de torturas: "Parece que a condição de subjugado tem o efeito oposto, pois intensifica ou adiciona sentimentos de vergonha. Em outras palavras, o motivo da vergonha não é apenas a experiência que essas pessoas foram forçadas a suportar ou as ações que foram forçadas a realizar, mas é seu total desamparo e inabilidade de resistir. O fato de ser subjugado é em si danoso ao respeito próprio" (1132).

Um indivíduo subjugado perde seu senso de autonomia pessoal. Já consideramos a ideia de que vergonha tem a ver com *self* e como a pessoa é vista pelos outros. Klaassen (2001) acrescentou que a vergonha está relacionada a defeitos e maus traços de caráter. No contexto das sociedades ocidentais, que valorizam a força, a assertividade e a autoconfiança, não é difícil perceber como as vítimas podem também sentir vergonha. Ser fraco em uma cultura de sobrevivência do mais forte parece vergonhoso. Também pode levar a respostas manipulativas de vergonha, como Nathanson descreve na "bússola da vergonha". Podemos ver como a vítima envergonhada de hoje pode tornar-se o agressor violento de amanhã.

Conclusão

Vivemos em uma atmosfera de vergonha. Sentimo-nos envergonhados por tudo o que é real acerca de nós; vergonha de nós mesmos, de nossos parentes, de nossos salários, de nosso sotaque, de nossas opiniões, de nossa experiência, assim como sentimos vergonha de nossa pele nua.
(George Bernard Shaw, *Homem e Super Homem*, 1955)

Há um profundo senso de tristeza compartilhada no poema de Rutsala, com o qual começamos este capítulo. O reconhecimento dos efeitos da vergonha em nossa própria vida parece inescapável uma vez identificado e entendido. Como um afeto humano normal, a vergonha é parte da nossa feição individual e coletiva. É curioso que, até bem recentemente, quase nada tinha sido dito sobre a vergonha na literatura da Justiça Criminal, mas somente através das lentes da Justiça Restaurativa. Parece que o reino da Justiça Criminal está repleto de exemplos de comportamentos embasados na vergonha, não apenas para os causadores do dano, mas também para aqueles que sofreram o dano e para todos ao seu redor. Os esclarecimentos oferecidos pelo entendimento da vergonha podem ser de grande ajuda para tratarmos das feridas e dores da interação humana.

Sandra Bloom (1997) observa que as emoções, em geral, têm um papel importante em nosso processo de pensamento, algo que prenuncia falhas importantes nos protocolos da Justiça Criminal embasados na razão. O imperativo cognitivo humano requer que categorizemos e organizemos as informações e, quando isso não acontece, ficamos confusos e conflitantes. O afeto (emoção) nos mantém conscientes dessa ruptura nos processos cognitivos, demandando uma resolução ou causando uma prolongada angústia emocional (41-42). Nosso processo de Justiça Criminal espera que os acusados ou condenados por crimes assumam responsabilidade puramente pelo critério do "homem razoável", mas o que é razoável para o indivíduo depende em grande medida daquilo que traz consigo até chegar ao crime. Robin Karr-Morse e Meredith Wiley observam que os efeitos da vergonha excessiva no início da infância, particularmente no primeiro ano de vida, mudam a biologia básica do cérebro de modo que o indivíduo que está emergindo espera pouca sensibilidade dos outros e mostra menos preocupação com o relacionamento com os outros em geral. O resultado é uma pessoa mais propensa a ter "desordens emocionais graves associadas à diminuição do controle da agressividade, e uma menor habilidade de empatizar com o estado emocional dos outros" (1997: 197-98). A dinâmica de vergonha e humilhação sempre acompanha casos de abuso infantil (Schore 1996), algo comum na biografia de indivíduos condenados por ofensas múltiplas e/ou violentas. Mas a vergonha é também um *produto* da transgressão, onde a vítima do dano pode sentir-se exposta e desvalorizada pelo agressor. Gerrit Glass dá o exemplo do aristocrata polonês que sobreviveu ao gueto de Varsóvia e que, em um documentário, inicialmente não conseguiu falar sobre sua experiência no gueto quando questionado. Isso demonstra os efeitos da vergonha na espontaneidade de seu portador. Ele observa: "A vergonha intensa [...] parece estar relacionada com experiências que não podem ser compartilhadas nem toleradas pelos outros – ao menos não na imaginação da pessoa que sente a vergonha" (2006: 183). Deste modo, a vergonha pode ser vista como catalisador da manutenção de segredos, onde o guardião do segredo é incapaz de procurar ajuda para os efeitos pessoais da vitimização.

Parece negligência omitir o entendimento da vergonha de nossos planos sobre o que fazer para criar sociedades mais saudáveis. As práticas da Justiça Criminal parecem exacerbar a vergonha e, depois, seus efeitos. As práticas restaurativas, ao menos em teoria, incorporam essa compreensão ao processo. No entanto, as respostas manipulativas à vergonha frequentemente catalisam o ato danoso e assinalam a necessidade de prestarmos atenção a práticas sociais mais amplas como educação infantil, conduta dos professores em sala de aula e recreação, bem como Justiça Criminal.

Notas

1. Como parte do programa de "Habilidades de Vida", os prisioneiros podem também receber a prescrição para o "Programa de Gerenciamento de Raiva e Emoções" e do acompanhamento do "Programa de Manutenção do Gerenciamento de Raiva e Emoções". Veja http://www.csc-scc.gc.ca/program/correlational/living_skills_program_e.shtml.
2. De acordo com o pesquisador Donald Nathanson (1994), medo-terror é um dos nove afetos humanos inatos.
3. Brant (1990) descreve a ética nativa e as regras de comportamento para que os psiquiatras não interpretem mal as normas culturais aborígenes no contexto da saúde mental. Três destas éticas – não interferência (coerção desencorajadora), não competitividade (suprimir conflitos) e controle emocional – promovem autocontrole e dificultam sentimentos violentos.
4. Para mais detalhes da história da Royal Canadian Mountain Police, veja Chatterjee e Elliott (2003). O autor recebeu o treinamento de Conferências através da Transformative Justice Australia, em Vancouver, em 2001.

9

Psicologia da Justiça Restaurativa
Trauma e Cura

"Mamãe está mentindo. Mamãe me machucou.
Por favor, chame a Polícia."
Bruce Perry e Maria Szalavitz

Em 1998, a maioria dos nossos trabalhos [com traumas] era realizada em uma clínica grande em Houston. James, um garoto de seis anos, tornou-se um dos nossos pacientes. Nosso trabalho no caso dele não era terapia; fui solicitado a oferecer informação especializada sobre sua complexa situação. James ensinou-me muito sobre coragem e determinação, e lembrou-me o quanto é importante escutar e prestar muita atenção às crianças.

James nos foi encaminhado por um juiz que tinha recebido diversas opiniões sobre a situação do garoto e queria conseguir esclarecer o que estava acontecendo. Uma organização de defesa da infância estava preocupada que ele estivesse sendo abusado por seus pais adotivos. Inúmeros terapeutas e serviços de proteção infantil, no entanto, acreditavam que ele causava tanta encrenca que sua família adotiva estava precisando de uma folga dele. Os professores relatavam inexplicáveis contusões e arranhões. O menino foi adotado antes do seu primeiro aniversário por um casal que adotara outras três crianças e tinha um filho biológico. James era o segundo mais velho [...]

De acordo com sua mãe, Merle, James era incorrigível e incontrolável: frequentemente fugia de casa, tentava pular de carros em movimento, tentou suicidar-se e urinava na cama. Até a idade de seis anos, ele já tinha sido hospitalizado inúmeras vezes, uma após pular do terraço do segundo andar. Ele mentia constantemente, especialmente sobre seus pais, e parecia gostar de provocá-los. Estava sendo medicado com antidepressivos e outros medicamentos para impulsividade e problemas de atenção. Já tinha sido atendido por inúmeros terapeutas, psiquiatras, conselheiros e assistentes sociais. Sua mãe disse que era tão impossível lidar com ele, que ela própria tinha chamado o Serviço de Proteção Infantil fingindo ser uma vizinha preocupada com o fato de sua mãe não estar conseguindo lidar com ele e que ele fosse um perigo para si próprio e para seus irmãos. A gota d'água foi uma *overdose* de medicamentos que o levou a uma unidade de terapia intensiva. Ele ficou tão próximo da morte que teve de ser levado de helicóptero para o hospital para tratamento rápido. Depois foi levado a um centro de tratamento residencial para dar um "descanso" à sua mãe. Solicitou-se ao juiz decidir o que deveria acontecer em seguida.

Os profissionais do Serviço de Proteção Infantil e muitos terapeutas acreditavam que ele tinha Transtorno de Apego Reativo, um diagnóstico frequente em crianças que sofreram severa negligência e/ou trauma [...] Tal transtorno é caracterizado por uma ausência de empatia e pela inabilidade de conectar-se com os outros, frequentemente acompanhada por comportamento manipulativo e antissocial. O Transtorno de Apego Reativo pode ocorrer quando a criança não recebe suficiente aconchego, embalo e outras formas positivas de atenção física e emocional. As regiões do cérebro que a ajudam a formar relacionamentos e a decodificar pistas sociais não se desenvolvem apropriadamente, e ela cresce com uma falha neurobiológica, incluindo a inabilidade de extrair prazer de interações humanas saudáveis [...]

Felizmente, o Transtorno de Apego Reativo é raro. No entanto, muitos pais e profissionais de saúde mental se prendem a isso como explicação para muitos tipos de mau comportamento, especialmente em crianças adotadas [...] A descrição feita pelos terapeutas e pela mãe sobre o comportamento de James parecia se encaixar neste diagnóstico. Mas havia algo muito estranho sobre os registros de James. Quando ele estava no hospital ou no centro de tratamento residencial, ele se comportava bem. Não tentava fugir, não ameaçava suicidar-se. Seu comportamento na escola, salvo algumas pequenas agressões a outros garotos, não era nem um pouco parecido com o demônio fora de controle do qual sua mãe constantemente se queixava [...]

Quando me encontrei com James, gostei dele instantaneamente [...] Ele era envolvente, comportava-se apropriadamente e tinha reciprocidade de contato de olhar e sorriso. De fato, ele sorria e brincava comigo e parecia gostar de minha companhia. Stephanie, a médica principal de nossa equipe multidisciplinar, sentiu a mesma coisa sobre ele. Após quatro sessões, havíamos planejado parar de vê-lo porque sentimos que já tínhamos informação suficiente para nossa avaliação.

James mostrou-se amável com Stephanie e comigo e, à medida que discutimos, percebi que ele não tinha Transtorno de Apego Reativo genuíno.

Começamos a examinar mais atentamente seus relatórios e as diferentes versões dos eventos contidos nos mesmos [...]

Então, entendemos por que a equipe médica tinha desconfianças sobre Merle praticamente todas as vezes que ela entrava em contato com eles. Enquanto os profissionais do serviço de emergência médica tentavam freneticamente estabilizar o garoto [...] ela permanecia sentada calmamente, tomando um refrigerante, sua histeria e preocupação com a criança misteriosamente desapareciam, ainda que a sobrevivência dele estivesse em risco. No hospital, quando recebeu a boa notícia de que ele sobreviveria, Merle chocou o médico ao pedir para o menino ser retirado dos aparelhos de suporte vital. Uma enfermeira suspeitou de a mãe adulterar o equipamento médico. Assim que ele recobrou a consciência e sua mãe não estava presente, James disse à equipe: "Mamãe está mentindo. Mamãe está me machucando. Por favor, chame a Polícia".

De repente o comportamento de James fez sentido para nós [...] Era claro para mim que James fugia porque sua mãe estava causando danos a ele, e não porque ele estava desafiadoramente comportando-se mal. Fugir é incomum entre crianças de sua idade, mesmo entre aquelas que são abusadas: até mesmo as crianças mais severamente mal tratadas e negligenciadas tendem a temer mudanças e pessoas estranhas mais do que temem perder os únicos pais que conheceram até então. Elas preferem a certeza da tristeza à tristeza da incerteza. Quanto mais nova a criança, mais importantes são as pessoas e situações familiares. Muitas dessas crianças me imploraram para deixá-las voltar para seus pais violentos e perigosos. Mas James era diferente. Seu comportamento era de alguém procurando ajuda, não de alguém que tinha dificuldade de formar vínculos e relacionamentos [...]

O caso de James foi um mergulho no cerne de um dos conflitos-chaves na psiquiatria infantil: o paciente é uma criança, mas não é ele que terá de fazer a maioria das decisões sobre seus cuidados e tratamento, e ele frequentemente não é a pessoa que prestará as primeiras informações sobre sua condição [...] O caso de James fora classificado como o de uma criança "difícil" com "problemas de comportamento". Mas na verdade ele era corajoso, persistente e uma criança ética, que foi colocada em uma situação impossível – toda tentativa de ajudar a si mesmo e a seus irmãos era classificada como uma evidência de "mau comportamento". (Trechos extraídos de *O Menino que foi criado como um cão*, 2006:203-208)

※ ✪ ※

O caso de James é uma história tristemente familiar aos profissionais da linha de frente e terapeutas do campo do serviço social, educação, saúde mental e justiça criminal. Embora o Canadá seja signatário da Convenção Internacional sobre os Direitos da Criança das Nações Unidas[1], não tem honrado de fato várias de suas responsabilidades com os artigos da Convenção. Notadamente, o governo canadense não fez nenhum progresso em erradicar a pobreza infantil, algo que a Câmara dos Comuns prometeu realizar em 1989. Nem é preciso dizer que a situação difícil do abuso infantil também tenha sumido dos radares dos direitos das crianças. Dada a nossa tendência a criminalizar os problemas sociais, as lentes da análise do comportamento tendem a ver as ações destrutivas das crianças como uma evidência de um desvio individual, ao invés de sintoma de danos mais amplos causados a elas. David Finkelhor (2008) observa que, embora a delinquência juvenil seja uma prioridade na pesquisa acadêmica e na política governamental, as crianças têm maior probabilidade de chamar a atenção das autoridades como vítimas do que como ofensores. E, quando vemos que crianças estão sendo abusadas, nossa resposta se concentra mais em processar e punir os autores do que em curar as crianças vitimadas. Esta atenção no indivíduo desvia nosso interesse do contexto mais amplo no qual os problemas e danos surgem.

Neste capítulo, o foco é no fenômeno psicológico do trauma, que se tornou uma variável notável tanto para o dano como para a cura. Processos Restaurativos aplicados a crimes graves geraram evidências que sugerem que abordagens de significativo "cuidado do trauma" nas situações de dano produzido por atos violentos são de grande valor (Gustafson 2005). A partir desta abertura, veremos as implicações do trauma para a criminologia em geral. Entender como o trauma está relacionado às preocupações das instituições sociais, tais como família, escolas e sistema de Justiça Criminal, oferece novas oportunidades para responder mais holística e eficazmente aos atos e comportamentos que comprometem o bem-estar coletivo. Nossas instituições sociais atuais não são particularmente bem construídas para reconhecer e dar encaminhamento às evidências e implicações do trauma, e é fácil ver que, quando em conflito, as necessidades destas instituições são vistas como mais importantes do que as necessidades das pessoas a quem elas devem servir.

Começaremos reafirmando o foco curativo da Justiça Restaurativa como um precursor necessário para abordar o dano do trauma. Uma abordagem à transgressão, seja criminal ou de outra natureza, que procura curar ao invés de ferir – seja direta ou indiretamente – é particularmente propícia para responder ao trauma de modo útil. Para ampliar nosso entendimento do trauma, continuaremos explicando o que ele é. Tocaremos nos componentes biológicos da psicologia do trauma, seguidos por uma consideração de como o trauma emerge e é refletido, tanto na vítima como no autor do dano. Indo além, discutiremos o papel que o trauma tem para os profissionais e as pessoas do mundo jurídico engajados em trabalhos emergenciais e Justiça Criminal, e as implicações disso para os indivíduos envolvidos e aqueles da administração da Justiça. Finalmente, veremos o que podemos fazer a respeito do trauma no século 21 e como isso desafia respostas convencionais ao dano em sociedades ocidentais.

Justiça Restaurativa como Cura

Subjacente ao entendimento da transgressão [na Justiça Restaurativa], há uma suposição sobre a sociedade: todos nós estamos interconectados. Muitas culturas têm uma palavra que representa esta noção da importância central dos relacionamentos. Ainda que os significados específicos dessas palavras variem, elas comunicam uma mensagem similar: todas as coisas estão conectadas umas com as outras em uma rede de relacionamentos. O problema do crime, nesta visão de mundo, é que ele representa uma ferida na comunidade, um rasgo na rede de relacionamentos. Crime representa relacionamentos danificados. De fato, relacionamentos danificados são tanto a causa como o efeito do crime. Muitas tradições têm um dito segundo o qual "o dano de um é o dano de todos". Um dano como o crime gera repercussões que perturbam toda a rede. Além do mais, a infração é sempre um sintoma de algo que está fora de equilíbrio na rede. (Zehr 2002: 19-20)

Na visão de Howard Zehr, dano é uma preocupação do indivíduo e da comunidade em um sentido concreto, não abstrato. Quando pensamos em dano, estamos mais focados em experiências específicas de pessoas reais. Ao se concentrar no conceito de dano, as abordagens da Justiça tornam-se mais orientadas para o atendimento das necessidades daqueles que sofreram os danos e daqueles que agiram de modo a causar danos. Isso requer o apoio da comunidade, que é obrigada a abordar as questões mais amplas de justiça social e "outras condições que levam ao crime ou criam condições inseguras" (Zehr 2002: 30), com vistas à prevenção de danos futuros. Os "indicadores da Justiça Restaurativa" de Zehr e Mika (Zehr 2002: 40-41) poderiam ser interpretados como orientações para "não cometer mais danos" enquanto abordamos o dano que já ocorreu. A linguagem da punição não está nestas orientações; em seu lugar, está a diretiva de "reconhecer que, ainda que as obrigações possam ser difíceis para os ofensores, estas obrigações não devem ser impostas com a intenção de causar dano, e devem ser alcançáveis" (40). Novamente, somos lembrados do quanto é importante revisitar continuamente os processos restaurativos, ligando a prática aos valores centrais, em especial o respeito (36).

Os relacionamentos são a chave para o entendimento do dano, e outra chave é o foco no valor central do respeito. Em *A Healing River* (Douglas e Moore 2004), Donald Nathanson reconta a estória de Lewis Carrol sobre as morsas e do carpinteiro andando pela praia, na qual a morsa pede ao carpinteiro que pare de apresentá-la a tantas ostras porque é difícil "comer alguém a quem fomos apresentados". Em outras palavras, é mais difícil infligir dano àqueles que conhecemos do que àqueles que não somente não conhecemos, mas que nos tratam como objetos. Barb Toews e Howard Zehr observam:

> Manter o tratamento do crime unicamente nas mãos dos especialistas contribui para tratar a objetificação e cria uma distância social entre ofensores, vítimas e o resto da sociedade [...] Uma vez criado esse senso de alteridade e distância social, estamos aptos a fazer coisas a eles, que de outro modo não conseguiríamos fazer se os víssemos em sua

singularidade como indivíduos. Como Christie (1982) apontou, é este senso de distância social que nos permite infligir dor aos ofensores e ignorar e/ou culpar as vítimas. (2003: 262)

A fim de reduzir o dano, portanto, é essencial focar no desenvolvimento de relacionamentos saudáveis.

Na Justiça Restaurativa, a resposta ao dano é motivada não pela busca por consequências punitivas aos ofensores, mas pela cura de cada um dos indivíduos afetados pelo dano, e também pela cura coletiva da comunidade na qual o dano ocorreu. Se o termo "cura" é definido como fazer algo sólido que restaure a saúde, então o objetivo das intervenções pós-dano é uma restauração holística. A metáfora de uma pedra atirada em uma lagoa criando círculos de ondulação concêntricos descreve os efeitos do dano e os consequentes caminhos potenciais de cura. Em Justiça, mover-se em direção ao equilíbrio é curar o que foi quebrado com a ruptura causada pela pedra atirada na superfície do lago. Em Justiça Restaurativa, isso significa que grande atenção é dada às necessidades – da pessoa que sofreu o dano, da pessoa que causou o dano e da comunidade – a fim de determinar que opções de cura podem ser necessárias. Uma vez que a cura deve ser considerada caso a caso, não há receitas mágicas genéricas nem cronogramas pré-determinados que possam direcionar o processo. Joe Solanto, em *A Healing River*, refere-se à flexibilidade necessária para trabalhar com vítimas a fim de assegurar que o processo de cura seja seguro e caminhe em seu próprio ritmo. Jamie Scott sugere que a cura mandatória da Justiça Restaurativa possa colocá-la em conflito com o cronograma do Sistema Retributivo e deva, então, ser considerada "um trabalho à parte".

Sharpe (1998: 9) observa que parte da cura do dano é a reparação, que deve incluir atos como a devolução ou a reposição de uma propriedade roubada ou um pedido de desculpas. Assumir a responsabilidade por suas ações de um modo direto e concreto, enquanto recebe apoio que reflita valores centrais, é uma abordagem de cura para que o ofensor "pague por seus crimes". Nesse sentido, curar diz respeito a "endireitar aquilo que está errado" entre as pessoas e nos relacionamentos que estão danificados ou que foram rompidos. Se isso não for feito, a história de ruptura pode seguir e tornar-se o catalisador de novos danos: "A história não pode ser mudada, mas às vezes ela pode ser curada. Se a humanidade precisa sobreviver, a história deve ser curada" (Consedine e Consedine 2001: 205).

A Justiça Restaurativa ou transformativa também foi descrita como "Justiça curativa", como explicam Breton e Lehman:

> A [Justiça Restaurativa] procurar preservar o que é significativo na vida, começando por segurança, autovalorização, autorrespeito e entendimento mútuo. Ao invés de ser reativo aos eventos, este modelo usa os eventos como oportunidades para que todos se sintam ouvidos, para compartilhar feridas de injustiças, reconstruir confiança em si mesmos e uns nos outros e, assim, restaurar relacionamentos. Mais do que reparar, a justiça curativa usa casos dolorosos para aumentar os vínculos entre as pessoas e para construir um espírito comunitário. O processo de trabalhar para superar a dor cria um entendimento mútuo que inspira compaixão pela nossa condição humana compartilhada. (2001: 13-14)

Em outras palavras, justiça não se refere a padrões abstratos de legalidade, mas a servir o bem-estar humano e a fazer nossos relacionamentos funcionarem bem. Através desse processo, nós saímos da dor e descobrimos potencialidades que não sabíamos que tínhamos. Isso não apenas traz cura, mas constrói autoestima. Se a Justiça não incluir um processo de cura, então a dor gerada pelo dano pode tornar-se crônica (14) e manifestar-se através de várias outras doenças físicas e psicológicas.

É provável que uma grande contribuição à ênfase curativa na Justiça tenha vindo das tradições aborígenes. Uma perspectiva nativa de cura é oferecida por Patricia Monture-Angus, integrante do povo mohawk, professora de sociologia na Universidade de Saskatoon: "Curar está relacionado a [...] assumir responsabilidade. Está relacionado a reaprender como deveríamos ser. Sem saber quais são as responsabilidades tradicionais, o direito à autodeterminação realmente não significa nada. Curar tem a ver com aprender a agir de uma maneira boa" (em Ross 1996: 219).

O processo de cura não é direto nem prescritivo, mas há temas comuns. Em sua consideração de duas abordagens diferentes de comunidades aborígenes focadas na cura, Rupert Ross nota que ambos os projetos usam a linguagem da restauração, ensinamento e ajuda (1994: 249). Somadas às necessidades imediatas de cura das partes afetadas, estas abordagens de cura da comunidade visavam às causas do dano e do crime (Ross 1996: 218). Isso envolve grande quantidade de atenção e planejamento, conforme Yazzie e Zion (1996: 168) relatam sobre a cultura navajo:

> Planejar é um valor principal na Justiça navajo, que às vezes é ignorado na prática. *Nahat'a*, ou processo de planejamento, é algo muito prático. Os não navajos às vezes zombam de suas práticas tradicionais.

Por exemplo, há navajos que olham o futuro usando um cristal. Um não navajo pode ridicularizar isso, mas os navajos explicam como isto é feito: quando você segura um cristal na mão, vê que ele tem várias facetas. Você examina cada uma bem de perto e, através de um exame completo de cada lado do cristal, pode vê-lo como um todo. Isso descreve *nahat'a*, onde as partes examinam atentamente cada faceta da disputa para vê-la como um todo.

As comunidades aborígenes levam a sério o esforço para entender as causas do crime, tanto para atender amplamente as necessidades de todas as partes de um evento danoso específico, como para reconquistar o entendimento das responsabilidades comunais através de ensinamentos tradicionais.

O que é Trauma?

Uma vez que Justiça Restaurativa refere-se à cura de danos, é bom ter um entendimento prático do dano. Ou seja, qual é o efeito da violação (representada pelo dano) na pessoa que o vivencia? Isso parece depender de duas coisas: 1) do caráter, intensidade e duração do dano; e 2) da capacidade individual particular, que depende de sua própria experiência de vida, de "lidar" com o dano. Por exemplo, uma vidraça da janela de casa quebrada por uma bola jogada na direção errada pode produzir bem pouco desconforto em alguém inclinado a perceber o evento como um acidente – fora o incômodo envolvido no reparo da mesma. No entanto, para alguém cuja casa já foi roubada, ou que teve outras experiências negativas do mesmo tipo, uma janela quebrada pode produzir uma enorme reação psicológica. Isso sugere uma necessidade de flexibilidade e curiosidade em processos restaurativos, de forma que todos entendam *quais* necessidades devem ser atendidas a fim de que cada um siga em frente de uma boa maneira.

O *DSM-IV*[2] define um *evento traumático* como aquele que envolve "morte vivenciada ou ameaçada, ou ferimentos sérios ou ameaças à integridade física de si mesmo ou de outros" com a resposta de "medo intenso, desamparo ou horror" (Sociedade Americana de Psiquiatria 1994: 427-28). O trabalho clínico da psiquiatra Judith Herman com mulheres vítimas de violência de gênero no início dos anos 1990 chamou a atenção para os sintomas atribuídos ao fenômeno do trauma. Herman (1997: 33) descreve o *trauma psicológico* como "um sofrimento do impotente" que "coloca em questão o relacionamento humano básico" (51). Além disso, ela relata que os eventos traumáticos "violam os vínculos familiares, de amizade, de amor e os comunitários. Eles quebram a construção do *self*, que é formado e sustentado na relação com os outros. Minam o sistema de crenças que dá sentido à experiência humana. Violam a fé das vítimas em uma ordem natural ou divina e jogam a vítima em um estado de crise existencial" (51).

As pesquisas sobre trauma tiveram início nos anos 1970. Ao longo dos anos 1980 e 1990, os inúmeros veteranos das guerras do Vietnã e do Golfo que tinham problemas de saúde mental importantes como resultado de sua função de combatentes promoveram um impulso para a pesquisa continuada. Em 1980 o termo "desordem de estresse pós-traumático" (DEPT) foi introduzido na terceira edição do *DSM* (Flouri 2005: 373) em grande parte para lidar com veteranos do Vietnã. No entanto, mais recentemente, estudos com base comunitária revelaram que a DEPT ocorre em aproximadamente 8% da população adulta nos Estados Unidos (374). Manifestando-se de maneira pronunciada dentro de uma população específica (soldados combatentes), a DEPT foi inicialmente explorada em um contexto relativamente estreito. Simultaneamente, pesquisas sobre violência contra a mulher, do ponto de vista do feminismo, produziram o construto da "síndrome da mulher espancada", constelação de sintomas e fatores que se assemelhavam fortemente com os do "estresse de combate". Combinadas, estas duas correntes de pesquisa psiquiátrica – de soldados combatentes e de vítimas de violência contra a mulher, ambos com sintomas similares – foram as principais contribuições para o estudo do trauma nos últimos 25 anos.

Dentre os militares, oficiais como o tenente-coronel David Grossman chamaram a atenção para a DEPT[3]. Sua existência já fora reconhecida – com relação aos efeitos pessoais debilitantes do combate militar para alguns indivíduos – e descrita por termos como "coração de soldado" (Guerra Civil Americana) e "neurose de guerra" (Primeira Guerra Mundial). Na passagem a seguir, a perspectiva militar de Grossman revela pistas importantes sobre o caráter do trauma e das respostas a ele:

> A altíssima taxa de disparos [por soldados norte-americanos no Vietnã], resultado de modernos processos de condicionamento, foi o fator-chave para podermos afirmar que nunca perdemos um grande combate no Vietnã. Mas o condicionamento que sobrepuja uma grande resistência inata tem enorme potencial de gerar uma rebote psicológico. Toda sociedade guerreira tem um "ritual de purificação" para ajudar o guerreiro que volta da guerra a lidar com sua "culpa de sangue" e para lhe reassegurar que o que ele fez em combate foi "bom". Em tribos primitivas, isso geralmente envolve um banho ritual, um

ritual de separação (que serve como tranquilizante e uma sessão de "terapia de grupo") e uma cerimônia que acolhe o guerreiro de volta à tribo. Os rituais ocidentais modernos tradicionalmente envolvem uma longa separação enquanto estão voltando para casa marchando ou em navios, e depois paradas, monumentos e aceitação incondicional pela sociedade e pela família.

Após o Vietnã, esse ritual de purificação foi virado do avesso. O veterano norte-americano que retornava era atacado e condenado de maneira sem precedentes. Os horrores tradicionais do combate foram ampliados pelas técnicas modernas de condicionamento e, combinados com uma condenação social, criaram circunstâncias que resultaram em 0,5 a 1,5 milhão de casos de desordem de estresse pós-traumático (DEPT) em veteranos do Vietnã. Esta incidência em massa de desordens psiquiátricas entre veteranos do Vietnã resultou na descoberta da DEPT, condição que, agora sabemos, sempre ocorreu como resultado das guerras, mas nunca nesta quantidade [...]

Atrocidades e matança internacional de civis e prisioneiros devem ser sistematicamente erradicadas de nosso modo de fazer guerra, pois o preço desses atos é alto, alto demais para serem tolerados mesmo que em pequeno grau. Isso significa que entramos em uma era de transparência e responsabilidade em todos os aspectos da sanção legal, manutenção da paz e operações de combate. Isso também diz algo sobre aqueles que são convocados pela sociedade a "enfrentar o mal", usar armas letais e lutar contra a agressão humana interpessoal. Esses indivíduos requerem suporte psicológico tanto quanto requerem suporte médico, logístico e de comunicação. Assim, à medida que nossa sociedade entra na era pós-Guerra-Fria, o campo da psiquiatria e psicologia tem muito a contribuir para a continuidade da evolução do combate e para a evolução da nossa civilização. (Grossman n.d.)

Nesta passagem, Grossman observa o significado dos rituais pós-batalha para um retorno saudável dos guerreiros e mostra como a ausência de mensagens de boas-vindas e de suporte aos veteranos do Vietnã contribuiu para a prevalência da DEPT nesses soldados. Ele vai além em seu livro *On Killing* (1995), no qual argumenta que os soldados que vivenciaram o pior da guerra, mas que receberam apoio individual significativo ao retornarem, se recuperaram mais rapidamente do que aqueles que não tiveram esse apoio. Isso foi constatado por um estudo que demonstra o efeito atenuante da percepção de apoio em alto grau por parte da família e amigos e baixos níveis de desengajamento de relacionamentos sociais, na incidência de DEPT em civis que sofreram violências cometidas na comunidade (Scarpa et al. 2006). Os relacionamentos com pessoas importantes em suas vidas, bem como seus relacionamentos com a comunidade mais ampla foram a chave para sua cura. A advertência de Grossman sobre a DEPT indica sua preocupação com os efeitos dessa desordem nas ações do pessoal da linha de frente. As implicações da DEPT são de amplo alcance.

A abordagem conceitual de Eve Carlson e Contance Dalenberg para o impacto do trauma em indivíduos é útil para delinear áreas de estudo que são de valor para informar políticas sociais, educacionais e de Justiça Criminal. Um outro fenômeno psicológico de interesse para esta área de estudo é a vergonha. As emoções pós-trauma de vergonha e culpa encontram expressão em uma gama de comportamentos de evitação, como isolamento, afastamento, solidão, cancelamento de compromissos, abrir mão de responsabilidades, constrição emocional e assim por diante (Wilson, Drozdeck e Turkovic 2006: 138). O trauma, o comportamento e os padrões de pensamento induzidos pelo trauma são passados de uma geração a outra e vão muito além dos eventos originários, como nos exemplos dos legados do Holocausto e dos refugiados de guerra (Lev-Weisel 2007).

Duas outras áreas de interesse relacionadas a este assunto aprofundam nossa clareza sobre a etiologia das ações danosas. Sheryn Scott (2007) observou que as experiências multitraumáticas ao longo da vida tendem a aumentar a gravidade dos sintomas de DEPT, e que os adultos que sofreram abuso sexual na infância têm mais probabilidade de desenvolver DEPT do que aqueles que não tiveram estas experiências. Também se argumentou que o trauma psicológico difere de acordo com a fonte do trauma (LaMothe 1999). Se o trauma ocorreu como resultado de eventos naturais ou nas mãos de outras pessoas, diz-se que isso afeta a cura do trauma sofrido. "Trauma maligno" – que é vivenciado através da violência de outro ser humano – "é o resultado de cinco experiências inter-relacionadas de perda: (a) choque associado com a perda da expectativa de receber ajuda; (b) perda de controle sobre a integridade do corpo; (c) perda da crença de que os outros são obrigados a responder ao nosso pedido; (d) perda de confiança associada com a experiência de traição e (e) perda do comprometimento do outro com a reorganização, respeito e resposta aos nossos desejos e às necessidades" (1193). As pessoas que sofrem de DEPT são frequentemente vítimas de abuso sexual e outras violências físicas, e por consequência vivenciam a perda de confiança em relacionamentos com outras pessoas. Este assunto importante deve ser abordado através de práticas restaurativas.

Biologia do Trauma

Uma forma de ver o trauma é através de seus efeitos biológicos. As pesquisas sobre traumas graves em crianças pequenas e bebês (durante a fase mais ativa de desenvolvimento do cérebro humano) demonstraram efeitos específicos na química cerebral: "Quando o estresse é especialmente grave ou prolongado, podem ocorrer mudanças permanentes nos níveis hormonais, que alteram o perfil da química cerebral e afetam os padrões de processamento de informação. O resultado pode ser a presença de padrões de comportamento mal adaptativo, incluindo tanto agressão como depressão" (Karr-Morse e Wiley 1997: 156). O trauma também se relaciona a ferimentos físicos sofridos por atos violentos. Os fatores causais do crime, inatos ou adquiridos, parecem indistinguíveis quando os efeitos do trauma são uma mistura de experiência e fisiologia.

Em *A Healing River*, o psicólogo Joe Solanto descreve as manifestações psicológicas do trauma e seus efeitos na biologia e na química cerebral das pessoas. Ele oferece algumas sugestões baseadas em gentileza e segurança para ajudar aquele que sofre de desordem relacionada ao trauma. Sua observação clínica do trauma reitera as de Eldra Solomon e Kathleen Heide (2005), que observam: "A experiência traumática causa estresse traumático, que rompe a homeostase" (52). Elas resumem a seguir os efeitos biológicos do trauma na função cerebral:

> Os eventos traumáticos superam a capacidade de o cérebro processar informação. A memória episódica da experiência pode ser armazenada indefinidamente de forma disfuncional no sistema límbico direito e pode gerar imagens vívidas de experiências traumáticas, pensamentos aterrorizantes, sentimentos, sensações corporais, sons e cheiros. Memórias como estas, não processadas, podem causar ciclos cognitivos e emocionais, ansiedade, DEPT, estratégias inadequadas de enfrentamento, depressão e vários outros sintomas psicológicos de angústia. Como a memória episódica não foi processada, uma memória semântica relevante não é armazenada, e o indivíduo tem dificuldade de usar o conhecimento da experiência para guiar ações futuras.

Este resumo nos lembra do impacto da emoção nas funções cognitivas, discutido no capítulo anterior sobre vergonha. O resumo também nos coloca certas questões; se combinarmos esse conhecimento – de que o trauma afeta o cérebro – com as expectativas da Justiça Criminal, surgirão muitas anomalias. Por exemplo, quão confiáveis são os depoimentos de testemunhas oculares de eventos traumáticos se elas podem não ter processado as memórias episódicas?

Será que o perpetrador de violência raciocina bem? Como as DEPTs que não foram tratadas afetam o desempenho dos oficiais de Polícia que realizam seus deveres regularmente após vivenciarem violência severa?

Alegar variáveis como a DEPT como atenuante na determinação da culpa individual por atos de violência e outros danos pode algumas vezes provocar desprezo. A alegação de que as crianças vítimas de violência sempre se tornam ofensores adultos violentos muitas vezes leva à resposta de que nem todas as pessoas que foram abusadas quando crianças se tornaram abusadores. Na superfície, isso é verdade. Mas achados de pesquisas do início do século 21 nos ofereceram algum entendimento sobre por que isso é verdadeiro, e essa razão tem pouco a ver com a simples "escolha" cognitiva entre fazer o bem ou o mal, apesar da nossas experiências de vida. O conceito-chave aqui é "resiliência", ou por que algumas pessoas regressam de experiências terríveis e vivem vidas relativamente bem-sucedidas apesar de tudo, enquanto outras não conseguem.

As pesquisas biológicas demonstraram que a resiliência – ou mais precisamente, a diminuição da resiliência – pode ser explicada pela interação de determinados genes com o meio ambiente, em uma área de pesquisa conhecida como GxA (Caspi et al. 2003). No caso da resiliência, quando uma variação particular do gene 5-HTT é combinada com um ambiente adverso (uma casa violenta, por exemplo), o indivíduo pode vivenciar uma resposta psicológica como depressão. Por quê? O gene 5-HTT é composto por dois alelos. O alelo é membro de um par ou de séries de diferentes formas de um gene; um genótipo individual para este gene é o conjunto de alelos que ele possui. Cada alelo pode ter um ou dois tamanhos – longo ou curto. O gene 5-HTT de uma pessoa compreende uma das seguintes sequências: dois alelos longos, dois alelos curtos ou um de cada. Os alelos liberam serotonina, neurotransmissor com importante função na habilidade do cérebro humano de modular a raiva, agressão, temperatura corporal, humor, sono, sexualidade, apetite e metabolismo. Os níveis adequados de serotonina no cérebro ajudam a atenuar os efeitos psicológicos dos eventos traumáticos ou adversos. A presença de um ou dois alelos curtos parece afetar o envio de serotonina – e as pessoas com a presença de ao menos um alelo 5-HTT curto são propensas à depressão. As pessoas com dois alelos 5-HTT curtos, especialmente aquelas que vivenciaram eventos traumáticos, têm uma probabilidade ainda maior de ter depressão. Aquelas com dois alelos 5-HTT longos, por outro lado, têm boas chances de saírem do evento traumático, isto é, têm mais probabilidade de demonstrar resiliência. Como se pode ver, o gene não "causa" depressão por si só, mas pode fazer diferença significativa para a pessoa em um ambiente de maus tratos ou uma vida muito estressante[4]. Este é um exemplo da conexão entre inato e adquirido.

Muitas das pesquisas realizadas nesta área usam informações de estudos longitudinais conduzidos pela Dunedin Multidisciplinary Health and Development Research Unit da University of Otago, na Nova Zelândia (*website* de estudo de Dudenin, sem data). Este projeto começou em 1972, quando 1.037 bebês foram matriculados; quase 90% dos sujeitos (972, excluindo dezoito, que morreram) retornaram para a avaliação mais recente em 2003-2005. Muitos esclarecimentos sobre o desenvolvimento humano foram e continuarão a ser obtidos por este esforço contínuo. Por exemplo, Avshalom Caspi et al. usaram informação do estudo de Dunedin para considerar o papel do genótipo no ciclo de violência em crianças maltratadas. "Descobriu-se que um polimorfismo funcional na codificação genética da metabolização da enzima neurotransmissora monoamina oxidase A (MAOA) moderava o efeito dos maus tratos. As crianças maltratadas com um genótipo que confere altos níveis de expressão de MAOA tinham menos probabilidade de desenvolver problemas antissociais" (2002: 851). MAOA facilita a habilidade cerebral de utilizar a serotonina, que afeta a resiliência para os efeitos do trauma. Estes achados somam-se ao nosso entendimento sobre resiliência, mas também revelam uma suscetibilidade genética para problemas de relacionamento quando a criança é tanto maltratada como tem uma baixa atividade do genótipo MAOA. Neste estudo em particular, somente 12% do grupo de meninos nascidos encaixam-se nesta última descrição – mas eles totalizaram 44% do grupo de condenações por crimes violentos.

Em outras palavras, quando se trata de desenvolvimento humano e comportamento, a biologia importa. Os exemplos acima falam da conexão entre genes e ambiente e vertem alguma luz no conceito de resiliência. Dada a história humana do século 20, no entanto, há um risco em destacar o componente genético do comportamento danoso. Esta é uma razão central porque a ênfase deve ser colocada no efeito combinante dos genes individuais e do ambiente. Os genes sozinhos não prenunciam problemas no futuro do indivíduo; eles importam apenas se as condições ambientais do indivíduo forem extremamente adversas e o suporte relacional for fraco. A evidência está clara: "Nos últimos dez anos [...] as pesquisas demonstraram que a exposição ao trauma e à violência tem um efeito causal, ambientalmente mediado e adverso para o risco de resultados como comportamento antissocial, abuso de substâncias e uma ampla gama de psicopatologias adultas" (Koenen 2005: 509). As pessoas com estes problemas frequentemente vão parar no nosso Sistema de Justiça Criminal, seja como autores, vítimas ou testemunhas. Uma abordagem restaurativa de cura para os eventos que normalmente resultam em intervenção institucional deve, portanto, levar em consideração o curso da vida do indivíduo até este momento, a resiliência da pessoa e o ambiente físico e emocional no qual ela vive.

Nossas instituições estatais de justiça criminal, educação, saúde e serviço social operam principalmente com base em uma racionalidade cognitiva e moralidade. A culpabilidade e a capacidade do indivíduo são avaliadas a fim de determinar intervenções apropriadas. Moralidade é a justificativa para nossas intervenções, e uma perspectiva compassiva, inclusiva e democrática dirige a "reabilitação" ou o componente de educação moral de nossas intervenções. O problema é que estes aspectos não são os únicos em jogo no comportamento dos indivíduos; há dimensões físicas do comportamento demonstradas na evidência biológica citada acima. Há dimensões emocionais também, que são relacionadas às físicas; como apontou Nathanson (1994), a emoção tem um componente biológico chamado "afeto". As emoções impulsionam comportamentos que podem ser mal adaptativos ou até destrutivos. Heide e Solomon (2006) listam os bioefeitos do trauma do Tipo III (DEPT complexa) no cérebro: os traumas infantis interferem no desenvolvimento normal do cérebro e podem causar mudanças de longo prazo no cérebro, como foi visto em anormalidades nos EEG de crianças abusadas; as memórias traumáticas ficam presas no sistema límbico, que permanece em estado de alerta vermelho; os traumas infantis causam mudanças de longo prazo no sistema endócrino (uma onda de *feedback* positivo intensifica o comportamento agressivo); e o trauma causa uma desconexão entre a mente e o corpo. Eles também notaram que a negligência pode ser mais danosa do que o abuso, resultando em ligações fracas e insignificantes, que também afetam a neuropsicologia individual. Ultimamente, os autores colocam questões difíceis que quase todos os pesquisadores ignoram: "Os achados de pesquisa levantam a questão: em que medida os indivíduos com DEPT complexa devem ser responsabilizados por comportamentos violentamente explosivos? Os sobreviventes do trauma de Tipo III são responsáveis por violência inexplicável, se estiverem essencialmente em modo de sobrevivência, quando atacam outros com base em eventos passados? É moralmente justificável que estes acusados sejam culpabilizados por seu comportamento se achados científicos proporcionam evidências convincentes de que estes indivíduos não podem processar e avaliar informações quando neste estado hiperalerta? (229-30).

Trauma: Sobreviventes e Perpetradores

O fenômeno do trauma está entrelaçado na vida de ambos – sobreviventes e autores de violência. As intervenções restaurativas realizadas em conflitos que envolvem a violação da pessoa e sua propriedade devem estar atentas a esta possibilidade. As ações podem não fazer sentido nem racional nem moralmente, e uma avaliação sobre os traumas na etiologia do conflito pode, às vezes, ajudar a explicar o que, superficialmente, pode parecer incompreensível.

Por exemplo, a maneira pela qual um evento traumático afeta a resposta da vítima. As pesquisas têm mostrado que há diferentes respostas ao trauma entre as vítimas de crime e as vítimas de acidentes industriais (Shercliffe e Colotla 2009). Usando o MMPI-2[5], os pesquisadores descobriram que, embora os perfis das pessoas que sofreram DEPT como vítimas de crime ou vítimas de acidentes industriais sejam similares, as vítimas de crimes tiveram pontuação mais alta em escalas de medição de medo, depressão e desconfiança (355-56). A ética parece influenciar nesta diferença. Os pesquisadores perguntaram: "Por que um evento traumático que envolve um ato criminoso causa mais angústia psicológica do que um acidente? Uma possibilidade é a atribuição da culpa pelo incidente a uma pessoa específica (de fato, é por isso que o indivíduo que sofre um ataque ou assalto é usualmente chamado de 'vítima', enquanto o outro é o 'perpetrador', implicando, assim, diferentes pressupostos de culpa)" (356). A origem das angústias particulares das vítimas do crime indica uma perda da confiança em sua experiência dos relacionamentos humanos.

Os programas de serviços de apoio à vítima emergiram pela primeira vez nos anos 1970 a partir de grandes esforços de grupos de mulheres (baseados no movimento feminista) em oferecer triagem e suporte a mulheres que sofreram danos decorrentes de crimes sexuais ou violência conjugal. Esses serviços geralmente tomaram a forma de atendimentos emergenciais 24 horas por telefone, casas de passagem e terapia de apoio. Nos anos 1980, os serviços de atendimento a vítimas mais genéricos começaram a se estabelecer, geralmente sob a égide das instituições da Justiça Criminal, como Polícia, Tribunais e Serviços Correcionais. Ambas as correntes de apoio a vítimas continuam a funcionar na América do Norte, suplementadas por outras de base comunitária. Em um estudo de 660 vítimas, incluindo aquelas que usaram e as que não usaram serviços de apoio às vítimas, Barbara Sims et al. examinaram a eficácia desses programas e afirmaram:

> Um dos principais objetivos dos serviços às vítimas é aumentar a habilidade da vítima em lidar com os estressores associados à experiência de vitimização. No presente estudo, nenhuma diferença estatística significativa foi encontrada entre os usuários e os não usuários dos serviços a vítimas no que se refere aos índices de funcionamento psicológico, achado que dá suporte à afirmação de Davis de (1987) 15 anos antes. Ao contrário, foi o grau no qual as vítimas relataram incorporar habilidades adequadas e suficientes de enfrentamento à

sua vida diária que previu significativamente os resultados de maior bem-estar da vítima. (2006:401)

O objetivo de dar assistência à vítima para lidar com sua experiência enquanto vítima é, como os autores notam, significativo. Uma olhada nos órgãos de serviço à vítima na Colúmbia Britânica, por exemplo, revela uma atenção parcimoniosa a este aspecto do trabalho. "Apoio emocional" pode ser observado no trabalho, tanto de base policial, como de base comunitária, dos programas de assistência à vítima (fundados pelo Ministério da Segurança Pública e Procuradoria Geral). No entanto, a maior parte das atividades listadas nos programas parece estar ancorada em medidas para suavizar o caminho das vítimas através do Sistema de Justiça Criminal formal, tal como oferecer informação sobre como o Sistema funciona e as datas importantes do Tribunal, ajudando as vítimas a preencher formulários e oferecendo referências a outras agências para obter terapia, habitação e assim por diante (Website Ending Violences, sem data e Website Police Victim Services sem data).

As vítimas de crimes têm obviamente maior probabilidade de sofrer de DEPT, e esforços têm sido feitos – particularmente através do trabalho de defensoras feministas – para proteger algumas vítimas da retraumatização imposta pelos Sistemas dos Tribunais Adversariais. Este é o caso particularmente das vítimas de crimes sexuais, que muitas vezes são agressivamente interrogadas por vários advogados de defesa. Na América do Norte, isso resultou em inúmeras variações das leis de proteção contra o estupro, que limitam o escopo de interrogação dos advogados de réus acusados de crimes sexuais sobre o comportamento sexual passado da vítima e proíbem a mídia de publicar seus nomes. No entanto, nem todas as vítimas sofreram traumas em intervenções subsequentes da Justiça Criminal. Por exemplo, as pesquisas em outros tipos de julgamento de crime sugerem que o julgamento do ofensor geralmente não retraumatiza as vítimas (Orth e Maercker 2004). Embora o julgamento em si não provoque impacto na maioria das vítimas, as vítimas traumatizadas podem carregar sentimentos subsequentes de vingança, dependendo da variação da intrusão traumática e hiperestimulação (Orth, Montada e Maercker 2006: 238).

Um critério para prever futuros comportamentos ofensivos é a vitimização precoce. Pesquisadores (por exemplo, Leschied et al. 2008) reconhecem que há risco significativo de um adulto se tornar ofensor na presença de fatores infantis precoces como violência familiar, onde a criança é tanto vítima de violência direta, como testemunha da violência entre seus cuidadores. Isso é indicado em pesquisas com jovens no Sistema de Justiça Criminal. Exposição à violência, como testemunha ou receptor, é algo que aumenta o risco da atividade criminal de jovens adultos (Eitle e Turner 2002). Os jovens envolvidos com o Sistema de Justiça Criminal são significativamente mais propensos a terem sido traumatizados do que outros adolescentes no sistema escolar. Um estudo com 152 adolescentes referidos ao Tribunal, metade meninos e metade meninas, sugere prevalência de trauma em ambos os grupos – meninas (75%) e meninos (51%) (Kirscher e Sevecke 2008).

A maioria das pesquisas nesta área envolveu adultos encarcerados. O estudo de Donald Dutton e Stephen Hart (1992) dos arquivos de 604 prisioneiros canadenses revelou que os homens que foram abusados quando criança eram três vezes mais propensos a serem violentos do que aqueles que não foram abusados. Outro estudo sobre experiências de trauma e desordens mentais, envolvendo 39 pacientes de hospitais de custódia e tratamento e 192 prisioneiros, relatou uma alta frequência de eventos traumáticos na história pregressa de ambos os grupos – pacientes forenses 78% e prisioneiros 75% – sendo os sintomas dissociativos mais comuns entre os prisioneiros (Timmerman e Emmelkamp 2001). As pesquisas também oferecem suporte para o relacionamento entre comportamento violento e eventos traumáticos interpessoais em uma amostra de 39 mulheres aprisionadas (Byrd e Davis 2008). As prisioneiras apresentaram altos níveis de exposição prévia ao trauma, altas taxas de abuso de substâncias e níveis clinicamente significativos de depressão e DEPT (Green et al. 2005). Os autores deste estudo notaram: "Há um aumento no entendimento do fato de muitas mulheres na prisão ou cadeia terem cometido crimes por serem elas mesmas vítimas de crimes" (146). Outro estudo de prisioneiros sob efeito de drogas e abuso infantil demonstra forte evidência do "efeito cumulativo do abuso" tanto em homens quanto em mulheres detentos (Messina et al. 2007). Os pesquisadores que estudam DEPT, drogas e recidiva em prisioneiros notaram diferenças nos efeitos do trauma entre homens e mulheres presos: os homens vivenciam a maior parte dos traumas enquanto estão encarcerados e as mulheres sofrem a maior parte dos traumas quando retornam às suas comunidades (Kubiak 2004).

Os resultados desses estudos confirmam o que a maioria dos profissionais atentos da Justiça Criminal já sabe – a pessoa que sofreu danos repetidos frequentemente assume o papel de causador do dano (Falshaw 2005). A tendência da Justiça Criminal em delinear estritos papéis de vítima e ofensor parece ser uma conveniência institucional e conceitual mais do que um reflexo das experiências atuais. Essa falta de clareza sistêmica é evidente no estudo da DEPT em prisioneiros, em que os pesquisadores revisaram 103 artigos de pesquisa relevantes sobre desordens mentais em prisioneiros e encontraram apenas quatro que ofereciam critérios que sustentam *qualquer* análise da DEPT

(Golff et al. 2007). Os autores notaram: "Seria de se esperar que a prevalência de DEPT em populações prisionais fosse maior do que na população em geral, e a omissão de referência a ela em uma revisão aparentemente abrangente dos prisioneiros é intrigante. Falhas na identificação e no tratamento de DEPT entre os prisioneiros poderia ser um fator que predispõe ao suicídio e a comportamentos danosos a si mesmo na prisão, e também à reincidência" (153). Indo mais direto ao ponto, a intervenção do chamado Sistema Correcional está embasada no pressuposto de que os ofensores são de alguma forma diferentes dos não ofensores, e consequentemente essas intervenções miram o comportamento que está na superfície do papel criminal. Louise Falshaw sugere: "O medo de que o abuso seja utilizado para legitimar o ofensor pode ser uma razão para a história do abuso no tratamento do comportamento do ofensor não receber importância suficiente" (2005: 429).

Trauma: Profissionais e Outros

Para quem tem curiosidade, o efeito do trauma nas pessoas que passaram pelo Sistema de Justiça Criminal deve levantar questões importantes. Mas há uma outra dimensão para esta situação constituída pelo trauma: os efeitos da violência e da devastação nas pessoas que trabalham no Sistema, obrigadas a dar respostas emergenciais ou pós-trauma para ajudar aqueles afetados pela violência grave. No primeiro caso, o trabalhador é exposto a múltiplas experiências de violência de primeira mão; no segundo caso, a exposição é secundária, ou traumatizações indiretas. Em ambos os casos, a experiência de trauma pode impactar a habilidade do indivíduo em realizar suas obrigações efetivamente e em dar continuidade à vida pessoal fora do trabalho.

Os policiais são exemplos óbvios desta discussão. O trabalho da Polícia frequentemente implica contato com situações que são instáveis ou que requerem que os oficiais tratem das consequências de cenas de crimes violentos. Um estudo de 84 policiais recrutados no Canadá mostrou que, enquanto traumas anteriores não aumentaram a angústia biológica durante as circunstâncias de estresse agudo, os traumas anteriores, quando combinados com fraco apoio social, estavam associados com angústias psicológicas em andamento. Em um estudo australiano de 103 oficiais de Polícia, os pesquisadores examinaram o impacto da revelação do trauma na saúde psicológica dos oficiais; os achados demonstram que os oficiais que deixaram de expressar as emoções referentes à experiência do trauma eram mais propensos a sofrer angústia psicológica e estresse traumático (Davidson e Moss 2008). Um dos sintomas de DEPT, de acordo com o *DSM-IV*, é "irritabilidade ou rompantes de raiva", fator considerado por outro estudo de DEPT em policiais. Os autores desse estudo descobriram que os "traços de raiva" (traço pré-existente à decisão individual de se tornar policial) eram um fator de risco para sintomas posteriores de DEPT, mas verificaram também que esses sintomas estavam associados com o aumento do "estado de raiva" (hostilidade no momento do trabalho policial) (Meffer et al. 2008). As pesquisas com policiais da Irlanda do Norte, que desenvolveram DEPT como resultado de seu trabalho durante "problemas" políticos do passado, mostraram que um forte senso de *identidade compartilhada* atenuava os efeitos do trauma – fator sabidamente subjacente aos conflitos (Muldoon e Downes 2007). Como os policiais, os trabalhadores das prisões e prisioneiros são diretamente vulneráveis a muitas experiências de vida traumáticas listadas no *DSM-IV*, de modo direto, por sofrerem violentos ataques pessoais ou serem feitos reféns, e secundariamente por serem testemunhas de ferimentos graves ou morte de outra pessoa como resultado de ataques violentos (Freeman 2000).

Os traumas secundários, ou vicários, têm sido identificados como possíveis riscos para profissionais e leigos que trabalham com casos em que os traumas são significativos. Trauma vicário é definido como "a resposta das pessoas que testemunharam, que foram sujeitas ao conhecimento explícito ou que tiveram a responsabilidade de intervir em um evento seriamente angustiante ou trágico" (Lerias e Byrne 2003: 130). As pesquisas mostram que os profissionais de saúde mental e terapeutas de trauma com histórias pessoais de trauma vivenciam maior angústia em seu trabalho (Buchanan et al. 2006; Pearlman e MacIan 1995). Birck (2002) reportou sintomas bem acentuados de DEPT tanto entre profissionais de saúde mental como no pessoal administrativo que trabalha com vítimas de tortura. No trabalho com ofensores sexuais, verificou-se que os médicos com menor tempo neste campo relataram maiores níveis de trauma vicário (Way et al. 2004) devido à falta de experiência ou habilidades para manejar esse fenômeno ao cumprir suas funções. Embora nem todos os que trabalham nesse campo sejam afetados, os terapeutas de ofensores sexuais que trabalham em prisões de segurança máxima têm relatado altos níveis de trauma vicário (Moulden e Firestone 2007). Ambos, profissionais e pessoas leigas, em áreas de "ajuda" são particularmente suscetíveis ao trauma vicário, porque os atributos que os trazem a esse campo de trabalho são os mesmos que os tornam vulneráveis: "O desejo de ajudar sobreviventes de um evento traumático, exposição a material traumático dos sobreviventes e empatia são fatores fundamentais no desenvolvimento de estresse traumático secundário" (Salston e Figley 2003: 172). Os integrantes do júri podem também vivenciar danos psicológicos como resultado de assistir e escutar evidências traumáticas (Robertson, Davies e Nettleingham 2009).

Embora não haja dúvidas de que o trauma seja um desafio à saúde mental, é evidente que os indivíduos respondem diferentemente a ele dependendo da sua resiliência inata, das experiências de vida prévias e do apoio emocional e físico que recebem. Algumas pessoas são capazes de ir além, relatando o crescimento pós-traumático após experiências violentas. O crescimento pós-traumático tem sido descrito como "uma mudança psicológica positiva vivenciada como resultado da luta com uma circunstância de vida altamente desafiadora" (Tedeschi e Calhoun 2004: 1). Também se verificou que o estilo pessoal de lidar com a situação de trauma não influencia diretamente os sintomas de traumatização secundária profissional no trabalho com sobreviventes de trauma (Killian 2008). Algumas pesquisas nestas áreas mostram que muitos profissionais de emergência vivenciam crescimento pós-traumático se eles tiverem personalidades extrovertidas, se forem bem treinados e se trabalharem em organizações caracterizadas por um clima de cuidado e suporte (Paton 2005). Outras pesquisas oferecem suporte para um componente destes achados: dentre os que trabalham em ambulâncias, os mais resilientes ao trauma são os mais extrovertidos, abertos a experiências, agradáveis e conscientes (Shakespeare-Finch, Gow e Smith 2005).

O Que Pode Ser Feito?

As pesquisas sobre trauma são relativamente novas, têm cerca de 25 anos de trabalho com base na neurociência, genética, biologia, psicologia clínica e psiquiatria. Foi apenas recentemente que os criminologistas ficaram curiosos quanto ao potencial traumático de seu objeto de estudo, em grande parte devido às lentes da Justiça Restaurativa. Devido ao foco dela recair no dano e na cura, em vez de no crime e na punição, é fácil ver como a lente restaurativa pode atrair ou acomodar o foco no trauma. A questão do que pode ser feito, dentro desse contexto, depende amplamente das lentes usadas para olhar os problemas comumente reconhecidos como crime e desvio.

Da perspectiva da criminologia, há ampla evidência dos efeitos do trauma nos indivíduos, nas suas famílias, comunidades e no mundo social mais amplo. No entanto, nossas lentes de crime e punição não foram muito receptivas a essas implicações. Uma razão para isso foi explicada por Arrick Jackson et al.:

> Por causa da inabilidade do campo da criminologia em desenvolver pesquisas sobre paradigmas, os campos da criminologia, sociologia e psicologia ficam na dependência de teorias de médio alcance fundadas em programas de pesquisa, dependência que subsequentemente

faz com que muitos tópicos sejam alvo de pesquisa, teste e debate nos respectivos campos à exclusão de outros [...] Esta conclusão pode ser encontrada na maior parte da literatura recente sobre violência e trauma [...] onde os autores discutem tópicos (violência e trauma) que são, em sua maior parte, dependentes uns dos outros – mas excluem importantes discussões sobre os outros campos. O estudo do trauma não pode avançar a menos que primeiro se desenvolvam teorias e pesquisas empíricas que incorporem o campo da violência e vice-versa. (2005: 473)

Dada a perspectiva de solução de problemas das práticas restaurativas, sua inclinação para excluir fatores ou tópicos com base em rígidas distinções conceituais e enormes desafios metodológicos não é uma questão significativa – a menos que, é claro, a intervenção restaurativa esteja envolvida por um imperativo institucional maior. A capacidade do processo restaurativo focado no trauma de revelar as diversas camadas de significado que fomentam os atos violentos oferece uma melhor compreensão dos atos de uma pessoa. A violência assume diversas formas físicas e emocionais, e quanto mais cedo ela aparecer na experiência de vida de uma pessoa, mais afetará seu comportamento.

O que explica nossa reticência em agir significativamente e de ajudar quando as pessoas sofreram sérios danos? Gail Ryan (2005: 134) observou: "Os recursos fluem para os problemas, mais do que para a prevenção, perpetrando estratégias reativas ao invés de proativas. É possível prevenir os fatores de risco que levam a criança a tornar-se violenta e abusiva. Os impedimentos são uma questão de prioridades e de conflito de necessidades, não de falta de conhecimento". Precisamos oferecer mais do que promessas para o bem-estar geral de toda e qualquer criança na sociedade, não apenas àquelas que tiveram a sorte de atrair bastante apoio. A disfuncionalidade da política assegura que a situação se perpetue, que o dinheiro público jorre dentro dos órgãos públicos, Tribunais e Sistema Correcional, enquanto os serviços sociais de base comunitária e educação recebem apenas gotas. Outra razão para nossa reticência é que aceitar o que se sabe sobre violência e trauma, como vimos neste capítulo, é se colocar diante de uma enormidade de problemas estruturais mantidos pelos mandatos institucionais correntes. A lei criminal é baseada na crença na intenção criminosa, ou *mens rea*, e na "pessoa razoável". As leis refletem a moralidade da sociedade, e a violação dessas leis provoca várias intervenções cognitivas para encorajar ou coagir o transgressor a pensar razoavelmente e a fazer melhores escolhas. Mas os indivíduos são mais do que seres físicos pensantes; eles são seres emocionais e espirituais também. Além disso, depender totalmente de intervenções cognitivas é comprometer nossos resultados. No caso de traumatizações crônicas (veteranos de guerra, agressões conjugais e crianças sexualmente abusadas), as teorias de processamento de informações sociocognitivas não funcionam (Kaysen, Resick e Wise 2003). As promessas de tratamentos para DEPT recaem no campo da psicologia, particularmente a terapia comportamental focada no trauma e a terapia de dessensibilização e reprocessamento de movimentos oculares (Bisson et al. 2007). Infelizmente, dentro da moldura retributiva corrente, as intervenções para os "ofensores" são geralmente enraizadas no que eles fizeram para outras pessoas e não no que foi feito para eles, portanto, intervenções terapêuticas para DEPT para prisioneiros são raras.

O caso de James, relatado no início do capítulo, foi confiado a um psiquiatra com rica experiência de trabalho com crianças afetadas pelo trauma. A experiência de Bruce Perry com crianças que foram cronicamente negligenciadas e abusadas – incluindo o grupo de crianças salvas do complexo Davidian Branch, em Waco, Texas, antes de ter sido invadido pelas autoridades do governo – levou-o provavelmente à conclusão mais importante deste capítulo:

> O trauma e as nossas respostas a ele não podem ser entendidos fora do contexto dos relacionamentos humanos. Se as pessoas sobreviveram a um ataque terrestre ou se foram sexualmente abusadas repetidamente, o que mais importa é como essas experiências afetaram seus relacionamentos – com as pessoas amadas, consigo mesmas e com o mundo. *Os aspectos mais traumáticos de todos os desastres é a quebra das conexões humanas.* E isso é especialmente verdadeiro para a criança. Ser machucada pelas pessoas que supostamente a amam, ser abandonada por elas, ser roubada da relação mútua que lhe permite sentir-se segura e valorizada e tornar-se um ser humano – estas são experiências profundamente destrutivas. *Pelo fato de os humanos serem inescapavelmente sociais, a pior catástrofe que pode nos acontecer inevitavelmente envolve perdas relacionais.*
>
> *Como resultado, recuperar-se do trauma e da negligência depende também dos relacionamentos – reconstrução de confiança, reconquista de confidencialidade, retorno a um senso de segurança e reconexão com o amor.* Claro que as medicações podem ajudar a aliviar os sintomas, e conversar com um terapeuta pode ser de grande utilidade. Mas a cura e a recuperação são impossíveis – mesmo com a melhor medicação e terapia do mundo – se não se estabelecerem conexões duradouras e cuidadosas com os outros. No fundo, é o relacionamento com o terapeuta que permite que a terapia funcione, e não seu método primário (187) ou suas sábias

palavras. Todas as crianças que ultimamente prosperaram seguindo nosso tratamento o fizeram porque gozaram de uma forte rede social que as cercou e lhes deu suporte. (Perry e Szalavitz 2006:231-232, ênfase adicionada).

A chave aqui, claro, é o relacionamento – como fonte tanto do trauma como da cura. As pessoas afetadas pelo dano de qualquer perspectiva respondem mais rapidamente quando contam com um suporte relacional, sejam elas vítimas, ofensores, policiais ou terapeutas clínicos. Uma vez que os relacionamentos são fundamentais para a Justiça Restaurativa, há grande esperança de solução de problemas através das lentes restaurativas ao invés das retributivas.

Conclusão

"Muitas pessoas diriam que não é uma boa ideia, no seu primeiro dia fora da prisão, ir direto atrás da prostituta que nocauteou cinco dentes seus. Mas é assim que eu funciono." (Phil, personagem do filme *Choke – No sufoco*, 2008)

O entendimento do trauma pode nos ajudar a compreender o que faz Phil agir assim. Ele sabe que é errado perseguir seu agressor. Ter sofrido uma punição supostamente deveria dissuadi-lo, mas ele volta para fazer exatamente a mesma coisa porque é assim que ele funciona no seu ciclo do trauma. Poderíamos dizer a mesma coisa sobre as instituições que foram criadas para lidar com esses problemas. Uma revisão dos mandatos institucionais e práticas revela muita coisa. Por exemplo, a importante contribuição de Judith Herman para a literatura, *Trauma and Recovery* (1997), ressalta o terror, a desconexão, o cativeiro e o abuso infantil como contribuições significativas para o trauma. Esses fatores também podem ser usados para caracterizar o ambiente da prisão e a vida dos sentenciados a ela. Isso sugere que nossa tarefa envolve muito mais do que ajudar pessoas a terem suas necessidades atendidas. As instituições também precisam de reformulação e reflexão.

Curiosamente, a revisão da literatura sobre as vítimas de crimes revela uma notável ausência de discussão sobre o trauma. A discussão sobre as vítimas de crime foca especificamente no que é possível dentro dos limites do *status quo*, e usualmente estas se atêm a noções de direitos, declarações de impacto das vítimas e assim por diante. Em suma, as apresentações são limitadas pelas necessidades das instituições da Justiça Criminal, ao invés das necessidades das pessoas que sofreram o dano.

Notas

1. Em dezembro de 2008, 193 países retificaram a Convenção, incluindo todos os membros das Nações Unidas, com exceção dos Estados Unidos e da Somália.
2. O *DSM-IV* é a quarta edição do Manual Diagnóstico e Estatístico produzido pela American Psychiatric Association. Esse manual é uma ferramenta popular entre os profissionais de saúde mental, particularmente dos Estados Unidos, mas também de outras partes do mundo.
3. *"Killology"* é um termo de Grossman para seu estudo da psicologia do assassinato.
4. Para uma simples leitura do fenômeno GxA, veja Bazelon (2006).
5. O MMPI-2 (Minnesota Multiphasic Personality Inventory) é um teste de saúde mental frequentemente usado para identificar a estrutura de personalidade e a psicopatologia. É a primeira grande revisão do MMPI, e foi lançado em 1989. O teste é usado para adultos.

10

Justiça Restaurativa como Desenvolvimento Comunitário e Prevenção de Danos

Senhora Macleod
Michael Bopp

Assim que saí da universidade, passei a trabalhar com crianças e jovens com problemas na cidade de Dawson, Yukon. Muitos dos jovens com quem trabalhei eram de famílias das Primeiras Nações. Senti que era importante, para mim, tentar trabalhar com essas famílias e com a comunidade, mas realmente não tinha ideia de por onde começar. A maior parte das pessoas da comunidade não estava interessada nem mesmo em falar comigo. Eu era apenas mais um "assistente social" branco.

Comecei a visitar uma anciã chamada Sra. Macleod. Tomei chá com ela e tentei lhe contar tudo sobre minhas inúmeras ideias para melhorar a comunidade. Ela não falava muito, mas parecia apreciar minha visita. Notei que seu filho e seu neto frequentemente se ausentavam por semanas a fio, ou ficavam absorvidos no consumo excessivo de bebida alcoólica. Percebi que ela precisava cortar a lenha, então comecei a fazê-lo a cada dois ou três dias. Também fiz algumas compras e a levei de carro até o mercado.

Um dia, tomando chá com ela, eu falava de alguma ideia que tivera de como consertar a comunidade. Ela raramente dizia alguma coisa quando eu falava dessa forma, mas desta vez inclinou-se sobre a mesa e afirmou abruptamente: "Por que você não fica quieto e escuta? Você fala demais; você deveria ouvir".

Fui embora logo em seguida, envergonhado e confuso. Mas aos poucos percebi o quanto ela estava certa. Desse dia em diante, escutar passou a ser minha estratégia. Quanto mais eu escutava, mais aprendia.

Também comecei a perceber que estava trabalhando com uma séria deficiência: entrara na comunidade pensando que "era o dono do saber", o *expert*. E por que não pensar assim? Havia completado os anos de estudo na universidade e tinha começado a acreditar que quem tem essa aprendizagem avançada, como eu, era agora um *expert*, qualificado ou profissional. Não é isso que o treinamento profissional faz?

O que aprendi com a senhora Macleod e sua comunidade (e muitas comunidades depois daquela) foi que meu treinamento não me permitia saber mais sobre a vida das pessoas e da comunidade do que elas mesmas sabiam. Eu também não tinha a menor ideia de como conectar meu conhecimento e habilidades com suas reais necessidades dentro da emaranhada rede de relacionamentos na qual eles viviam.

Muito devagar (porque é muito duro abrir mão de uma parte de si mesmo na qual se crê básica para a própria identidade), me tornei o que meus amigos diziam ser um *"expert* em recuperação", alguém que deseja aprender com as pessoas da comunidade a fim de aprender a servi-las (Bopp e Boop 2001: 94).

❋ ❂ ❋

Esta história do ansioso assistente social e da Sra. Macleod poderia ser a de qualquer pessoa de fora engajada no trabalho de desenvolvimento comunitário. Cair de paraquedas dentro de uma rede de relacionamentos complexa, com suas histórias únicas e convenções locais, pode expor esses trabalhadores à hostilidade e à resistência dos membros da comunidade, que desconfiam de profissionais pagos. Uma comunidade com parcos recursos, atormentada por níveis excessivos de problemas sociais, pode ressentir-se de um *"expert"* de fora que não está comprometido com essa comunidade.

A Justiça Restaurativa pode ter uma perspectiva e um conjunto de ferramentas úteis para o desenvolvimento da comunidade. Isso requer uma abordagem de base comunitária bem fundada, que usa o conflito como oportunidade para ver o que não está funcionando tão bem no tecido dos relacionamentos dentro dessa comunidade de pessoas específicas. Cada vez mais, percebemos a expansão das instituições governamentais e seus mandatos que invadem o terreno das experiências comunitárias vividas. Essas instituições são parceiras necessárias no pano de fundo intervencionista, originalmente o último recurso quando pequenos grupos locais não conseguem dar conta de suas questões coletivas. No entanto, neste momento da história, nosso primeiro recurso de intervenção são as instituições.

Enquanto as instituições do Estado tendem a ver os conflitos interpessoais como interações que levam a danos, como crimes, violação de regras e irresponsabilidade individual ou culpabilidade, as práticas restaurativas focam em conceitos mais globais como "dano". Dano significa mais do que ferimentos físicos; ele inclui dano mental, dor e danos morais. Seu significado não é capturado pela palavra "crime", que se refere a um ato considerado ilegal, que produz ou não danos para o causador do dano e para outras pessoas. Dano pode ser visto na violência de poder, nos próprios sistemas que usamos para responder à violência. Dennis Sullivan e Larry Tiff falam da violência sistêmica e do desafio de criar sistemas que façam com que seja mais "fácil para a pessoa ser boa" (2005: 123). Além da violência gerada pelos relacionamentos hierárquicos dentro das instituições, estas frequentemente contribuem para a manutenção de condições que levam ao desespero e ao comportamento interpessoal danoso. Ao reconhecer que o nosso Sistema pode também ser um *aporte* significativo para o dano, através de crenças injustas, políticas e alocação de recursos, estamos adotando uma perspectiva de justiça social de dano.

Ruth Morris critica a teoria da Justiça Restaurativa por sua falta de atenção a temas de justiça social:

> A teoria da Justiça Restaurativa não leva em conta as enormes injustiças estruturais na base de nosso Sistema de Justiça, nem a extensão na qual elas reforçam o racismo e o classicismo. Qualquer teoria ou método que ignore o racismo e o classicismo, que são básicos para a Justiça Retributiva, está deixando algo muito importante de fora, e servirá para reforçar este mesmo racismo e classicismo mais adiante, por não questioná-los [...]
>
> Justiça Distributiva abunda por todo lado, e a maioria dos ofensores é, mais do que a média das pessoas, vítima da injustiça distributiva. Será que queremos restaurar os ofensores às condições de marginalização, raiva e desempoderamento do lugar onde a maioria estava antes da ofensa?

As palavras de Morris reiteram as preocupações apontadas neste livro sobre as implicações semânticas do termo "Justiça Restaurativa". Também levantam preocupações sobre a cooptação da linguagem da Justiça Restaurativa e a distorção das práticas restaurativas dentro do Sistema Retributivo, algo que aumenta seu desconforto com o termo.

No centro desta preocupação está a falta de ênfase na justiça social dentro do discurso da Justiça Restaurativa. No entanto, é claro que, ao mesmo tempo em que há muitos exemplos dessa falta de atenção, os praticantes fundamentados nos valores e princípios da Justiça Restaurativa serão, inevitavelmente, sensíveis às preocupações da justiça social. Como sugerem Jennifer Llewellyn e Robert Howse: "A Justiça Restaurativa começa com o desequilíbrio de um relacionamento na sociedade, mas o que deve ser restaurado, acima de tudo, não é a viabilidade do relacionamento antes da ruptura, mas o *ideal* de uma relação de equidade na sociedade" (1998: 3). Quando as práticas da Justiça Restaurativa são motivadas pelo foco de construção de espírito comunitário em vez do foco no mandato de processar formalmente casos da Justiça Criminal, ficam claras as oportunidades de detectar e encaminhar desigualdades e questões de justiça social.

Nesta visão, as questões de justiça social podem ser encaminhadas a partir de uma base popular de desenvolvimento de comunidade em vez de uma abordagem mais estruturada e convencional como a prevenção do crime através do *design* de ambientes. Os assuntos de bem-estar social devem ser abordados a fim de chegar às raízes do dano individual: "A organização comunitária deve levar em consideração as condições sociais antes de aceitar afixação de metas como um fato consumado. O sistema educacional deficiente, a pobreza, o subemprego e o desemprego, os sistemas de cuidados de saúde insuficientes e as gestações não planejadas exacerbam um contexto urbano já tenso" (Klein, Luxemburg e Gunther 1991: 293-94). As estratégias de prevenção de danos que operam dentro do modelo de controle do crime podem ser atrativas em curto prazo, mas, ao falharem no tratamento das causas da injustiça social, "resultarão simplesmente na luta contra um inimigo inconquistável (por exemplo, o crime e suas consequências)" (294). Se as histórias individuais dos efeitos de uma política social injusta estão na raiz do dano, a comunidade é o primeiro local de atuação social. A justiça comunitária começa pelo pressuposto de que a maioria dos comportamentos dos indivíduos e grupos seja regulada por sistemas informais de controle, como as famílias, os vizinhos e as organizações comunitárias, mais do que pelas instituições formais, como Polícia e Tribunais (Kruger 2007: 104).

Neste capítulo, consideraremos as diversas dimensões do termo "comunidade". Examinaremos quais possibilidades existem para a comunidade na Justiça Restaurativa em diversos contextos sociais, onde é usada como filosofia e prática norteadora (escolas, famílias, clubes, órgãos de Justiça Criminal, locais de trabalho e assim por diante). Comunidade também envolve a revisão de outro conceito: "capital social", uma forma de definir os benefícios dos relacionamentos para o bem-estar geral. Fecharemos o capítulo considerando como a Justiça Restaurativa se presta à construção do espírito comunitário, a fim de cultivar as habilidades de cidadania para o engajamento em uma sociedade democrática.

O que é "Comunidade"?

Talvez não haja conceito mais contestado na literatura da Justiça Restaurativa, e alhures, do que o conceito de "comunidade". Os autores repetidamente reconhecem a dificuldade em defini-lo. Há algo íntimo no ideal de comunidade, um senso de conexão e pertencimento que é um bem indefinido. E esse ideal também parece muito distante do que existe e é frequentemente chamado de comunidade. Esta seção apresenta vários ângulos a partir dos quais se podem imaginar as diversas dimensões de comunidade.

A palavra "comunidade" deriva de duas outras – "comum" e "unidade" –, sugerindo uma unidade comum compartilhada com outros, de acordo com os experientes desenvolvedores comunitários canadenses Michel Bopp e Judie Bopp (2001). No uso específico que eles fazem da palavra comunidade, presume-se um alto grau de engajamento deliberado quando falam de "qualquer agrupamento de seres humanos que entraram em um relacionamento sustentado uns com os outros com o propósito de melhorarem a si mesmos e o mundo em que vivem" (2001: 13). No mesmo viés, McKnight sugere que a comunidade "compreende vários grupos de pessoas que trabalham juntas de modo presencial na vida pública, não apenas na vida privada" (1995: 118). Clear e Karp resumem essa corrente conceitual: "Comunidade é um conceito inteiramente prático, não um termo específico efêmero [...] Para cada um de nós, comunidade é uma complexa interligação de relacionamentos humanos nos quais confiamos para viver nossa vida diária. Em sociedades modernas, isto é diverso, múltiplo e individual, mas não menos substancial para sua variedade" (1999: 60). Há também um elemento de exclusão social nesta definição prática, utilitária de comunidade, com a implicação de que há pessoas fora da comunidade particular e talvez insular (Woolford e Ratner 2008: 124).

As culturas ocidentais no nascente século 21 têm vivenciado transformações nas versões tradicionais da "comunidade". A visão de uma vizinhança amigável, com pessoas sentadas nas varandas, interagindo uns com os outros, andando por lojas locais acompanhadas por vizinhos e de olho em todas as crianças, parece (para a maioria) um conto de fadas. Hoje, "vizinhança" é mais uma coleção de casas com vizinhos que interagem esporadicamente. Aliás, um estudo em Nova York demonstrou que as pessoas sentiam conexões mais fortes com seus colegas de trabalho do que com seus vizinhos (Dahlin, Kelly e Moen 2008). Talvez as comunidades idílicas existam apenas nos discursos do governo. A crítica de Martin Mowbray sobre o foco em versões idealizadas de comunidade – que aparecem em representações do governo australiano – sugere intenções duvidosas. Em seu argumento, todas as interpretações do governo atribuem à comunidade "somente qualidades positivas de comunidade" e "facilitam um movimento de despolitização dos problemas sociais"; além disso, os programas comunitários eram "representados como sendo de baixo para cima e direcionados para uma autodeterminação da comunidade, (mas) de fato eram fundados e gerenciados dentro de regulações centralmente determinadas" (2005:257). Esse fenômeno foi referido como "um hiato evidente entre as aspirações comunitárias e a realidade da comunidade" (Dixon, Dogan e Sanderson 2005: 5), resultado da competição entre filosofias do conhecimento e do comportamento humano. O uso governamental do termo "comunidade" cai na definição de McCold (2004) de macrocomunidade como um interesse da sociedade em geral.

Embora isso não seja articulado de modo direto, o que torna a ideia de comunidade tão atraente são suas características emocionais. "Comunidade é um sentimento, uma percepção de conectividade – conectividade pessoal, tanto com outros seres humanos individuais como com o grupo" (McCold e Wachtel 1998: 72). Emoção é um fenômeno-chave em práticas restaurativas, contribuindo para o nosso entendimento do notável convite à expressão de sentimentos e do impacto desses sentimentos no processo de engajamento e nos resultados. Nathanson, a cujo trabalho já fomos apresentados ao examinar o conceito de vergonha, oferece uma explicação de comunidade na base do afeto, parte biológica da emoção:

> A comunidade é um grupo público de pessoas conectadas por padrões de modulação dos afetos. É formada e mantida pelas seguintes regras: 1) mutualidade e ações grupais para aprimorar ou maximizar afetos positivos; 2) mutualidade e ações grupais para diminuir ou minimizar afetos negativos; 3) as comunidades prosperam melhor quando todo afeto é expresso de modo que estes dois primeiros objetivos possam ser realizados; 4) mecanismos que aumentam o poder de realização de todos estes objetivos favorecendo a manutenção da comunidade; mecanismos que diminuem o poder de expressar e modular esses afetos ameaçando a comunidade. (1997: 15-16)

O trabalho de Nathanson sugere que um componente essencial das comunidades é o compartilhar (mutualidade) da emoção (afeto). Os processos restaurativos visam a criar um espaço seguro no qual as emoções possam ser expressas e tratadas pelo grupo. A descarga emocional não apenas alivia parcialmente o sofrimento daquele que sofre, mas adiciona um gancho de memória ao dano sofrido, tornando-o acessível aos outros no Círculo. Quando as pessoas estão emocionalmente conectadas, elas se tornam mais profundamente motivadas a mudar as condições de sua comunidade, condições que podem estar motivando comportamentos danosos. Um sentimento de pertencimento ao grupo aumenta o senso de responsabilidade e de prestação de contas ao grupo. De acordo com Peter Block, comunidade "refere-se à experiência de pertencimento. Estamos em comunidade toda vez que encontramos um lugar ao qual pertencemos" (2008: xii).

Podemos reconhecer que os aspectos emocionais dos indivíduos são significativos para ambos – comunidade e Justiça Restaurativa –, mas será que o mesmo pode ser dito sobre as comunidades em si? O artista e diretor David Diamond, do Vancouver Headline Theatre, foi pioneiro na criação de fóruns-teatro, que engajam comunidades em assuntos que são importantes para elas. Ele explica que o teatro é um processo através do qual a emoção de uma comunidade pode ser expressa:

> Agora sabemos que, se não nos expressarmos como indivíduos, se mantivermos nossas histórias engarrafadas dentro de nós, poderemos acabar ficando doentes. O estresse vai se manifestar como doença. O corpo humano é, acima de tudo, um sistema integrado.
>
> Sugiro que, da mesma maneira que o corpo é feito de células que constituem os organismos vivos, uma comunidade é feita de pessoas individuais que compõem um organismo. Chamo isso de comunidade viva. As comunidades são vivas e precisam se expressar, assim como as pessoas; senão, elas adoecem assim como as pessoas. A prova disso está à nossa volta. À medida que a vida cultural se tornou cada vez mais orientada pelo consumo, as comunidades vivas manifestaram mais doenças.
>
> O teatro, como todas as outras formas de expressão cultural, costumava ter pessoas comuns cantando, dançando e contando estórias. Esta era a maneira que uma comunidade viva registrava e celebrava suas vitórias, derrotas, alegrias e medos. À medida que o modelo cartesiano, ou mecanicista, adquiriu raízes e, posteriormente, à medida que o colonialismo se espalhou pelo planeta, coincidindo com a mecanização do capitalismo, esta atividade primordial de contar estórias também evoluiu de uma maneira mecanicista. Como muitas outras coisas, a atividade cultural tornou-se uma mercadoria", como um produto de consumo manufaturado. (2007: 19-20)

Esta visão da comunidade viva é útil para o entendimento do potencial do processo restaurativo, seja ele usado para manejar o conflito ou para lidar com assuntos da comunidade. Contar histórias é algo que nos liberta dos constrangimentos e limitações específicas da sala do tribunal, e é um componente significativo das práticas restaurativas. Por isso, a JR tem a ver com o desenvolvimento de espírito comunitário.

É necessário entender as muitas dimensões da comunidade para desenvolvê-la. Outra dimensão é a política, fenômeno frequentemente esquecido nos esforços de expressar uma definição precisa de comunidade. A vida política da comunidade varia de uma para outra; então, o que funciona em uma comunidade pode não ter tanto sucesso em outra. Mae Shaw delineia os fatores específicos que emergem através das lentes políticas da comunidade:

> O modo como a comunidade é construída politicamente oferece os discursos e as práticas que estruturam os parâmetros do desenvolvimento comunitário a qualquer momento, suas possibilidades e limitações. As políticas expressam a totalidade das inter-relações, que incluem poder, autoridade e influência. É claro que a comunidade não existe dentro de um vácuo político, mas reflete e reforça as dinâmicas de poder dentro de um contexto e tempo particulares (2007: 34).

Um exemplo do argumento de Shaw é encontrado na explicação de Alexis de Tocqueville sobre a consideração da nascente democracia norte-americana, baseada na visita do conde francês ao país em 1831. Um contraste entre realidades políticas da vida comunal europeia e norte-americana forma a essência da observação a seguir:

> O que [Tocqueville] encontrou foi que os colonizadores europeus estavam criando uma sociedade diferente da que conheciam na Europa: comunidades formadas ao redor de uma intervenção social não usual, pequenos grupos de cidadãos comuns vindos juntos para formar organizações que resolviam problemas.
>
> Tocqueville observou três características de como esses grupos operavam. Primeira: eram grupos que decidiam que tinham o poder de decidir qual era o problema. Segunda: eles decidiram que tinham o poder de decidir como resolver o problema. Terceira: eles frequentemente decidiam que eles mesmos se tornariam os atores centrais na implementação da solução. Na perspectiva de Tocqueville, essas associações de cidadãos eram um instrumento poderoso criado unicamente na América do Norte, pedra fundamental das comunidades norte-americanas.
>
> Pode parecer óbvio que as comunidades fossem associações coletivas. Elas eram mais do que isso, e diferentes de um conjunto de amizades. Podemos ter uma amizade com uma pessoa determinada em uma instituição, por exemplo, mas não significa que a pessoa esteja incorporada à comunidade. Uma comunidade é mais do que um lugar. Ela compreende vários grupos de pessoas que trabalham juntas presencialmente na vida pública, não apenas na vida privada. (1995: 117-18)

Os exemplos modernos dessas associações são as sociedades sem fins lucrativos formadas para oferecer apoio comunitário a grupos-alvo mal atendidos dentro da estrutura corrente de política social. A John Howard Society de New Brunswick, por exemplo, contribui através do desenvolvimento e da redução do dano na comunidade por meio do seu grupo local Resiliency Center (Kelly e Caputo 2005). As associações podem formar-se em torno de variadas necessidades e interesses, por exemplo, ligas esportivas e clubes de livros.

Em resumo, comunidade é um conceito multidimensional que inclui aspectos relacionais, afetivos, políticos, criativos e coletivos. Comunidades são microssociedades nas quais sentimos certo nível de engajamento fora de casa. Nas próximas páginas veremos o que a comunidade significa para a Justiça Restaurativa e consideraremos como isso contribui para o capital social e a construção da capacidade de cidadania em sociedades democráticas.

Comunidade em Justiça Restaurativa

Desde a publicação do artigo de Christie *"Conflict as Property"* em 1977, o conceito de comunidade teve uma importante função na Justiça Restaurativa. Os processos de resposta ao conflito que envolvem engajamento comunal nos oferecem oportunidades de vivenciar o tecido da vida comunitária, e de revisitar e esclarecer valores e normas coletivas. Esse processo possibilita experiências de mobilização e fortalecimento do controle social informal e do apoio social (Bazemore 2005: 133). A Justiça Restaurativa de base comunitária não pode ser limitada a um mero processo de casos em escolas ou de Justiça Criminal considerados adequados por instituições formais. Há mais que trabalhar na preparação e acompanhamento desses casos se estivermos escutando as histórias dos membros da comunidade afetados pelo dano. Logo, os casos transformam-se em fenômenos comunais que requerem nossa atenção sensível. Aprendemos como nossas respostas individuais, coletivas e institucionais ao dano ajudam ou dificultam nosso progresso em direção a uma saúde comunal maior, e esse entendimento molda as questões que perguntamos em nossos esforços de responder sem causar danos subsequentes significativos.

Uma vantagem do processo restaurativo é que ele oferece a oportunidade de participação cívica em assuntos comunais. Carolyn Boyes-Watson argumenta: "Se acreditamos (como de fato acreditamos) que o crime é uma responsabilidade comunitária, assim como uma responsabilidade individual, então é necessário que os cidadãos olhem o 'crime' de perto e de modo pessoal", como um engajamento que tem o corolário benéfico de aumentar a responsabilização institucional e profissional (2004: 687-88). Não se trata de uma nova maneira de pensar, mas, ao contrário, de uma recuperação de velhas tradições. As abordagens restaurativas para encaminhar a transgressão das normas da comunidade são evidentes em estudos históricos (Weitekamp 1999). Sem contar com as das grandes instituições formais de controle social familiar que temos hoje, a maioria das comunidades históricas não tinha outra escolha senão a de ser "próxima e pessoal" em sua experiência de crime e outros danos. No entanto, no século 21, este não é necessariamente o caso. Enquanto as instituições formais proliferam em todo lugar, as comunidades reais podem ser difíceis de encontrar – o que faz com que seja difícil trazer a comunidade para os processos restaurativos (Walgrave 2002: 76).

Mas talvez as expectativas de comunidades ideais não alcançadas possam ser transformadas em sementes de comunidades reais através de processos restaurativos. O desenvolvimento de estratégias comunitárias não tem sido suficiente para incorporar o envolvimento dos membros em fazer decisões sobre assuntos que os afetam (Kurki 2003). O potencial da Justiça Restaurativa de engajar os membros da comunidade em tomadas de decisão significativas sobre seus próprios assuntos também oferece oportunidades para construir o espírito comunitário. As pessoas que tiverem um real envolvimento nas tomadas de decisão, em vez de uma participação superficial, investirão mais nos resultados. Os Processos Circulares, em particular, são bem adequados a uma variedade de propósitos que direta ou indiretamente constroem a comunidade. Eles podem ser usados para propósitos curativos, assim como para responder ao dano com o objetivo de cura e, em formas preventivas, para abordar assuntos mais gerais através do diálogo democrático (Pranis, Stuart e Wedge 2003: 209). À medida que os cidadãos se acostumam a participar de Círculos, eles começam a fazer uma mudança paradigmática na sua maneira de pensar sobre o dano e tornam-se mais sintonizados com as respostas baseadas em valores. Uma vez que a Justiça Restaurativa em geral e os Círculos em particular referem-se a construir ou reparar relações, o desenvolvimento comunitário é uma consequência lógica.

Uma das ferramentas mais fortes de construção de comunidade em práticas restaurativas é a prática da contação de histórias. Fiona Verty e Sue King explicam a significância desse tipo de atividade para ampliar nosso conhecimento uns dos outros e fortalecer a comunidade:

> Em um nível conceitual, a análise estrutural do conflito e da intolerância entre comunidades e a extensão na qual essas dinâmicas impactam as "escolhas" e as ações dos indivíduos ampliam a potência da Justiça Restaurativa em restaurar relações sociais danificadas e prevenir o

crime. Isso aconteceria pela ampliação do entendimento dos fatores contribuintes e pela ampliação das ações que constituem as ações restaurativas. Além disso, em um nível conceitual, os praticantes de Justiça Restaurativa ganhariam muito ao se engajarem em um longo debate sobre "comunidade" e participação no desenvolvimento comunitário. Para o desenvolvimento comunitário, as práticas de encontros restaurativos podem ser realizadas com sucesso em localidades onde há medo de violência passada e conflito, ou violência potencial. A estrutura oferecida através do diálogo facilitado é clara e efetiva em promover uma extraordinária mudança curativa entre as partes que sofreram dano. (2007: 480)

Um resultado da contação de histórias e do diálogo é a grande consciência coletiva dos defeitos e qualidades da comunidade. Isso leva a um entendimento mais profundo das preocupações da justiça social que constituem o contexto mais amplo dos danos individuais interpessoais (White 2003). Talvez os participantes reconheçam temas repetidos nas histórias, tais como falta de apoio e vínculo parental, uso impróprio de substâncias ou estresse devido a desemprego. As pessoas podem ficar motivadas a mobilizar suas energias e recursos para reparar os buracos na rede comunitária estendida.

Em uma sociedade onde as instituições substituíram a responsabilidade comunitária orgânica, é difícil convencer as pessoas a participar da busca e implementação de soluções. Responsabilidade equivale a cuidar do nosso próprio comportamento e votar nas eleições públicas. Racionalizamos que as taxas que pagamos nos eximem da obrigação de participar em um outro nível. Mesmo se o nosso próprio comportamento resultar em intervenções institucionais, provavelmente teremos outros profissionais tomando conta de nossas responsabilidades. As instituições tratam as pessoas como "casos" e os conflitos como "arquivos" e são governadas por regras e políticas que limitam seus mandatos e flexibilidade. Fred Boehrer, integrante da organização Catholic Worker do estado de Nova York, descreve muito bem o efeito disso nos seres humanos individuais:

Desde o começo da nossa casa de acolhimento Catholic Worker, vimos muitas pessoas que sofreram danos em virtude do processo que ironicamente chamamos de "serviço social". Havia pouca interação "social" entre as pessoas e, frequentemente, muitos serviços necessários não eram oferecidos. Na linguagem do serviço social, o nome da pessoa é substituído por um "número de caso". Seu conjunto de experiências, sonhos e aspirações é reduzido a um "caso" que precisa ser "gerenciado". Os assistentes sociais tendem a ser bem-intencionados, treinados a se arrastarem pelas águas burocráticas para encontrar alguma assistência para os outros. Quanto mais se esforçarem para se conectarem pessoalmente com as pessoas com necessidades, mais enfrentarão obstáculos sistêmicos e um número crescente de casos. Quem é pobre está procurando não apenas abrigo, comida, roupa e cuidados de saúde; está também procurando por compaixão e dignidade. Mas será que encontrará compaixão no Sistema? A maior parte do tempo a resposta enfática é "não". Um Sistema desumanizado, especialmente aquele preenchido por assistentes sociais sobrecarregados, não pode responder adequadamente às pessoas que foram empurradas para a pobreza. Como compramos a ideia de que o Estado, que criou as condições através das quais as pessoas se tornaram pobres, está interessado, ainda que remotamente, em ajudar as pessoas a saírem da pobreza? (2000: 218)

O distanciamento necessário das instituições estatais em relação aos humanos com problema serve, ainda, para isolar o restante de nós das experiências vividas pelos membros menos afortunados de nossa comunidade, questão abordada acima por Ruth Morris sobre a necessidade de justiça social na Justiça Restaurativa. Além dos efeitos que isso tem naqueles que estão buscando ou precisando de ajuda, esta abordagem corrente nos encoraja a focar mais em nós mesmos e menos nos outros. As contribuições de Goodwill para a comunidade fazem menos sentido se tivermos aprendido a focar apenas em nós mesmos. A Justiça Restaurativa nos pede para fazer o que John F. Kennedy pediu aos norte-americanos em seu discurso inaugural em 1961: "Não pergunte o que seu país pode fazer por você; pergunte o que você pode fazer pelo seu país". Isso é conhecido como "subsidiariedade", prática de subordinar um interesse pessoal ao bem do todo.

Schweiger (2002) argumenta que solidariedade e subsidiariedade são princípios complementares de desenvolvimento comunitário, e que em algum nível precisamos reconhecer que estamos todos juntos nisso e que nenhum de nós pode sobreviver por si só. Ele sugere que a "comunidade é possível somente se os cidadãos empenharem sua lealdade incondicional e comprometerem-se a fazer o bem e a evitar o mal, e a contribuírem com sua vida no bem para a vida compartilhada da comunidade. Um compromisso com a reciprocidade é inadequado, uma vez que a sobrevivência da comunidade requer a manutenção da comunidade mesmo perante a injustiça e os danos" (2000: 38). Motivamo-nos a abraçar a subsidiariedade para o desenvolvimento comunitário através da conexão emocional dos relacionamentos. As práticas restaurativas objetivam prover espaços seguros para reparar, construir e criar relacionamentos. Quando os seres humanos se reúnem dessa maneira, pode emergir uma comunidade de cuidado, que é a condição necessária para a responsabilização significativa. Cuidado e responsabilidade reforçam-se mutuamente (Schweigert 2002), e ambos são essenciais para o desenvolvimento comunitário.

Portanto, os processos restaurativos são bem adequados para os propósitos de desenvolvimento comunitário. Eles oferecem oportunidades de contação de histórias, esclarecimento de normas, construção de relacionamentos e responsabilização significativa e sustentável.

Capital Social

Outra contribuição significativa da JR para o desenvolvimento da comunidade advém do conceito de "capital social". Na literatura popular, o livro de Robert Putnam *Bowling Alone: The Collapse and Revival of American Community* (2000) colocou o conceito de capital social no centro da discussão de vinculação social e comunidade. Putnam nota que antes jogávamos boliche em ligas, que eram oportunidades de interagir comunitariamente em grandes grupos de pessoas – mas não fazemos mais isso. Como desapareceram associações comunitárias, clubes e organizações, há menos oportunidades de interagirmos uns com os outros na comunidade. Quanto menos as pessoas interagem, menos comprometimento têm com o coletivo. Não é surpresa que, quando as pessoas retiram mais da comunidade do que colocam, a vitalidade da comunidade diminui. A ideia principal da teoria do capital social é que há valores em relacionamentos e redes sociais. A essência do capital social é o reconhecimento de que os laços sociais fazem a nossa vida mais produtiva. Alejandro Portes resume que o "capital social significa a habilidade dos atores em conseguir benefícios através da participação em redes sociais e outras estruturas sociais" (1998: 6).

O capital social tem sido explorado a partir de variadas perspectivas. A abordagem racional (econômica) vê o capital social na ação humana como ação econômica, com conexões estratégicas e funcionais organizadas. Os trabalhos contemporâneos em capital social incluem uma visão crítica (marxista), na qual se argumenta que a ação humana é gerada em um contexto de expectativas sociais compartilhadas baseadas em classes. As visões políticas (democráticas) de capital social a veem como uma "técnica de associação" que inclui obrigações mútuas e atitudes comuns de cooperação (Lewandowski e Streich 2007). O capital social tem sido teorizado de outras maneiras também: como eficácia coletiva, confiança social e reciprocidade, participação em organizações voluntárias e integração social de benefício mútuo (McKenzie, Whiteley e Weich 2002: 280). Por outro lado, sempre se observou que o capital social é vulnerável às pressões das instituições formais, que podem limitar ações coletivas se elas entrarem em conflito com os grupos formais (Dhesi 2000).

Faz sentido que nossas redes de amigos, conhecidos e grupos afetem o que acontece a nós como indivíduos (Mouw 2006). Quando estamos procurando emprego ou um apartamento para alugar, compartilhar a mensagem nas nossas redes aumenta a chance de conseguirmos o que estamos precisando. Nossas conexões pessoais com as pessoas das nossas redes ajudam a abrir caminhos para este emprego ou apartamento; a expectativa de que damos referências em nossas buscas por acomodação ou emprego é um exemplo concreto da importância do capital social. Nossa participação como membros em redes sociais oferece o benefício de nos ajudar a expandir nosso potencial como indivíduos através da nossa interação com outros (Murray 2000). Putnam (2000) levou essa ideia adiante, sugerindo que essas sociedades bem conectadas oferecem, em geral, benefícios a todos, mesmo para aqueles pouco conectados. Por exemplo, os benefícios secundários de viver em uma comunidade bem conectada são a reduzida taxa de criminalidade, resultado do fato de as pessoas vigiarem as casas e as crianças uns dos outros para o benefício de todos, mesmo para aqueles vizinhos que não são particularmente engajados na comunidade. Geralmente, no entanto, as redes envolvem obrigações mútuas e tendem a fomentar normas de reciprocidade. Vivenciamos reciprocidade específica em relacionamentos nos quais fazemos coisas uns pelos outros na expectativa de sermos ajudados em outro momento. Na Justiça Restaurativa isso é chamado de colocar algo de volta ao Círculo grande. Quando a reciprocidade generalizada é uma norma social, seus membros são mais eficientes do que aqueles que vivem em uma sociedade marcada por desconfiança e medo.

Entender que os seres humanos precisam viver juntos é algo que oferece uma importante compreensão da natureza humana (Savage e Kanazawa 2002). Os seres humanos são animais sociais; precisamos de interação para nossa sobrevivência física, mental, emocional e espiritual. Este núcleo de verdade é importante para as práticas restaurativas, que capitalizam nossas relações uns com os outros. Essa necessidade de interação mútua constrói a motivação para desistir de comportamentos e atos que causariam danos a outros membros da comunidade (Katz 2002). Quanto mais vinculados estamos aos outros, mais nos sentimos responsáveis pelo que fazemos a eles. O objetivo do engajamento cívico através da participação em práticas restaurativas é valioso não apenas para as habilidades que aprendemos nessas práticas, mas para as oportunidades de conexão social que nos oferecem.

David Faulkner define cidadania como "a maneira de descrever pessoas como seres humanos, no contexto de seus direitos e legítimas expectativas e de seus deveres e responsabilidades – uns com os outros e com o Estado –, em uma sociedade liberal democrática" (2003: 288). A cidadania acontece contra o pano de fundo dos direitos e responsabilidades, que devem ser idealmente balanceadas em termos de sua expectativa e expressão. Por um lado, temos direito a serviços públicos e a proteção de danos evitáveis, ambos dentro do âmbito das instituições estatais. Por outro lado, espera-se que contribuamos para o bem-estar de nossa comunidade cuidando de nós mesmos, respeitando o direito dos outros e fazendo modestas contribuições ao bem-estar de todos. As comunidades são o contexto no qual o exercício dos direitos e das responsabilidades frequentemente ocorre; no entanto, as ideias de comunidade e capital social desafiam a abordagem política convencional ao relacionamento entre o Estado e os indivíduos, e podem sugerir autoconfiança comunal (291). O argumento de Faulkner guarda muitas implicações para a Justiça Restaurativa:

> As limitações da Justiça Criminal como meio de prevenir e lidar com o crime ainda precisam ser reconhecidas, e devem ser compensadas pelo desenvolvimento de métodos não criminais de intervenção social, e não pela contínua expansão do escopo da Justiça Criminal. Qualquer confiança pública ou política nesses métodos aponta não para sua incorporação ao Sistema de Justiça Criminal, como instrumentos do Estado apoiados por sanções penais, mas para reforçar e legitimá-los como questões de responsabilidade social e cívica. Nos casos em que o processo de Justiça Criminal é requisitado, seja qual for o propósito, devem-se promover formas benéficas de capital social, por exemplo, através da reabilitação de ofensores e suporte a suas famílias e às vítimas. Não deve ter o efeito de enfraquecê-los ou de criar responsabilidades ou redes socialmente destrutivas. (295)

Há mensagens importantes neste argumento sobre o destino das práticas restaurativas possuídas ou governadas por instituições estatais, especialmente pelo Sistema de Justiça Criminal. A maior parte da literatura atual de Justiça Restaurativa luta com aspectos das práticas restaurativas definidas por imperativos do Estado, e o faz sem sofrer críticas. Há uma concordância de que a JR funciona melhor do que a Justiça Criminal formal, mas a ênfase ainda é nos ofensores. As vítimas têm um papel e certamente mais potencial para ter suas necessidades atendidas quando seu envolvimento é menos restrito, ainda que, em programas restaurativos com base na Justiça Criminal, elas ainda sejam amplamente usadas como um meio para um fim, e não como um fim em si mesmas. Em algumas partes do mundo, os voluntários comunitários são quase ausentes nos processos de JR, facilitados em sua maioria pela Justiça Criminal, serviço social ou profissionais da educação. Em geral, exceto na Colúmbia Britânica, com sua história única de JR com base comunitária, o engajamento da comunidade com os processos restaurativos institucionalizados é tratado como uma reflexão posterior. As oportunidades de criar ou fortalecer o capital social além do círculo imediato das pessoas afetadas pelo ato danoso frequentemente não são aproveitadas.

Na última parte deste capítulo, consideraremos quais significados importantes e habilidades faltam quando omitimos o valor do capital social dos processos restaurativos. Isso se relaciona à expressão prática da ideologia da democracia – a democracia está onde a maioria dos programas de Justiça Restaurativa e práticas atualmente emergem.

Justiça Restaurativa como Construção de Democracia

A raiz etimológica da palavra "democracia" é literalmente "as pessoas governam". Claro que é logisticamente impossível, ainda que desejável, para todo cidadão ser ativo em todas as decisões sobre os negócios da nação. Por razões práticas, nossa sociedade é organizada com base no governo representativo. Na maioria das democracias, todos os cidadãos de certa idade têm direito a votar nas eleições para escolher seus representantes, em quem confiam para fazer decisões pelos interesses coletivos. Nossa aprovação ou desaprovação dessas decisões são expressas em nossos esforços de reeleger ou destituir nossos representantes. Em outras palavras, de modo geral a participação das pessoas no campo democrático de uma sociedade se limita ao esforço de votar nas eleições, usualmente salpicado com um monte de reclamações.

À medida que as sociedades ocidentais se tornaram mais organizadas, profissionalizadas e institucionalizadas, o papel da média dos cidadãos mudou da atividade para a passividade em assuntos coletivos. Hoje, a maioria dos cidadãos vive vidas privadas e a maioria dos assuntos surge em nível privado. Quando nosso papel como cidadão ocorre fora do domínio privado, obtemos o serviço de um profissional ou buscamos ajuda das instituições. Mesmo quando queremos ter mais voz em assuntos que nos afetam, podemos encontrar barreiras à nossa participação. Braithwaite perguntou: "Como podem os cidadãos cortar caminho para o cerne da democracia se a democracia não tem estratégias para ensiná-los a serem cidadãos democráticos? [...] E democracia é algo que deve ser ensinado. Não nascemos democráticos. Nascemos exigentes e desrespeitosos, berrando e chorando, ao invés de nascermos ouvindo" (1998: 3).

A Justiça Restaurativa é um processo democrático deliberado que oferece a possibilidade de maior participação do cidadão em assuntos públicos, mais do que as estruturas institucionais existentes. E, como Albert Dzur argumenta, participação usualmente denota grande responsabilidade:

> Responsabilidade cívica é um tipo de compartilhamento do poder. Por causa da estigmatização e de outros efeitos danosos das penalidades criminais, a política de controle do crime é algo que os cidadãos democráticos precisam assumir, cruzando os limiares da racionalidade e da responsabilidade. Embora possamos ainda desejar punir, mesmo após participar de diálogos orientados em fóruns de Justiça Restaurativa, se o fórum foi estruturado adequadamente, teremos boas razões e não apenas instintos por trás de nossas escolhas. A participação em procedimentos da Justiça Criminal permite-nos assumir nossa responsabilidade democrática e apropriarmo-nos dos valores incorporados em nosso uso coletivo do horrível poder da Justiça Criminal. (2003: 302)

Se a participação em processos da JR oferece aos cidadãos um maior entendimento de assuntos específicos que os afetam direta e indiretamente, ela também lhes oferece a habilidade de comunicar suas visões sobre padrões comunitários. Braithwaite usa o exemplo da JR no caso de um crime sem vítimas comum na cultura da Colúmbia Britânica:

> Vi Conferências na Austrália sobre o uso da maconha, onde a maior parte da discussão era ao redor da intervenção inapropriada da Polícia através de ameaças que invocam a lei criminal contra o uso da maconha. A Justiça, no modelo restaurativo, é uma propriedade que emerge da democracia intencional. Os cidadãos tinham o espaço onde podiam contestar as leis que eles acreditavam ser injustas, ou as leis que podiam ser justas em algum sentido abstrato, mas injustas em sua execução prática em um contexto específico. Pelo fato de os cidadãos explorarem, por meio da deliberação, se eles acham que algo deve ser feito sobre uma injustiça específica, a Justiça Restaurativa constrói comprometimento democrático por aquilo que deve ser feito. A história sobre a construção de motivação para a reparação do dano em Justiça Restaurativa é, portanto, relacional, não apenas da psicologia individual que é movida pela revelação da injustiça. (2001: 229-30)

A ideia da motivação relacional é um tema que ressoa ao longo deste livro. Estar envolvido em um processo como agente ativo constrói comprometimento para futuras ações. Como diz o ditado, o mundo é gerido por quem comparece.

A ideia de que a Justiça Restaurativa pode ajudar a revigorar a participação democrática pode ser estendida para um assunto mais amplo: a ideia da JR como algo mais expansivo do que a Justiça Criminal. Nossos sistemas de governo atuais estão baseados em categorias de engajamento que podem não ser as que melhor servem à JR. A Justiça aborígene, por exemplo, difere da JR uma vez que assume desde o início uma abordagem holística para a solução de problemas dentro das comunidades. Shereen Miller e Mark Schacter sugerem que a JR precisa ser estendida para um contexto extralegal a fim de alcançar sua completa expressão:

> O que precisamos não é meramente de um modelo de "Justiça Restaurativa", mas de um modelo de "governança restaurativa", no qual a Justiça Criminal tenha apenas um pequeno papel [...] Por que *governança* restaurativa? Porque o termo "governança" está começando a ser entendido como um processo pelo qual sociedades inteiras abordam problemas sociais. O Sistema de Justiça Criminal luta diariamente para lidar com as consequências das nossas escolhas sociais coletivas, que são, por sua vez, produto do nosso sistema de governança. Colocar a carga da cura social no Sistema de Justiça é equivalente àquele provérbio segundo o qual "a cauda abana o cão". (2000: 406, ênfase no original)

A governança restaurativa, em sua mais ampla expressão, incluiria cuidado em saúde, educação, serviço social e justiça criminal (409). O foco estaria na solução de problemas e não no processamento de casos criminais. Isso, é claro, desafiaria o "pensamento isolado" da prestação de serviços públicos, onde os problemas são classificados como pertencentes à Justiça Criminal, ou ao Serviço Social, ou à Educação, todos governados por diferentes jurisdições.

A Justiça Restaurativa de base comunitária na Colúmbia Britânica opera genericamente sob a égide de sociedades sem fins lucrativos, exemplo das associações de que Putnam falou em sua pesquisa sobre capital social. As conexões entre as associações e a democracia foram explicadas por Archon Fung: "As associações realçam a democracia de pelo menos seis maneiras: 1) através do valor intrínseco da vida associativa; 2) forçando virtudes cívicas e ensinando habilidades políticas; 3) oferecendo resistência ao poder e verificando o governo; 4) aumentando a qualidade e a igualdade da representação; 5) facilitando a deliberação pública; e 6) criando oportunidades para cidadãos e grupos participarem diretamente da governança" (2003: 515). Esses resultados são experiências vivas de democracia, além do ritual de preencher uma cédula – a essência da democracia, ao contrário de seu símbolo. Mas, a luta de poder ocorre na relação entre as associações e as instituições governamentais que competem quanto a ideias de governança democrática. As crenças no valor da democracia participativa podem conflitar com as da democracia representativa, por exemplo, nos casos em que a contestação sobre a jurisdição prática coloca as políticas governamentais contra os desejos da comunidade.

As práticas restaurativas são especialmente conducentes à democracia participativa. Elas são também mais propensas a revigorar o senso de responsabilidade cívica em pessoas que ajudam a construir a comunidade. O potencial desse aspecto da Justiça Restaurativa foi pouco explorado, tendo ficado à sombra do interesse geral dos programas de Justiça Restaurativa sob os imperativos da Justiça Criminal. Martin Mowbray oferece uma crítica a esse relacionamento entre as associações comunitárias e governo que resume o estado atual do assunto no Canadá:

> Se o governo realmente quisesse empoderar as localidades, ele 1) substituiria por objetivos práticos e alcançáveis os costumeiros objetivos declarados, pretensiosos, difusos e egoístas; 2) iria além do uso dúbio de projetos-piloto, experimentais e de ensaio e erro, e colocaria recursos substanciais em programas de longo prazo universais (em vez de alvos seletivos); 3) fundamentalmente incluiria o governo local, embora com certas condições; 4) renunciaria o controle total em favor de mecanismos de monitoramento para assegurar que os programas comunitários permanecessem equitativos e totalmente transparentes; e 5) se esforçaria para assegurar que os objetivos de outras políticas governamentais e programas fossem ao menos consistentes. No entanto, tudo pode acontecer. (2005: 263-64).

A sustentabilidade de programas é um problema persistente de iniciativas da Justiça Restaurativa de base comunitária. Sandi Bergen, codiretora da Community Justice Initiatives Association na região de Frase, em Langley, Colúmbia Britânica, caracterizou o destino de algumas organizações como "mortas pelo projeto-piloto", como consequência de um sistema em que as ideias são colocadas em prática por pequenos períodos, mas não recebem recursos para continuar, mesmo que se mostrem bem-sucedidas. Sob um sistema hierárquico e administrativo de governança, há pouca capacidade de responder ao desejo dos habitantes locais. A democracia participativa poderia oferecer às comunidades uma participação mais ampla na decisão sobre como seus impostos serão gastos, além de uma ampla mudança dos mandatos políticos partidários.

As práticas restaurativas ajudam a construir habilidades em comunidades dando a todos a oportunidade de praticar a democracia, o que, por sua vez, fortalece a comunidade e dá fôlego para o ideal de política democrática. "O objetivo do desenvolvimento da comunidade é 'democratizar a democracia' de uma maneira genuína e socialmente inclusiva" (Powel e Geoghegan 2005: 140). Talvez os órgãos do governo possam silenciar suas políticas e agendas e se adaptarem aos interesses comunitários. O assistente social admoestado pela Sra. Macleod na nossa história de abertura cometeu o erro de presumir que sabia mais do que a própria comunidade, na qual tinha caído de paraquedas, sobre o que ela precisava. Idealmente, os profissionais e as pessoas leigas deveriam trabalhar juntas. Como Peter Taylor explica: "Embora o poderoso *expert*, frequentemente 'vindo de fora,' seja visto como uma peça-chave nos processos de mudança de vários tipos, cresce o reconhecimento de que estes agentes de mudança são mais efetivos quando se engajam profundamente com aqueles que têm maior conhecimento sobre o contexto específico, dando suporte à sua reflexão crítica nos assuntos que os afetam e ajudando-os a identificar abordagens e recursos necessários à promoção de mudanças específicos" (2008: 359). A investigação apreciativa e a pesquisa em ação são exemplos de abordagens para a construção de comunidades que envolvem pessoas leigas e profissionais que trabalham em colaboração. As pessoas leigas vêm de muitas perspectivas diferentes e têm uma sabedoria valiosa sobre suas comunidades para compartilhar. Em particular, é importante engajar as pessoas que tradicionalmente têm sido excluídas da participação. Por exemplo, um estudo no Actions Program for Children no Canadá notou o valor de estimular a participação intensa de pessoas marginalizadas, genericamente desempoderadas por circunstâncias de gênero, econômicas e sociais (Van der Plaat e Barret 2005).

Na Justiça Restaurativa, o envolvimento de pessoas leigas no processo não é tão simples. Uma revisão de Painéis de jovens ofensores na Inglaterra e de Conselhos Reparadores nos Estados Unidos sugere que pode haver tensão entre o envolvimento da comunidade e a participação da vítima (Crawford 2004). Isso pode ser uma advertência de que os modelos de processos da Justiça Restaurativa são meras ferramentas para começar o trabalho de desatar o conflito e reparar o dano, e devem ser suficientemente flexíveis para atender às necessidades de todos os participantes, ou pelo menos dos atores principais.

No caso de encontros menores, como as mediações, a oportunidade do desenvolvimento comunitário apoia-se na reparação ou na construção de um ou dois relacionamentos em um círculo menor. Em reuniões maiores, como nos Círculos de Construção de Paz, são os objetivos comunais, em vez de iniciativas individuais, que formam o contexto para a discussão; a oportunidade apresentada pela intervenção é reconstruir um amplo círculo de relacionamentos através de ideias que favoreçam a solidariedade e a cooperação por meio da democratização da tomada de decisão (White 2000).

Encerraremos esta discussão com uma revisão, usando o argumento de Dzur (2003), que tenta esclarecer as implicações cívicas da teoria da Justiça Restaurativa, da participação cidadã e das políticas de Justiça Criminal. Ele nota que é necessário que os pesquisadores analisem o impacto da JR em atitudes públicas direcionadas ao crime e políticas de controle do crime. O público terá de lutar com a ambiguidade de certos aspectos da JR, como o escopo da autoridade, o grau de participação leiga e a inclinação para a flexibilidade da prática de JR. Mas o sucesso da JR dependerá, em certa medida, dos efeitos políticos de programas específicos e de como o público entende esse trabalho em especial. Dzur argumenta em seguida que a JR é animada por diferentes dimensões:

> Justiça Restaurativa é mais do que um argumento criminológico sobre o que as sociedades precisam fazer para ter menos crime. É uma teoria de Justiça Criminal, uma crítica normativa de ideias e métodos convencionais. Embora as práticas restaurativas sejam consideradas mais efetivas para o controle do crime e mais eficientes em termos de recursos gastos no controle do crime (207), estes não são os campos mais importantes para seus defensores. Mais importante do que isso é o campo da ética. Mesmo se práticas restaurativas fossem um pouco menos efetivas, elas ainda seriam uma escolha que vale a pena por causa de suas vantagens éticas. (282)

O cerne desta questão equivale ao tema geral deste livro: devemos ser a mudança que queremos ver no mundo. Os processos de Justiça Restaurativa incorporam os valores que afirmamos sustentar. Se o dano e o crime são resultado de as pessoas não agirem a partir de valores centrais, então a resposta ao dano/crime deve refletir os valores centrais que sustentamos; isto é comumente conhecido como praticar o que se prega. Dzur parece acreditar que é possível defender a JR no âmbito público, mas haverá dificuldades de convencer as pessoas de que a punição é menos racional e menos moralmente desejável

(295). Uma vez que as três questões principais para a JR parecem tirar a punição do centro das atenções, este é um obstáculo considerável a transpor. Ao exemplificar a JR para as pessoas que nunca estiveram envolvidas em processos de JR, é mais fácil vender suas características de maior responsabilização pessoal do que a ideia de que as pessoas ficarão menos inclinadas a punir os ofensores como resultado do processo. Isso reflete o argumento de Durkheim sobre punição, discutido anteriormente neste livro. Também sugere que quanto mais os cidadãos se engajarem na Justiça Restaurativa, menos se agarrarão às sagradas noções de crime e punição. A resposta à preocupação de Dzur, portanto, é expandir o engajamento do cidadão.

Conclusão

A significância da comunidade em Justiça Restaurativa é expressa de muitas maneiras. Os processos de JR mais amplamente inclusivos dão maiores oportunidades para as pessoas principais afetadas pelo dano, bem como para outras na comunidade mais ampla, de participar nas decisões que os afetam pessoalmente. Isso oferece a todos a chance de contar suas histórias, de escutar o que está acontecendo em sua comunidade e de aprender e aprimorar habilidades de solução de conflitos. À medida que a JR for mais utilizada, serão criados mais relacionamentos embasados na verdade, confiança e transformação. Um maior capital social é o resultado lógico do processo restaurativo e ajuda a construir uma comunidade onde há maior prevenção ao dano. Os cidadãos passivos podem se tornar cidadãos ativos, revigorando o ideal de democracia em si.

A história da Sra. Macleod nos lembra que os problemas das comunidades devem ser abordados com a inclusão daqueles mais afetados. Um subproduto infeliz das sociedades ocidentais modernas tem sido a atrofia do engajamento dos cidadãos em assuntos de sua própria comunidade. Pagamos um alto preço por essa "constrição" da nossa atenção e participação, enquanto as instituições assumem uma carga crescente do trabalho.

Mais importante, as instituições são entidades abstratas. Elas não podem "cuidar" da mesma forma que as pessoas de uma comunidade cuidam. Essa é uma distinção importante para os imperativos de "responsabilidade", que presumidamente devem significar a assunção de responsabilidade. Em um sistema baseado no Estado de Direito, responsabilidade pode significar obrigação, o que deve ser evitado. Mas a responsabilidade que procuramos é com certeza aquela que vem de dentro, o desejo de não causar danos aos outros porque ele afeta nossa integridade pessoal e a consonância entre nossos valores centrais e nossas ações. O contexto necessário para uma responsabilidade significativa é o cuidado, e precisamos permitir às comunidades que cultivem o cuidado (McKnight 1995). Justiça Restaurativa é uma filosofia promissora e uma abordagem para ambos: engajamento e reconstrução da comunidade e, por essa via, prevenção de danos.

Conclusão

Declarar sua Posição

O Voo do Beija-Flor*
Michael Nicoll Yahgulanaas

Esta é a estória da grande floresta que estava pegando fogo.

O fogo terrível ardia e queimava. Todos os animais estavam com medo e fugiram de suas tocas. O elefante e o tigre, o castor e o urso, todos corriam, e acima deles os pássaros voavam em pânico. Eles se juntaram na beirada da floresta para observar. Todas as criaturas reuniram-se, exceto uma.

Só Dukdukdiya, o pequeno beija-flor, não abandonaria a floresta. Dukdukdiya voou rapidamente até o rio. Ele pegou uma única gota de água em seu bico. Dukdukdiya voou de volta e jogou a gota no fogo. Novamente voou até o rio e trouxe de volta outra gota, e assim continuou – indo e vindo, indo e vindo.

Os outros animais olharam o corpo magro de Dukdukdiya voando contra o fogo enorme e ficaram assustados. Eles chamaram o pequeno beija-flor, advertindo-o sobre o perigo da fumaça e do calor.

"O que eu posso fazer?", soluçou o coelho. "Este fogo é quente demais." "Tem muita fumaça", uivou o lobo. "Minhas asas vão queimar! Meu bico é muito pequeno", choramingou a coruja.

Mas o beija-flor persistia. Ele voava para lá e para cá, pegando e jogando mais água, gota a gota, na floresta em chamas.

Finalmente o grande urso disse: "Pequeno Dukdukdiya, o que você está fazendo?".

Sem parar, Dukdukdiya olhou para todos os animais e disse: "Estou fazendo o que posso" (13-30).

❊ ⊗ ❊

A estória do beija-flor fazendo o que podia oferece a importante mensagem com a qual finalizamos este livro de Justiça Restaurativa. Uma crítica comum à JR é que ela é improvável e não é realista perante o imenso sistema de instituições e burocracia que governa a maioria dos aspectos da nossa vida pública e privada. Basta acreditarmos que não temos habilidade nem interesse

---

* O beija-flor é o símbolo da Justiça Restaurativa no Canadá. [N. da T.]

em nos tornarmos mais engajados nos assuntos de nossa comunidade que nos afetam direta ou indiretamente, e aí está o limite.

Muitos anos atrás, eu estava em Berlim, Alemanha, tratando de assuntos da universidade, e tirei um tempo para fazer um *tour* a pé pela cidade. Nosso guia turístico era um jovem norte-americano cheio de energia, formado em história, que trabalhava no setor financeiro da cidade. Ele nos levou a vários lugares históricos importantes e, antes do final do *tour*, fomos a um parque. A apoteose foi uma viva descrição dos eventos que levaram à queda do Muro de Berlim em 9 de novembro de 1989. Nosso guia estava tão animado na sua apresentação que atraiu muitos berlinenses do parque que informalmente juntaram-se ao nosso pequeno grupo de turistas. Ele explicou como os cidadãos do outro bloco, de países soviéticos como Hungria e Tchecoslováquia, tinham feito passeatas e protestos pela libertação de seus países e como isso pressionou o governo da Alemanha Oriental a abrir o Muro. Os berlinenses que se juntaram a nós assentiram com a cabeça, concordando.

O clímax da história veio no seu relato do dia em si e como o porta-voz do Partido Socialista da Alemanha, Günter Schabowski, involuntariamente fez isso acontecer. Schabowski estava de férias enquanto seus colegas estavam tentando preparar uma medida para lidar com as pressões exercidas na Alemanha Oriental para abrir a fronteira entre Berlim Ocidental e Oriental. Eles tinham decidido permitir algumas viagens entre as duas partes da cidade para que os refugiados tchecos cruzassem a fronteira a partir de 10 de novembro, bem como alemães orientais, com certos documentos para viagens privadas, por tempo limitado. Em uma coletiva de imprensa em 9 de novembro, perguntaram a Schabowski sobre os planos do governo para a abertura do Muro. Um pouco antes da coletiva, um assistente havia lhe entregado uma nota que dizia que os berlinenses orientais teriam autorização para cruzar a fronteira com uma permissão apropriada, o que havia sido decidido por seus colegas em sua ausência. Mas não havia instruções sobre como lidar com a informação e os guardas de fronteira ainda não tinham sido orientados. Ao ser questionado pelos jornalistas sobre quando as novas regulamentações entrariam em vigor, ele supôs que seria no mesmo dia e respondeu: "Até onde eu sei, de imediato, sem demora". Milhares de berlinenses orientais que ouviram as notícias ao vivo apareceram nos pontos de inspeção do Muro, encontrando os guardas de fronteira confusos, pois não haviam recebido nenhuma instrução de seus superiores. Vastamente superados em número por estes cidadãos, os guardas deixaram os extasiados berlinenses orientais atravessar os portões sem identificação, onde dezenas de milhares de berlinenses ocidentais os saudavam do outro lado. E com esta reconexão jubilosa de cidadãos berlinenses, o Muro "veio abaixo".

A história parecia quase surreal para quem crescera à sombra da Guerra Fria. Será que o Muro de Berlim de fato caiu por causa de um erro burocrático? "O que aconteceu ao desafortunado Schabowski?", perguntei a um berlinense nativo que estava sentado ao meu lado durante o relato da história. Ele riu e disse que o Partido Socialista da Alemanha tentou processar Schabowski pelo erro. Posteriormente Schabowski acabaria por denunciar seu regime, e no final dos anos 1990 foi sentenciado a três anos de prisão por assassinato de refugiados durante seu tempo de permanência no partido; ele foi perdoado após servir por um ano. Hoje, os restos do Muro permanecem em partes de Berlim como lembrança da insensatez política da separação forçada e da tentativa de controlar os outros através de medidas duras e restritivas.

O poder que as pessoas têm de agir em seu próprio interesse e em direção a mudanças nesta história resumiu-se a um simples e desorganizado encontro de cidadãos ansiosos por mudar as condições de sua vida diária. Mesmo diante de um governo austero e hipercontrolador, uma pequena oportunidade (na forma de um erro burocrático), quando aproveitada pelos cidadãos, se transformou em uma mudança de larga escala. Os indivíduos têm poder, mesmo involuntariamente, como mostra esta história, para operar mudanças que afetam a todos.

Neste livro, cobrimos um amplo e profundo terreno. O propósito é apresentar o paradigma da Justiça Restaurativa e desafiar alguns dos pressupostos-chaves que adotamos sobre os conflitos e sua transformação a fim de entender as muitas dimensões da JR. A seleção e a organização dos tópicos e materiais são resultado de muitos anos ministrando o curso introdutório de JR na Escola de Criminologia da Simon Fraser University e de uma escuta intencional do *feedback* dos alunos, professores assistentes, praticantes da comunidade e novos e velhos colegas que ministraram esse curso ao longo do tempo. Como tal, ele verdadeiramente representa um esforço coletivo.

De modo resumido, esta formulação de Justiça Restaurativa começa com: onde estamos exatamente agora e o que podemos aprender com isto. Uma lição significativa é expressa na ideia da punição e da crença de que, de alguma maneira, a punição "funciona" no encaminhamento dos problemas que a motivaram. Um argumento-chave que dá suporte à punição é sua conexão com a Justiça em si, algo que expandimos como um conceito que é mais amplo do que normalmente entendemos que seja. Colocamos uma ideia diferente em seu lugar, a de uma Justiça Restaurativa que, em teoria, pode dar conta da maior parte dos defeitos da ligação punição/justiça. Então, consideramos a questão de como a Justiça Restaurativa – que faz perguntas diferentes e é baseada no conceito de dano – pode coexistir com a lei em uma democracia baseada no Estado de Direito e na ideia de crime. Demos fundamentação a características significativas da Justiça Restaurativa, começando com a ênfase crítica em valores e processos seguida pela discussão do foco central nos indivíduos e relacionamentos. Com base nessas características e experiências derivadas das práticas de Justiça Restaurativa até a presente data, exploramos dois fenômenos psicológicos do dano e suas consequências – a vergonha e o trauma. Finalmente, discutimos um elemento importante da Justiça Restaurativa – a comunidade; como ela se relaciona a esses dois fenômenos e como as práticas restaurativas podem ajudar a construir uma democracia em geral mais participativa e mais forte.

Para onde seguiremos a partir daqui? Um primeiro passo importante é mudar nosso entendimento sobre o dano e como aprimorar nossas respostas a ele, como parte de nossos esforços para criar um mundo mais pacífico. A próxima tarefa é fazer algo. A perspectiva é desanimadora em um mundo guiado por forças políticas baseadas nas crenças da Justiça Retributiva, exclusão e violência implícita na força. Mas partir de algum lugar. Uma mentora que passou algum tempo no Vietnã durante a guerra me contou que seus amigos vietnamitas disseram a ela que a única coisa permanente é a mudança. Mudanças são inevitáveis; a questão que fica é: que tipo de mudança queremos e como queremos chegar lá?

Kay Pranis fala sobre a mudança de paradigma de um modelo newtoniano para a física quântica.[1] Ela sugere que, se reconhecermos que somos todos profundamente interconectados uns aos outros e à Terra que nos sustenta, isso mudará radicalmente a forma pela qual interagimos uns com os outros. Se entendermos esse conceito, então não haverá exclusão, separação, nada para jogar fora – seja uma pessoa que nos ofende, seja um copo de plástico. Justiça Restaurativa é um paradigma, uma filosofia e uma abordagem que nos ajuda a caminhar por uma via menos violenta enquanto indivíduos e como comunidade. Ela é baseada na crença de que devemos agir não necessariamente porque pensamos que teremos sucesso em alcançar o objetivo, mas porque o objetivo é correto.

Jamie Scott ajudou a fundar o Collaborative Justice Project em Otawa, Ontário, através do Church Council on Justice and Corrections, e foi o primeiro coordenador do projeto. Ele trabalha hoje para a United Church of Canada ajudando a tratar das responsabilidades da igreja para com os povos aborígenes traumatizados pelas escolas residenciais. Um de seus mentores foi Hans Mohr, professor de direito na Faculdade de Direito Osgoo de Hall, da York University, em Toronto, e ex-membro da agora extinta Law Reform Commision of Canada, que morreu em 2008 aos 80 anos de idade. Um dos ensinamentos de Mohr, que recebi de Scott por *email*, resume algumas das ideias importantes deste livro:

Hans Mohr sempre foi cético sobre a sedução da esperança, isto é, o idealismo ingênuo que nos faz acreditar que podemos consertar todos os problemas do mundo e chegar a "um lugar ideal". Ele acreditava que esse idealismo leva à frustração, à desilusão e ao desespero porque nossos esforços raramente produzem o que esperamos. As falhas humanas e o mal sistêmico estão sempre em ação criando novos e imprevisíveis problemas apesar de nossas melhores intenções. Problemas, sofrimento e injustiça são parte da condição humana. Se queremos que nossa motivação seja sustentável para dar continuidade a nossos esforços e ativismo pelo bem – ele acreditava –, ela deve vir de um lugar diferente do que a idílica esperança por resultados. Quando lhe perguntei por que eu deveria me esforçar para mudar as coisas para melhor, ele respondeu com quatro palavras que nunca esqueci: "Para declarar sua posição". A motivação para o nosso esforço e ativismo é [dar] testemunho dos princípios, crenças e valores que pregamos. Ele sentia que isso deveria ser motivação e recompensa suficiente.

Esta mensagem é familiar e é algo que tem sido articulado por muitas pessoas diferentes: "Seja a mudança que quer ver no mundo" e "Não há um caminho para a paz; a paz *é* o caminho" são apenas dois exemplos. Esta ideia é ao mesmo tempo libertadora e onerosa. Somos livres uma vez que o poder está dentro de cada um de nós para fazer a diferença, e não temos de convencer as instituições nem os políticos a fazer mudanças por atacado nas leis e políticas para podermos ser agentes ativos em nossa própria sociedade. Mas, ao mesmo tempo, essa liberdade requer que sejamos mais responsáveis, não apenas por nós mesmos e por aqueles que estão sob nossa responsabilidade legal, mas também por nossos vizinhos e pela comunidade ampliada.

John Ralston Saul oferece algumas observações úteis sobre isso no tocante à sociedade canadense em especial:

> É raro conectarmos nossa habilidade de imaginar com a nossa habilidade de agir. Talvez porque confundamos o simples ato de trabalhar, gerenciar situações ou focar no curto prazo com o conceito de ação. Talvez porque muitos de nós estejam empregados em alguma empresa, ou se sentem empregados, e não nos sentimos livres para agir. E essa atmosfera de *ordem* se impinge a nosso desejo real como indivíduos, como cidadãos, de realizar coisas
>
> Mesmo assim, imaginamos nossa sociedade e sabemos o que deveria ser feito. E há uma energia enorme empenhada nessa imaginação.

> Quando se pergunta aos canadenses– como cidadãos, não como representantes dos interesses de grupos ou dos trabalhadores – o que está no coração de sua civilização, eles têm grande probabilidade de responder: justiça e inclusão. (2008: 303)

Em essência, este é um convite a todos nós para dar nome aos valores coletivos com os quais nos identificamos, e a agir segundo esses valores. A Justiça Restaurativa pressupõe o mesmo convite.

Equipararmos justiça com equidade e inclusão é a pedra fundamental de uma sociedade democrática. A Justiça Restaurativa, portanto, combina naturalmente com quem somos e com o que queremos na vida coletiva. Há evidências, como demonstrado de diversas formas ao longo deste livro, que a Justiça Restaurativa também atua – não apenas como uma maneira de pensar, mas na prática – para nos levar para casa, para aqueles valores que nos definem como uma sociedade democrática. Justiça Restaurativa não é fácil e absoluta, mas sua flexibilidade e lentes amplificadoras fazem com que seja particularmente acessível às circunstâncias dinâmicas e de mudança do mundo em que vivemos hoje. E como seres humanos imperfeitos, somos obrigados a errar ao longo do caminho. Pelo menos essas falhas podem tornar-se oportunidades de ver o que não está funcionando acerca de nossos relacionamentos e instituições, e a imaginar novas respostas, medidas pelos valores de nosso melhor ser.

Nota

1. Veja o vídeo do youtube em http://www.youtube.com/watch?v=HtUDut7DLIE.

Referências

Abbott, Jack Henry. 1982. *No Ventre da Besta – Cartas da Prisão*. Editora Francisco Alves, Rio de Janeiro

Adams, Paul, e Susan M. Chandler. 2004. "Responsive Regulation in Child Welfare: Systemic Challenges to Mainstreaming the Family Group Conference." *Journal of Sociology and Social Welfare* 31, 1: 93–116.

Ahmed, Eliza, Nathan Harris, John Braithwaite e Valerie Braithwaite. 2001. *Shame Management Through Reintegration*. New York: Cambridge University Press.

Althof, Wolfgang, e Marvin W. Berkowitz. 2006. "Moral Education and Character Education: Their Relationship and Roles in Citizenship Education." *Journal of Moral Education* 35, 4: 495–518.

American Psychiatric Association. 1994. *Diagnostic and Statistical Manual of Mental Disorders*. Fourth edition. Washington, DC: American Psychiatric Association.

Archibald, Bruce, e Jennifer Llewellyn. 2006. "The Challenges of Institutionalizing Comprehensive Restorative Justice: Theory and Practice in Nova Scotia." *Dalhousie Law Journal* 29, 2: 297–343.

Aristóteles. 2010. *Ética a Nicomaco*, Editora Martin Claret. São Paulo.

_____, 2011. *Retórica*, Editora Edipro, São Paulo

Ashworth, Andrew. 1993. "Some Doubts about Restorative Justice." *Criminal Law Forum* 4, 2: 277–99.

Auger, Mario. 2005. "Un Enfant de 7 Ans (A Child of 7 Years)." Em Lee Weinstein and Richard Iaccoma (eds.), *Prison Voices*. Kingston, ON: John Howard Society of Canada.

Austin, James. 2001. "Prisoner Reentry: Current Trends, Practices, and Issues." *Crime & Delinquency* 47, 3, July: 314–334.

Austin, James, e Garry Coventry. 1999. "Are We Better Off? Comparing Private and Public Prisons in the United States." *Current Issues in Criminal Justice* 11, 2 (November): 177–201.

Barbalet, J.M. 2002. "Moral Indignation, Class Inequality and Justice: An Exploration And Revision of Ranulf." *Theoretical Criminology* 6, 3: 279–97.

Bazelon, Emily. 2006. "A Question of Resilience." *New York Times*, April 30.

Bazemore, Gordon. 2000. "Rock and Roll, Restorative Justice, and the Continuum of the Real World: A Response to 'Purism' in Operationalizing Restorative Justice." *Contemporary Justice Review* 3, 4: 459–77.

_____. 2001. "Young People, Trouble, and Crime: Restorative Justice as a Normative Theory of Informal Social Control and Social Support." *Youth & Society* 33, 2: 199–226.

_____. 2005. "Whom and *How* Do We Reintegrate? Finding Community in Restorative Justice." *Criminology and Public Policy* 4, 1: 131–48.

_____. 2007. "The Expansion of Punishment and the Restriction of Justice: Loss of Limits in the Implementation of Retributive Policy." *Social Research* 74, 2: 651–62.

Bergman, Roger. 2004. "Caring for the Ethical Ideal: Nel Noddings on Moral Education." *Journal of Moral Education* 33, 2: 149–62.

Berman, Morris. 1984. *The Reenchantmennt of the World*. Toronto: Bantam Books.

Bianchi, Herman. 1994. *Justice as Sanctuary: Toward a New System of Crime Control*. Bloomington, IN: Indiana University Press.

Birck, Angelika. 2002. "Secondary Traumatization and Burnout in Professional Working with Torture Survivors." *Traumatology* 7, 2: 85–90.

Bisson, Jonathan I., Anke Ehlers, Rosa Matthews, Stephen Pilling, David Richards, e Stuart Turner. 2007. "Psychological Treatments for Chronic Post-Traumatic Stress Disorder: Systematic Review and Meta-Analysis." *British Journal of Psychiatry* 190, 2: 97–104.

Blau, James. 2001. "Heat." *Journal of Prisoners on Prisons* 11: 9–11.

_____. 2003. "Guilty." *Journal of Prisoners on Prisons* 12: 72–75.

_____. 2007. "New Boots." *Journal of Prisoners on Prisons* 16, 2: 11–15.

Block, Peter. 2008. *Community: The Structure of Belonging*. San Francisco, CA: Berrett-Koehler Publishers.

Bloom, Sandra. 1997. *Creating Sanctuary: Toward the Evolution of Sane Societies*. New York: Routledge.

Boehrer, Fred. 2000. "The Principle of Subsidiarity as the Basis for a Just Community." *Contemporary Justice Review* 3, 2: 213–24.

Bopp, Judie, Michael Bopp, Lee Brown, e Phil Lane. 1985. *The Sacred Tree: Reflections on Native American Spirituality*. Lethbridge, AB: Four Worlds Development Press.

Bopp, Michael, e Judie Bopp. 2001. *Recreating the World: A Practical Guide to Building Sustainable Communities*. Calgary, AB: Four Worlds Press.

Boyes-Watson, Carolyn. 2000. "Reflections on the Purist and Maximalist Models of Restorative Justice." *Contemporary Justice Review* 3, 4: 441–50.

_____. 2004. "The Value of Citizen Participation in Restorative/Community Justice: Lessons from Vermont." *Criminology and Public Policy* 3, 4: 687–92.

_____. 2008. *Peacemaking Circles & Urban Youth: Bringing Justice Home*. St. Paul, MN: Living Justice Press.

Braithwaite, John. 1989. *Crime, Shame and Reintegration*. New York: Cambridge University Press.

_____. 1993. "Shame and Modernity." *British Journal of Criminology* 33, 1: 1–18.

_____. 1998. "Democracy, Community and Problem Solving." Paper presented at the Building Strong Partnerships for Restorative Practices conference. Burlington, VT, August 5–7. Retrieved: <http://iirp.org/library/vt/vt_brai.html>.

_____. 2000a. "Decomposing a Holistic Vision of Restorative Justice." *Contemporary Justice Review*. 3, 4: 433–440.

_____. 2000b. "Shame and Criminal Justice." *Canadian Journal of Criminology* 42, 3: 281–98.

_____. 2001. "Restorative Justice and a New Criminal Law of Substance Abuse." *Youth & Society* 33, 2: 227–48.

_____. 2004. "Families and the Republic." *Journal of Sociology and Social Welfare* 31, 1: 199–215.

_____. 2007. "Encourage Restorative Justice." *Criminology* 6, 4: 689–96.

Braithwaite, Valerie. 1998. "The Value Balance Model of Political Evaluations." *British Journal of Psychology* 89, 2: 223–47. 216

_____. 2001. "Values and Restorative Justice in Schools." Em Heather Strang and John Braithwaite (eds.), *Restorative Justice and Civil Society*. Cambridge: Cambridge University Press.

Brant, Clare C. 1990. "Native Ethics and Rules of Behaviour." *Canadian Journal of Psychiatry* 35, 6 (August): 534–39.

Brehm, S.S. 1981. "Oppositional Behavior in Children: A Reactance Theory Approach." Em S.S. Brehm, S.M. Kassin, e F.K. Gibbons (eds.), *Developmental Social Psychology: Theory and Research*. New York: Oxford Press.

Brenner, Viktor, e Robert A. Fox. 1998. "Parental Discipline and Behavior Problems in Young Children." *The Journal of Genetic Psychology* 159, 2: 251–56.

Breton, Denise, and Stephen Lehman. 2001. *The Mystic Heart of Justice*. West Chester, PA: Chrysalis Books.

Brincat, Cynthia A., e Victoria S. Wike. 2000. *Morality and the Professional Life: Values at Work*. Upper Saddle River, NJ: Prentice-Hall.

Buchanan, Marla, John O. Anderson, Max R. Uhlemann, e Erika Horwitz. 2006. "Secondary Traumatic Stress: An Investigation of Canadian Mental Health Workers." *Traumatology* 12, 4: 272–82.

Burford, Gale, e Paul Adams. 2004. "Restorative Justice, Responsive Regulation and Social Work." *Journal of Sociology and Social Welfare* 31, 1: 7–26.

Byrd, Patricia M., e Joanne L. Davis. 2008. "Violent Behavior in Female Inmates: Possible Predictors." *Journal of Interpersonal Violence* 24, 2: 379–92.

cbc Nws. 2008. "No Improvements in Care since Death of 4 B.C. Children." April 16. <http://www.cbc.ca/canada/british-columbia/story/2008/04/16/bc-child-death-review.html>.

Camp, Scott D., e Gerald G. Gaes. 2001. "Private Adult Prisons: What Do We Really Know and Why Don't We Know More?" Em David Schichor and Michael J. Gilbert (eds.), *Privatization in Criminal Justice: Past, Present, and Future*. Cincinnati, OH: Anderson Publishing Co.

Campbell, Duncan. 2000. "US Jails Two Millionth Inmate." *Guardian Weekly*, Thursday, February 17.

Carlson, Eve B., e Constance J. Dalenberg. 2000. "A Conceptual Framework for the Impact of Traumatic Experiences." *Trauma, Violence & Abuse* 1, 1: 4–28.

Caspi, Avshalom, Joseph McClay, Terrie E. Mof tt, Jonathan Mill, Judy Martin, Ian W. Craig, Alan Taylor, e Richie Poulton. 2002. "Role of Genotype in the Cycle of Violence in Maltreated Children." *Science* 297, 5582: 851–54.

Caspi, Avshalom, Karen Sugden, Terrie E. Mof tt, Alan Taylor, Ian W. Craig, HonaLee Harrington, Joseph McClay, Jonathan Mill, Judy Martin, Antony Braithwaite, e Richie Poulton. 2003. "In uence of Life Stress on Depression: Moderation by a Polymorphism in the 5-htt Gene." *Science* 301, 5631: 386–89.

Cayley, David. 1996. "Prison and Its Alternatives." *Ideas*. Toronto: cbc Radio.

Chambliss, William J. 1999. *Power, Politics, and Crime*. Boulder, CO: Westview Press.

Chatterjee, Jharna, e Liz Elliott 2003. "Restorative Policing in Canada: The Royal Canadian Mounted Police, Community Justice Forums, and the Youth Criminal Justice Act." *Police Practice and Research* 4, 4: 347–59.

Cheliotis, Leonidas K. 2006. "Penal Managerialism from Within: Implications for Theory and Research." *International Journal of Law and Psychiatry* 29, 5: 397–404.

Chevigny, Paul. 2003. "The Populism of Fear: Politics of Crime in the Americas." Boston: Unwin Hyman. *Punishment & Society* 5, 1: 77–96.

Chirkov, Valery, Richard M. Ryan, Youngmee Kim, e Ulas Kaplan. 2003. "Differentiating Autonomy from Individualism and Independence: A Self- Determination Theory Perspective on Internalization of Cultural Orientations and Well-Being." *Journal of Personality and Social Psychology* 84, 1: 97–110.

Christie, Nils. 1977. "Conflicts as Property." *British Journal of Criminology* 17, 1: 1–11.

_____. 1982. 2016. *Limites à dor – o Papel da Punição na Política Criminal –* volume 1, Dplacido Editora, Belo Horizonte.

_____. 2000 [1993]. *Crime Control as Industry*. Third edition. New York: Routledge.

Choke – No sufoco. 2008. Filme Dirigido por Clark Gregg. Distribuído pela Fox Searchlight Pictures.

Clark, Mary E. 2005. "Skinner vs the Prophets: Human Nature and Our Concepts of Justice." *Contemporary Justice Review* 8, 2, June: 163–76.

Clear, Todd R., e David R. Karp. 1999. *The Community Justice Ideal: Preventing Crime and Achieving Justice*. Boulder, CO: Westview Press.

Coben, James, e Penelope Harley. 2004. "Intentional Conversations about Restorative Justice, Mediation and the Practice of Law." *Hamline Journal of Public Law and Policy* 25, 2: 235–334.

Cohen, Stanley. 1972. *Folk Devils and Moral Panics: The Creation of the Mods and Rockers*. New York: Basil Blackwell.

_____. 1985. *Visions of Social Control: Crime, Punishment and Classification*. Oxford: Polity Press.

Consedine, Robert, e Joanna Consedine. 2001. *Healing Our History: The Challenge of the Treaty of Waitangi*. Toronto: Penguin.

Cooley, Charles H. 1922. *Human Nature and the Social Order*. New York: Scribner's.

Cousins, Mark, e Athar Hussain. 1984. *Michel Foucault*. New York: St. Martin's Press.

Crawford, Adam. 2004. "Involving Lay People in Criminal Justice." *Criminology and Public Policy* 3, 4: 693–702.

Criminal Code of Canada. 2000.

Curtis, Dennis, Andrew Graham, Lou Kelly, e Anthony Patterson. 1985. *Kingston Penitentiary: The First Hundred and Fifty Years*. Ottawa: Ministry of Supply and Services Canada.

Dahlin, Eric, Erin Kelly, e Phyllis Moen. 2008. "Is Work the New Neighborhood? Social Ties in the Workplace, Family, and Neighborhood." *The Sociological Quarterly* 49, 4: 719–736.

Daly, Kathleen. 1999. "Restorative Justice and Punishment: The Views of Young People." Paper presented to the American Society of Criminology Annual Meeting, Toronto, November 17–21.

_____. 2002. "Restorative Justice: The Real Story." *Punishment & Society* 4, 1: 55–79.

Dana, Richard. H. 2000. "The cultural Self as Locus for Assessment and Intervention with American Indians/Alaska Natives." *Journal of Multicultural Counselling & Development* 28, 2: 66–82.

Davidson, Ann C., e Simon A. Moss. 2008. "Examining the Trauma Disclosure of Police Officers to Their Partners and Officers' Subsequent Adjustment." *Journal of Language and Social Psychology* 27, 1: 51–70.

Davis, R.C. 1987. "Studying the Effects of Services for Victims in Crisis." *Crime & Delinquency* 33, 4: 520–31.

De Haan, Willem. 1990. *The Politics of Redress: Crime, Punishment and Penal Abolition*. Boston: Unwin Hyman.

De Haan, Willem, e Ian Loader. 2002. "On the Emotions of Crime, Punishment and Social Control." *Theoretical Criminology* 6, 3: 243–53.

D'Errico, Peter. 1999. "Restorative Indigenous Justice: States and Communities in Tension." *Contemporary Justice Review* 2, 4: 383–94.

Deci, Edward L., Nancy H. Spiegel, Richard M. Ryan, Richard Koestner, e Manette Kauffman. 1982. "Effects of Performance Standards on Teaching Styles: Behavior of Controlling Teachers." *Journal of Educational Psychology* 74, 6: 852–59.

DeGagné, Michael. 2007. "Toward an Aboriginal Paradigm of Healing: Addressing the Legacy of Residential Schools." *Australian Psychiatry* 15 (Supplement): 49–53.

Dhesi, Autar S. 2000. "Social Capital and Community Development." *Community Development Journal* 35, 3: 199–214.

Diamond, David. 2007. *Theatre for Living: The Art and Science of Community-Based Dialogue*. Victoria, BC: Trafford Publishing.

Dignan, James, Anne Atkinson, Helen Atkinson, Marie Howes, Jennifer Johnstone, Gwen Robinson, Joanna Shapland, e Angela Sorsby. 2007. "Staging Restorative Justice Encounters Against a Criminal Justice Backdrop: A Dramaturgical Analysis." *Criminology and Criminal Justice* 7, 1: 5–32.

Dixon, John, Rhys Dogan, e Alan Sanderson. 2005. "Community and Communitarianism: A Philosophical Investigation." *Community Development Journal* 40, 1: 4–16.

Dobrin, Arthur. 2001. "Finding Universal Values in a Time of Relativism." *The Educational Forum* 65, 3 (Spring): 273–78.

Donziger, Steven R. (ed.). 1996. *The Real War on Crime: The Report of the National Criminal Justice Commission*. New York: Harper Perennial.

Douglas, Cathie, e Larry Moore. 2004. *A Healing River: An Invitation to Explore Restorative Justice Values and Principles*. Kaslo, BC: Heartspeak Productions.

Duguid, Stephen. 2000. *Can Prisons Work? The Prisoner as Object and Subject in Modern Corrections*. Toronto: University of Toronto Press.

Dukelow, Daphne A., e Betsy Nuse. 1991. *Pocket Dictionary of Canadian Law*. Scarborough, ON: Carswell (Thomson Publishing).

Dunedin Study Website. <http://dunedinstudy.otago.ac.nz/index.html>.

Durkheim, Emile. 1933 [1893]. *The Division of Labour in Society*. Toronto: MacMillan.

Dutton, Donald G., e Stephen D. Hart. 1992. "Evidence for Long-Term, Specific Effects of Childhood Abuse and Neglect on Criminal Behaviour in Men." *International Journal of Offender Therapy and Comparative Criminology* 36, 2: 129–37.

Dyer, Joel. 2000. *The Perpetual Prisoner Machine: How America Profits from Crime*. Boulder, CO: Westview Press.

Dzur, Albert W. 2003. "Civic Implications of Restorative Justice Theory: Citizen Participation and Criminal Justice Policy." *Policy Sciences* 36, 3–4: 279–306.

Eglash, Albert. 1977. "Beyond Restitution: Creative Restitution." Em Joe Hudson e Burt Galaway (eds.), *Restitution in Criminal Justice*. Lexington, MA: Lexington Books.

Eitle, David, e R. Jay Turner. 2002. "Exposure to Community Violence and Young Adult Crime: The Effects of Witnessing Violence, Traumatic Victimization, and Other Stressful Life Events." *Journal of Research in Crime and Delinquency* 39, 2 (May): 214–37.

Elias, Norbert. 1994. *O Processo Civilizador*. Editora Zahar Antigo, Rio de Janeiro

Elliot, Jeffrey M. 1993. "The Man and the Symbol: The 'Willie' Horton Nobody Knows." *The Nation* 257, 6 (August 23/30): 201–05.

Elliott, Liz. 2002. "*Con Game* and Restorative Justice: Inventing the Truth about Canada's Prisons." *Canadian Journal of Criminology* 44, 4: 459–74.

Ending Violence Website. s.i <http://www.endingviolence.org/>.

Erikson, Erik H. 1969. *Gandhi's Truth: On the Origins of Militant Nonviolence*. New York: W.W. Norton.

Falshaw, Louise. 2005. "The Link Between a History of Maltreatment and Subsequent Offending Behaviour." *Probation Journal* 52, 4: 423–34.

Faulkner, David. 2003. "Taking Citizenship Seriously: Social Capital and Criminal Justice in a Changing World." *Criminal Justice* 3, 3: 287–315.

Feeley, M.M., e J. Simon. 1992. "The New Penology: Notes on the Merging Strategy of Corrections and its Implications." *Criminology* 30, 4: 449–79.

Feigenberg, Luba Falk, Melissa Steel King, Dennis J. Barr, e Robert L. Selman. 2008. "Belonging to and Exclusion from the Peer Group in Schools: Influences on Adolescents' Moral Choices." *Journal of Moral Education* 37, 2: 165–84.

Finkelhor, David. 2008. *Childhood Victimization: Violence, Crime, and Abuse in the Lives of Young People*. Toronto: Oxford University Press.

Fisher, Roger, W. Urry, e Bruce Patton. 2014, *Como Chegar ao Sim: Como Negociar Acordos sem Fazer Concessões*, Solomon Editores, Rio de Janeiro.

Flouri, Eirini. 2005. "Post-Traumatic Stress Disorder (ptsd): What We Have Learned and What We Have Still Not Found Out." *Journal of Interpersonal Violence* 20, 4: 373–79.

Foucault, Michel. 2014. *Vigiar e Punir. Nascimento da Prisão*, Editora Almedina, São Paulo.

_____. 1990. *O Pensamento do Exterior*, Editora Princípio, São Paulo

Freeman, Robert M. 2000. "Planning for Correctional Emergencies: The Need for an Emergency Life Cycle-Based Posttraumatic Stress Disorder Management Component." *Justice Professional* 12, 3: 277–89.

Freiberg, Arie. 1999. "Commercial Confidentiality and Public Accountability for the Provision of Correctional Services." *Current Issues in Criminal Justice* 11, 2 (November): 119–34.

Friscolanti, Michael. 2006. *Maclean's*, May 22 <http://www.macleans.ca/article.jsp?content=20060522_127339_127339 and source=srch> © Rogers Publishing

Fung, Archon. 2003. "Associations and Democracy: Between Theories, Hopes, and Realities." *Annual Review of Sociology* 29: 515–39.

Galliher, John F. 1991. "The Willie Horton Fact, Faith, and Commonsense Theory of Crime." Em Harold E. Pepinsky e Richard Quinney (eds.), *Criminology as Peacemaking*. Bloomington: Indiana University Press.

Garland, David. 2001. "Introduction: The Meaning of Mass Imprisonment." *Punishment & Society* 3, 1: 5–8.

Gaucher, Robert, e Liz Elliott. 2001. "'Sister of Sam': The Rise and Fall of Bill C-205/220." *The Windsor Yearbook of Access to Justice* 19: 72–105.

Gavrielides, Theo. 2005. "Some Meta-Theoretical Questions for Restorative Justice."

Gilbert, Paul. 2003. "Evolution, Social Roles, and the Differences in Shame and Guilt." *Social Research* 70, 4: 1206–30.

Gilligan, Carol. 1982. *Uma Voz Diferente – Psicologia da Diferença entre Homens e Mulheres da Infância à Idade Adulta*, Editora Rosa dos Tempos, Rio de Janeiro.

Gilligan, James. 1996. *Violence: Our Deadly Epidemic and Its Causes*. New York: G.P. Putnam's Sons.

_____. 2003. "Shame, Guilt, and Violence." *Social Research* 70, 3: 1149–80.

Glas, Gerrit. 2006. "Elements of a Phenomenology of Evil and Forgiveness." Em Nancy Nyquist Potter (ed.), *Trauma, Truth and Reconciliation: Healing Damaged Relationships*. Toronto: Oxford University Press.

Godwin, William. 1976 [1793]. *Enquiry Concerning Political Justice*. New York: Penguin Books.

Goff, Ashley, Emmeline Rose, Suzanna Rose, e David Purves. 2007. "Does PTSD Occur in Sentenced Prison Populations? A Systematic Literature Review." *Criminal Behaviour and Mental Health* 17, 3: 152–62.

Goffman, Erving. 2006. *Representação do Eu na Vida Cotidiana*, Editora Vozes, São Paulo.

_____. 1988. *Estigma*, Editora LTC, Rio de Janeiro.

Gosselin, Luc. 1982. *Prisons in Canada*. Montréal: Black Rose Books.

Govier, Trudy, e Colin Hirano. 2008. "A Conception of Intentional Forgiveness." *Journal of Social Philosophy* 39, 3: 429–44.

Gray, Barbara (Kanatiiosh), and Pat Lauderdale. 2006. "The Web of Justice: Restorative Justice has Presented Only Part of the Story." *Wicazo Sa Review* 21, 1: 29–41.

Green, Bonnie L., Jeanne Miranda, Anahita Daroowalla, e Juned Siddique. 2005. "Trauma Exposure, Mental Health Functioning, and Program Needs of Women in Jail." *Crime & Delinquency* 51, 1: 133–51.

Green, Ross Gordon. 1998. *Justice in Aboriginal Communities: Sentencing Alternatives*. Saskatoon: Purich Publishing.

Greene, Judith A. 2002. "Entrepreneurial Corrections: Incarceration as a Business Opportunity." In Marc Mauer e Meda Chesney-Lind (eds.), *Invisible Punishment: The Collateral Consequences of Mass Imprisonment*. New York: New Press.

Gregory, Maughn. 2000. "Care as a Goal of Democratic Education." *Journal of Moral Education* 29, 4: 445–61.

Gromet, Dena M., and John M. Darley. 2006. "Restoration and Retribution: How Including Retributive Components Affects the Acceptability of Restorative Justice Procedures." *Social Justice Research* 19, 4: 395–432.

Grossman, David. 1995. *On Killing: The Psychological Cost of Learning to Kill in War and Society*. NY: Little, Brown & Company.

_____. s.i. "The Psychological Consequences of Killing: Perpetration-Induced Traumatic Stress." <http://killology.com/art_onkilling_psych.htm>.

Grusec, Joan E., e Jacqueline J. Goodnow. 1994. "Impact of Parental Discipline Methods on the Child's Internalization of Values: A Reconceptualization of Current Points of View." *Developmental Psychology* 30, 1: 4–19.

Gustafson, David L. 2005. "Exploring Treatment and Trauma Recovery Implications of Facilitating Victim-Offender Encounters in Crimes of Severe Violence: Lessons from the Canadian Experience." Em Elizabeth Elliott e Robert M. Gordon (eds.), *New Directions in Restorative Justice: Issues, Practice, Evaluation*. Portland, OR: Willan Publishing.

Gyatso, Tenzin (His Holiness the Dalai Lama). 2000. *Ancient Wisdom, Modern World: Ethics for the New Millenium*. London: Abacus Books.

Hadley, Michael L. (ed.). 2001. *The Spiritual Roots of Restorative Justice*. Albany, NY: State University of New York Press.

Hallett, Michael A. 2002. "Race, Crime, and For-Profit Imprisonment: Social Disorganization as Market Opportunity." *Punishment & Society* 4, 3: 369–93.

Hallett, Michael A., e J. Frank Lee. 2001. "Public Money, Private Interests: The Grassroots Battle Against CCA in Tennessee." Em David Schichor e Michael J. Gilbert (), *Privatization in Criminal Justice: Past, Present, and Future*. Cincinnati, OH: Anderson Publishing Co.

Halstead, J. Mark, e Monica J. Taylor. 2000. "Learning and Teaching about Values: A Review of Recent Research." *Cambridge Journal of Education* 30, 2: 169–81.

Hamilton, Hon. A.C. 2001. *A Feather Not a Gavel: Working Towards Aboriginal Justice*. Winnipeg: Great Plains Publications.

Haney, Craig. 2003. "Mental Health Issues in Long-Term Solitary and 'Supermax' Confinement." *Crime & Delinquency* 49, 1 (January): 124–56.

Harding, Richard. 1999. "Prison Privatisation: The Debate Starts to Mature." *Current Issues in Criminal Justice* 11, 2 (November): 109–18.

Harris, M. Kay. 2004. "An Expansive, Transformative View of Restorative Justice." *Contemporary Justice Review* 7, 1: 117–41.

Harris, Nathan. 2003. "Reassessing the Dimensionality of the Moral Emotions." *British Journal of Psychology* 94, 4: 457–73.

_____. 2006. "Reintegrative Shaming, Shame, and Criminal Justice." *Journal of Social Issues* 62, 2: 327–46.

Harrison, Paige M., e Allen J. Beck. 2003. *Bureau of Justice Statistics Bulletin*. US Dept. of Justice, Office of Justice Programs, July, NCJ 200248. At <www.ojp.usdoj.gov/bjs/pub/pdf/siljq.pdf>.

Hay, Carter. 2001. "An Exploratory Test of Braithwaite's Reintegrative Shaming Theory." *Journal of Research in Crime and Delinquency* 38, 2: 132–53.

Hay, Douglas. 1975. "Property, Authority and the Criminal Law." Em Douglas Hay, Peter Linebaugh, John G. Rule, E. P. Thompson, e Cal Winslow (eds.), *Albion's Fatal Tree: Crime and Society in Eighteenth-Century England*. New York: Pantheon Books.

Heaney, Seamus. 1961. *The Cure at Troy: A Version of Sophocles' Philoctetes*. New York: Farrar, Straus and Giroux.

Heide, Kathleen M., e Eldra P. Solomon. 2006. "Biology, Childhood Trauma, and Murder: Rethinking Justice." *International Journal of Law and Psychiatry* 29, 3: 220–33.

Hennessy, Peter H. 1999. *Canada's Big House: The Dark History of the Kingston Penitentiary*. Toronto: Dundurn.

Herman, Judith. 1997. *Trauma and Recovery*. New York: Basic Books.

Herrera, Carla, e Judy Dunn 1997. "Early Experiences with Family Conflict: Implications for Arguments with a Close Friend." *Developmental Psychology* 33, 5: 869–81.

Hillyard, Paddy, e Steve Tombs. 2007. "From 'Crime' to Social Harm?" *Crime, Law and Social Change* 48, 1–2: 9–25.

Hoffman, Martin L., e Herbert D. Saltzstein. 1967. "Parent Discipline and the Child's Moral Development." *Journal of Personality and Social Psychology*. 5, 1: 45–57.

Huesmann, L.R., e C.L. Podolski. 2003. "Punishment: A Psychological Perspective." Em Seán McConville (ed.), *The Use of Punishment*. Portland, OR: Willan Publishing

Hulsman, Louk. 1986. "Critical Criminology and the Concept of Crime." Em Herman Bianchi, & Rene van Swaaningen (eds.), *Abolitionism. Towards a Non-Repressive Approach to Crime*. Amsterdam: Free University Press.

Human Rights Watch. 2000. "Out of Sight: Super-Maximum Security Confinement in the United States." *Human Rights Watch* 12, 1 (February): 1–9.

Hutchison, Katy. 2006. *Walking After Midnight: One Woman's Journey Through Murder, Justice and Forgiveness*. Vancouver: Raincoast Books.

Hydle, Ida. 2006. "An Anthropological Contribution to Peace and Conflict Resolution Studies." *Contemporary Justice Review* 9, 3: 257–67.

ICPS. 2008. "World Prison Brief of the International Centre for Prison Studies— North America."<http://www.kcl.ac.uk/depsta/law/research/icps/world-brief/wpb_country.php?country=190>.

Jackson Arrick L., Carol Veneziano, e Wendy Ice. 2005. "Violence and Trauma: The Past 20 and Next 10 Years." *Journal of Interpersonal Violence* 20, 4: 470–78.

Jackson, Michael. 2002. *Justice Behind the Walls: Human Rights in Canadian Prisons*. Vancouver: Douglas & McIntyre.

Jacoby, Susan. 1983. *Wild Justice: The Evolution of Revenge*. New York; Harper & Row.

Jamieson, Kathleen Hall. 1993. "The Subversive Effects of a Focus on Strategy in News Coverage of Presidential Campaigns." "Insinuation and Other Pitfalls in Political Ads and News." at <www.pressroom.com/~afrimale/jamieson.htm>.

Jespersen, Per. *Justice*. Randerup, Denmark: SK Publishers. Retrieved at: <http://home12.inet.tele.dk/ l/justice.ht>.

Johnson, Basil. 1984. *Ojibway Heritage*. Toronto: McClelland and Stewart.

Juujärvi. 2006. "Care Reasoning in Real-Life Moral Conflicts." *Journal of Moral Education* 35, 2: 197–211.

Kant, Immanuel. 2003, orig. 1899. *On Education*. Translated by Annette Churton. New York: Courier Dover Publications.

Karr-Morse, Robin, e Meredith S. Wiley. 1997. *Ghosts from the Nursery: Tracing the Roots of Violence*. New York: Atlantic Monthly Press.

Karstedt, Susanne. 2002. "Emotions and Criminal Justice." *Theoretical Criminology* 6, 3: 299–317.

Katz, Rebecca. 2002. "Re-Examining the Integrative Social Capital Theory of Crime." *Western Criminology Review* 4, 1: 30–54.

Kaysen, Debra, Patricia A. Resick, e Deborah Wise. 2003. "Living in Danger: The Impact of Chronic Traumatization and the Traumatic Context on Posttraumatic Stress Disorder." *Trauma, Violence & Abuse* 4, 3: 247–64.

Kelly, Katharine, e Tullio Caputo. 2005. "Case Study of Grassroots Community Development: Sustainable, Flexible and Cost-Effective Responses to Local Needs." *Community Development Journal* 4, 2: 234–45.

Kelly, Russ. 2006. *From Scoundrel to Scholar... The Russ Kelly Story*. Fergus, ON: Russ Kelly Publishing.

Kempinen, Cynthia A., e Megan C. Kurlychek. 2003. "An Outcome Evaluation of Pennsylvania's Boot Camp: Does Rehabilitative Programming Within a Disciplinary Setting Reduce Recidivism?" *Crime & Delinquency* 49, 4 (October): 581–602.

Killian, Kyle D. 2008. "Helping Till It Hurts? A Multimethod Study of Compassion Fatigue, Burnout, and Self-Care in Clinicians Working with Trauma Survivors." *Traumatology* 14, 2: 32–44.

King, Thomas (ed.). 1990. *All My Relations: An Anthology of Contemporary Canadian Native Fiction*. Toronto: McClelland & Stewart Ltd.

Kingwell, Mark. 2000. *The World We Want: Virtue, Vice, and the Good Citizen*. Toronto: Penguin Books Canada.

Klaassen, Johann A. 2001. "The Taint of Shame: Failure, Self-Distress, and Moral Growth." *Journal of Social Philosophy* 32, 2: 174–96.

Kleck, Gary, Brion Sever, Spencer Li, and Marc Gertz. 2005. "The Missing Link in General Deterrence Research." *Criminology* 43, 3: 623–59.

Klein, Lloyd, Joan Luxemburg, e John Gunther. 1991. "Taking a Bite Out of Social Injustice: Crime-Control Ideology and Its Peacemaking Potential." Em Harold E. Pepinsky e Richard Quinney (eds.), *Criminology as Peacemaking*. Bloomington: University of Indiana Press.

Koenen, Karestan C. 2005. "Nature-Nurture Interplay: Genetically Informative Designs Contribute to Understanding the Effects of Trauma and Interpersonal Violence." *Journal of Interpersonal Violence* 20, 4: 507–12.

Kohlberg, Lawrence. 1981. *The Meaning and Measurement of Moral Development*. Worchester, MA: Clark University Press.

Kohn, Alfie. 1999. *Punidos Pelas Recompensas*. Atlas Editora, São Paulo

_____. 2005. *Unconditional Parenting: Moving from Rewards and Punishments to Love and Reason*. New York: Atria Books.

Korn, Richard. 1992. "Excerpts from the Report on the Effects of Confinement in the Lexington High Security Unit." Em Ward Churchill e J.J. Vander Wall (eds.), *Cages of Steel: The Politics of Imprisonment in The United States*. Washington, DC: Maisonneuve Press.

Krech, Paul Rock. 2002. "Envisioning a Healthy Future: A Re-becoming of Native American Men." *Journal of Sociology and Social Welfare* 29, 1: 77–95.

Krischer, Maya K., and Kathrin Sevecke. 2008. "Early Traumatization and Psychopathy in Female and Male Juvenile Offenders." *International Journal of Law and Psychiatry* 31, 3: 253–61.

Kristjánsson, Kristján. 2003. "The Development of Justice Conceptions and the Unavoidability of the Normative." *Journal of Moral Education* 32, 2: 183–94.

_____. 2004. "Empathy, Sympathy, Justice and the Child." *Journal of Moral Education* 33, 3: 291–305.

_____. 2006. "Emulation and the Use of Role Models in Moral Education." *Journal of Moral Education* 35, 1: 37–49.

Kruger, Mark H. 2007. "Community-Based Crime Control in Cuba." *Contemporary Justice Review* 10, 1: 101–14.

Kubiak, Sheryl Pimlott. 2004. "The Effects of ptsd on Treatment Adherence, Drug Relapse, and Criminal Recidivism in a Sample of Incarcerated Men and Women." *Research on Social Work Practice* 14, 6: 424–33.

Kucynski, Leon, e Grazyna Kochanska. 1990. "Development of Children's Noncompliance Strategies From Toddlerhood to Age 5." *Developmental Psychology* 26, 3: 398–408.

Kurki, Leena. 2003. "Evaluating Restorative Justice Practices." Em Andrew von Hirsch, Julian Roberts, Anthhony E. Bottoms, Kent Roach e Mara Schiff (eds.), *Restorative Justice & Criminal Justice: Competing or Reconcilable Paradigms?* Portland, OR: Hart Publishing.

Lakoff, George. 2002. *Moral Politics: How Liberals and Conservatives Think*. Chicago: Chicago University Press.

_____. 2004. *Don't Think of an Elephant: Know Your Values and Frame the Debate*. White River Junction, VT: Chelsea Green Publishing.

LaMothe, Ryan. 1999. "The Absence of Care: The Core of Malignant Trauma and Symbolization." *Journal of Interpersonal Violence* 14, 11 (November): 1193–210.

Law Commission of Canada. 2003. *Transforming Relationships Through Participatory Justice*. Ottawa: Minister of Justice.

Lemley, Ellen C. 2001. "Designing Restorative Justice Policy: An Analytical Perspective." *Criminal Justice Policy Review* 12, 1: 43–65.

Lerias, Doukessa, and Mitchell K. Byrne. 2003. "Vicarious Traumatization: Symptoms and Predictors." *Stress and Health* 19, 3: 129–38.

Leschied, Alan, Debbie Chiodo, Elizabeth Nowicki, e Susan Rodger. 2008. "Childhood Predictors of Adult Criminality: A Meta-Analysis Drawn from the Prospective Longitudinal Literature." *Canadian Journal of Criminology and Criminal Justice* 50, 4: 435–67.

Lev-Wiesel, Rachel. 2007. "Intergenerational Transmission of Trauma across Three Generations: A Preliminary Study." *Qualitative Social Work* 6, 1: 74–94.

Levrant, Sharon, Francis T. Cullen, Betsy Fulton, e John F. Wozniak. 1999. "Reconsidering Restorative Justice: The Corruption of Benevolence Revisited?" *Crime and Delinquency* 45, 3: 2–27.

Lewandowski, Joseph, e Gregory Streich. 2007. "Democratizing Social Capital: In Pursuit of Liberal Egalitarianism." *Journal of Social Philosophy* 38, 4: 588–604.

Lindner, Robert. 1946. *Stone Walls and Men*. New York: Odyssey Press.

Llewellyn, Jennifer, e Robert Howse. 1998. *Restorative Justice—A Conceptual Framework*. Ottawa: Law Commission of Canada.

Losoncz, Ibolya, e Graham Tyson. 2007. "Parental Shaming and Adolescent Delinquency: A Partial Test of Reintegrative Shaming Theory." *The Australian and New Zealand Journal of Criminology* 40, 2: 161–78.

Lynch, Mona. 2002. "Selling 'Securityware': Transformations in Prison Commodities Advertising, 1949–99." *Punishment & Society* 4, 3: 305–19.

Mahoney, M.J. 1974. *Cognition and Behaviour Modification*. Cambridge, MA: Ballinger.

Markel, Dan. 2007. "Wrong Turns on the Road to Alternative Sanctions: Reflections on the Future of Shaming Punishments and Restorative Justice." *Texas Law Review* 85: 1385–412.

Marshall, Tony. 1999. *Restorative Justice: An Overview*. London: Home Office, Research Development and Statistics Directorate.

Mathiesen, Thomas. 1990. *Prison on Trial: A Critical Assessment*. Newbury Park, CA: Sage Publications.

Mauer, Marc. 1999. *Race to Incarcerate*. New York: New Press.

Maxwell, Gabrielle, and Hennessey Hayes. 2006. "Restorative Justice Developments in the Pacific Region: A Comprehensive Survey." *Contemporary Justice Review* 9, 2: 127–54.

McAlinden, Anne-Marie. 2005. "The Use of 'Shame' with Sexual Offenders." *British Journal of Criminology* 45, 3: 373–94.

McCold, Paul. 2000. "Toward a Holistic Vision of Restorative Juvenile Justice: A Reply to the Maximalist Model." *Contemporary Justice Review* 3, 4: 357–414.

_____. 2004. "What is the Role of Community in Restorative Justice Theory and Practice?" Em Howard Zehr e Barb Toews (eds.), *Critical Issues in Restorative Justice*. Monsey, NY: Criminal Justice Press.

McCold, Paul, e Benjamin Wachtel. 1998. "Community Is not a Place: A New Look at Community Justice Initiatives." *Contemporary Justice Review* 1, 1: 71–86.

McDonough, Graham P. 2005. "Moral Maturity and Autonomy: Appreciating the Significance of Lawrence Kohlberg's Just Community." *Journal of Moral Education* 34, 2: 199–213.

McKenzie, Kwame, Rob Whitley, e Scott Weich. 2002. "Social Capital and Mental Health." *British Journal of Psychiatry* 181: 280–82.

McKnight, John. 1995. *The Careless Society: Community and its Counterfeits*. New York: Basic Books.

McLaughlin, Eugene, Ross Fergusson, Gordon Hughes, e Louise Westmarland (eds.). 2003. *Restorative Justice: Critical Issues*. Thousand Oaks, CA: Sage Publications.

Mead, George Herbert. 1918. "The Psychology of Punitive Justice." *American Journal of Sociology* 23: 577–602.

_____. 1934. *Mind, Self, and Society*. Chicago: University of Chicago Press.

Meffert, Susan M., Thomas J. Metzler, Clare Henn-Haase, Shannon McCaslin, Sabra Inslicht, Claude Chemtob, Thomas Neylan, e Charles R. Marmar. 2008. "A Prospective Study of Trait Anger and PTSD Symptoms in Police." *Journal of Traumatic Stress* 21, 4: 410–16.

Melossi, Dario, e Massimo Pavarini. 2006. *Carcere e Fábrica*, Revan, Rio de Janeiro.

Messina, Nena, Christine Grella, William Burdon, e Michael Prendergast. 2007. "Childhood Adverse Events and Current Traumatic Distress: A Comparison of Men and Women Drug-Dependent Prisoners." *Criminal Justice and Behaviour* 34, 11: 1385–401.

Mika, Harry. 2002. "Evaluation as Peacebuilding? Transformative Values, Processes, and Outcomes." *Contemporary Justice Review* 5, 4: 339–49.

Miller, Shereen Benzvy, and Mark Schacter. 2000. "From Restorative Justice to Restorative Governance." *Canadian Journal of Criminology* 42, 3: 405–20.

Miller, William Ian. 1993. *Humiliation and Other Essays on Honour, Social Discomfort, and Violence*. Ithaca, NY: Cornell University Press.

Minow, Martha. 1998. *Between Vengeance and Forgiveness: Facing History after Genocide and Mass Violence*. Boston: Beacon Press.

Mobley, Alan, e Gilbert Geis. 2001. "The Corrections Corporation of America aka The Prison Realty Trust, Inc." Em David Schichor e Michael J. Gilbert (eds.), *Privatization in Criminal Justice: Past, Present, and Future*. Cincinnati, OH: Anderson Publishing.

Monture-Angus, Patricia. 1999. *Journeying Forward: Dreaming First Nations Independence*. Halifax: Fernwood Publishing.

Monture-Okanee, Patricia. 1994. "Thinking about Aboriginal Justice: Myths and Revolution." Em Richard Gosse, James Youngblood Henderson, e Roger Carter (eds.), *Continuing Poundmaker & Riel's Quest: Presentations Made at a Conference on Aboriginal Peoples and Justice*. Saskatoon: Purich Publishing.

Morris, Ruth. 2001. *Stories of Transformative Justice*. Toronto: Canadian Scholars' Press.

Morrison, Brenda. 2006. "School Bullying and Restorative Justice: Toward a Theoretical Understanding of the Role of Respect, Pride, and Shame." *Journal of Social Issues* 62, 2: 371–92.

Moulden, Heather M., e Philip Firestone. 2007. "Vicarious Traumatization: The Impact on Therapists Who Work with Sexual Offenders." *Trauma, Violence & Abuse* 8, 1: 67–83.

Mouw, Ted. 2006. "Estimating the Causal Effect of Social Capital: A Review of Recent Research." *Annual Review of Sociology*. 32: 79–102.

Mowbray, Martin. 2005. "Community Capacity Building or State Opportunism?" *Community Development Journal* 40, 3: 255–64.

Muldoon, Orla T., e Ciara Downes. 2007. "Social Identification and Post- Traumatic Stress Symptoms in Post-Conflict Northern Ireland." *British Journal of Psychiatry* 191: 146–49.

Murove, Munyaradzi Felix. 2004. "An African Commitment to Ecological Conservation: The Shona Concepts of *Ukama* and *Ubuntu*." *The Mankind Quarterly* XLV, 2: 195–215.

Murray, Michael. 2000. "Social Capital and Healthy Communities: Insights from the Colorado Healthy Communities Initiative." *Social Development Journal* 35, 2: 99–108.

Muste, A.J. 1942. *The World Task of Pacifism*. Wallingford, PA: Pendale Hill.

Narvaez, Darcia, e Jenny L. Vaydich. 2008. "Moral Development and Behaviour under the Spotlight of the Neurobiological Sciences." *Journal of Moral Education* 37, 3: 289–312.

Nathanson, Donald L. 1994. *Shame and Pride: Affect, Sex, and the Birth of the Self*. New York: W.W. Norton.

_____. 1997. "From Empathy to Community." Em Jerome A. Winer (ed.), *The Annual of Psychoanalysis* Volume 25. Chicago: Chicago Institute for Psychoanalysis.

_____. 2003. "The Name of the Game Is Shame." Report to the Academic Advisory Council of the National Campaign Against Youth Violence. Retrieved at <www.tomkins.org/ PDF/library/articles/thenameofthegameisshame.pdf>.

Neff, Rob. 2004. "Achieving Justice in Child Protection." *Journal of Sociology and Social Welfare* 31, 1: 137–54.

New Penguin English Dictionary. 1986. Markham, ON: Penguin Books Canada.

Nietzsche, Friedrich Wilhelm. 2011. *Assim Falava Zarathustra*, Companhia das Letras, São Paulo.

Noddings, Nel. 1989. *Women and Evil*. Berkeley, CA: University of California Press.

_____. 1992. *The Challenge to Care in Schools: An Alternative Approach to Education*. New York: Teachers College Press. Nolen,

Stephanie. 2008. "Africa's Unjust Deserts." *Globe and Mail*, Saturday, June 14: F6.

O'Hear, Michael M. 2005. "Is Restorative Justice Compatible with Sentencing Uniformity?" *Marquette Law Review* 89, 2: 305–25.

Oliver, Peter. 1998. *'Terror to Evil-Doers': Prisons and Punishments in Nineteenth-Century Ontario*. Toronto: University of Toronto Press.

Olson, Susan M., e Albert W. Dzur. 2004. "Revisiting Informal Justice: Restorative Justice and Democratic Professionalism." *Law & Society Review* 38, 1: 139–76.

Ontario Ministry of Community Safety and Correctional Services. 2001. "Private Operator Chosen for Penetanguishene" (news release). At <www.corrections.mcs.gov.on.ca>.

Orth, Ulrich, e Andreas Maercker. 2004. "Do Trials of Perpetrators Retraumatize Crime Victims?" *Journal of Interpersonal Violence* 19, 2: 212–27.

Orth, Ulrich, Leo Montada, e Andreas Maercker. 2006. "Feelings of Revenge, Retaliation Motive, and Posttraumatic Stress Reactions in Crime Victims." *Journal of Interpersonal Violence* 21, 2: 229–43.

Packer, Herbert L. 1964. "Two Models of the Criminal Process." *University of Pennsylvania Law Review* 113, 1: 1–68.

Parenti, Christian. 2000. *Lockdown America: Police and Prisons in the Age of Crisis*. New York: Verso.

Parkinson, John, and Declan Roche. 2004. "Restorative Justice: Deliberative Democracy in Action?" *Australian Journal of Political Science* 39, 3: 505–18.

Paton, Douglas. 2005. "Posttraumatic growth in Protective Services Professionals: Individual, Cognitive and Organizational Influences." *Traumatology* 11, 4: 335–46.

Pearlman, Laurie Anne, e Paula S. MacIan. 1995. "Vicarious Traumatization: An Empirical Study of the Effects of Work on Trauma Therapists." *Professional Psychology: Research and Practice* 26, 6: 558–65.

Pemberton, Simon. 2007. "Social Harm Future(S): Exploring the Potential of the Social Harm Approach." *Crime, Law & Social Change* 48, 1–2: 27–41.

Pepinsky, Hal. 2000a. "Empathy Works, Obedience Doesn't." Em W. Gordon West e Ruth Morris (eds.), *The Case for Penal Abolition*. Toronto: Canadian Scholars' Press.

Pepinsky, Hal. 2000b. "Making Peace with Shame." *The Red Feather Journal of Postmodern Criminology* 8. Electronic journal retrieved at <http://www.critcrim.org/redfeather/journal-pomocrim/pomocrimindex.html>.

Pepinsky, Hal. 2000c. "Distilling Love and Inclusion." *Contemporary Justice Review* 3, 4: 479–82.

Pepinsky, Harold E., e Richard Quinney (eds.). 1991. *Criminology as Peacemaking*. Bloomington: Indiana University Press.

Perry, Bruce D., e Maia Szalavitz. 2006. *The Boy Who Was Raised as a Dog and Other Stories from a Child Psychiatrist's Notebook*. New York: Basic Books.

Pettigrove, Glen. 2006. "Hannah Arendt and Collective Forgiving." *Journal of Social Philosophy* 37, 4: 483–500.

Police Victim Services Website. n.d. <http://www.policevictimservices.bc.ca/index.php?page=vicserbc&link=victimservices>.

Portes, Alejandro. 1998. "Social Capital: Its Origins and Applications in Modern Sociology." *American Review of Sociology* 24: 1–24.

Powell, Fred, e Martin Geoghegan. 2005. "Beyond Political Zoology: Community. Development, Civil Society, and Strong Democracy." *Community Development Journal* 41, 2: 128–42.

Pranis, Kay, Barry Stuart, and Mark Wedge. 2003. *Peacemaking Circles: From Crime to Community*. St. Paul, MN: Living Justice Press.

Pranis, Kevin. 2003. "Campus Activism Defeats Multinational's Prison Profiteering." Em Tara Herivel e Paul Wright (eds.), *Prison Nation: The Warehousing of America's Poor*. New York: Routledge.

Presser, Lois, and Christopher T. Lowenkamp. 1999. "Restorative Justice and Offender Screening." *Journal of Criminal Justice* 27, 4: 333–43.

Putnam, Robert D. 2000. *Bowling Alone: The Collapse and Revival of American Community*. Toronto: Simon and Schuster.

Quinney, Richard. 2000. "Socialist Humanism and the Problem of Crime: Thinking about Erich Fromm in the Development of Critical/Peacemaking Criminology." Em Kevin Anderson e Richard Quinney (eds.), *Erich Fromm and Critical Criminology: Beyond the Punitive Society*. Chicago: University of Illinois Press.

Quinney, Richard. 1991. "The Way of Peace: On Crime, Suffering, and Service." Em Harold E. Pepinsky and Richard Quinney (eds.), *Criminology as Peacemaking*. Bloomington: University of Indiana Press.

Radosh, Polly F. 2002. "Reflections on Women's Crime and Mothers in Prison: A Peacemaking Approach." *Crime & Delinquency* 48, 2 (April): 300–15.

Ranulf, Svend. 1964 [1938]. *Moral Indignation and Middle Class Psychology: A Sociological Study*. New York: Schocken Books.

Rawls, John. 216. *Uma Teoria da Justiça*, Martins Editora, São Paulo.

Redekop, Paul. 2008. *Changing Paradigms: Punishment and Restorative Discipline*. Waterloo, ON: Herald Press.

Regehr, Cheryl, Vicki LeBlanc, R. Blake Jelley, Irene Barath, e Joanne Daciuk. 2007. "Previous Trauma Exposure and PTSD Symptoms as Predictors of Subjective and Biological Response to Stress." *Canadian Journal of Psychiatry* 52, 10: 675–83.

Reiman, Jeffrey. 2007. "The Moral Ambivalence of Crime in an Unjust Society." *Criminal Justice Ethics* 26, 2: 3–14.

Roach, Kent. 2000. "Changing Punishment at the Turn of the Century: Restorative Justice on the Rise." *Canadian Journal of Criminology* 42, 3: 249–80.

Roach, Kent, e Jonathan Rudin. 2000. "*Gladue*: The Judicial and Political Reception of a Promising Election." *Canadian Journal of Criminology* 42, 3: 355–88.

Roberts, Gregory David. 2011. *Shantaram*. Intrinseca, São Paulo.

Robertson, Noelle, Graham Davies, e Alice Nettleingham. 2009. "Vicarious Traumatisation as a Consequence of Jury Service." *The Howard Journal* 48, 1: 1–12.

Robinson, Gwen, e Joanna Shapland. 2008. "Reducing Recidivism: A Task for Restorative Justice?" *British Journal of Criminology* 48, 3: 337–58.

Roche, Declan. 2001. "The Evolving Definition of Restorative Justice." *Contemporary Justice Review* 4, 3–4: 341–53.

_____. 2004. *Accountability in Restorative Justice*. Toronto: Oxford University Press.

Ross, Rupert. 1992. *Dancing with a Ghost: Exploring Indian Reality*. Markham, ON:

_____. 1994. "Duelling Paradigms? Western Criminal Justice Versus Aboriginal Community Healing." Em Richard Gosse, James Youngblood Henderson, and Roger Carter (eds.), *Continuing Poundmaker & Riel's Quest: Presentations Made at a Conference on Aboriginal Peoples and Justice*. Saskatoon: Purich Publishing.

_____. 1996. *Returning to the Teachings: Exploring Aboriginal Justice*. Toronto: Penguin Books Canada.

Rowe, Don. 2006. "Taking Responsibility: School Behaviour Policies in England, Moral Development and Implications for Citizenship." *Journal of Moral Education* 35, 4: 519–31.

Rusche, George, e Otto Kirchheimer. 1968. *Punishment and Social Structure*. New York: Russell and Russell.

Rutsala, Vern. 1988. "Shame." *The American Scholar* 57, 4: 574.

Ryan, Gail. 2005. "Preventing Violence and Trauma in the Next Generation." *Journal of Interpersonal Violence* 20, 1: 132–41.

Ryle, Gilbert. 1949, 2002. *The Concept of Mind*. Chicago: New University of Chicago Press. Salston, MaryDale, e Charles R. Figley. 2003. "Secondary Traumatic Stress Effects of Working with Survivors of Criminal Victimization." *Journal of Traumatic Stress* 16, 2: 167–74.

Saul, John Ralston. 2008. *A Fair Country: Telling Truths About Canada*. Toronto: Viking Canada.

Savage, Joanne, e Satoshi Kanazawa. 2002. "Social Capital, Crime, and Human Nature." *Journal of Contemporary Criminal Justice* 18, 2: 188–211.

Sawatsky, Jarem. 2009. *The Ethic of Traditional Communities and the Spirit of Healing Justice: Studies from Hollow Water, The Iona Community, and Plum Village*. Philadelphia: Jessica Kingsley Publishers.

Scarpa, Angela, Sara Chiara Haden, e Jimmy Hurley. 2006. "Community Violence Victimization and Symptoms of Posttraumatic Stress Disorder: The Moderating Effects of Coping and Social Support." *Journal of Interpersonal Violence* 21, 4: 446–69.

Scheff, Thomas J., e Suzanne M. Retzinger. 2000. "Shame as the Master Emotion of Everyday Life." *Journal of Mundane Behaviour* 1, 1: 1–20.

Schlosser, Eric. 1994. "Reefer Madness: Marijuana Has Not Been De Facto Legalized, and the War on Drugs Is Not Just about Cocaine and Heroin (Mark Young Case)." *The Atlantic Monthly* 274, 2.

_____. 1998. "The Prison-Industrial Complex." *The Atlantic Monthly* 282, 6 (December).

Schore, A.N. 1996. "The Experience-Dependent Maturation of a Regulatory System in the Orbital Prefrontal Cortex and the Origin of Developmental Psychopathology." *Development and Psychopathology* 8, 1: 59–87.

Schroeder, David A., Julie E. Steel, Andria J. Woodell, e Alicia F. Bembenek. 2003. "Justice Within Social Dilemmas." *Personality and Social Psychology Review* 7, 4: 374–87.

Schumacher, E.F. 1974. *O Negócio é ser pequeno*, Editora Guanabara, Rio de Janeiro

Schweigert, Francis J. 1999. "Learning the Common Good: Principles of Community-Based Moral Education in Restorative Justice." *Journal of Moral Education* 28, 2: 163–83.

_____. 2002. "Solidarity and Subsidiarity: Complementary Principles of Community Development." *Journal of Social Philosophy* 33, 1: 33–44.

Scott, Sheryn T. 2007. "Multiple Traumatic Experiences and the Development of Posttraumatic Stress Disorder." *Journal of Interpersonal Violence* 22, 7: 932–38.

Seiter, Richard P., e Karen R. Kadela. 2003. "Prisoner Reentry: What Works, What Does Not, and What Is Promising." *Crime & Delinquency* 49, 3, July: 360–88.

Sells, Benjamin. 1996. *The Soul of the Law: Understanding Lawyers and the Law*. Rockport, MA: Element.

Sentencing Project Website. s.i. <www.sentencingproject.org>.

Shakespeare-Finch, Jane, Kathryn Gow, e Sandy Smith. 2005. "Personality, Coping and Post-Traumatic Growth in Emergency Ambulance Personnel." *Traumatology* 11, 4: 325–334.

Shapiro, David. 2003. "The Tortured, Not the Torturers, Are Ashamed." *Social Research* 70, 4: 1132–48.

Sharpe, Susan. 1998. *Restorative Justice: A Vision for Healing and Change*. Edmonton, AB: Edmonton Victim Offender Mediation Society.

Shaw, Mae. 2007. "Community Development and the Politics of Community." *Community Development Journal* 43, 1: 24–36.

Sherblom, Stephen. 2008. "The Legacy of the 'Care Challenge': Re-Envisioning the Outcome of the Justice-Care Debate." *Journal of Moral Education* 37, 1: 81–98.

Shercliffe, Regan Jeffrey, e Victor Colotla. 2009. "MMPI-2 Pro les in Civilian PTSD: An Examination of Differential Responses Between Victims of Crime and Industrial Accidents." *Journal of Interpersonal Violence* 24, 2: 349–60.

Sherman, Lawrence W. 2003. "Reason for Emotion: Reinventing Justice with Theories, Innovations, and Research—The American Society of Criminology 2002 Presidential Address." *Criminology* 41, 1: 1–37.

Sherman, Lawrence W., e Heather Strang. 2007. *Restorative Justice: The Evidence*. London: The Smith Institute.

Sieh, Edward W. 1989. "Less Eligibility: The Upper Limits of Penal Policy." *Criminal Justice Policy Review* 3, 2: 159–83.

Sigurdson, Glenn, e Luke Danielson (eds.). 2005. *The Dialogue Forum Handbook*. Vancouver: Centre for Dialogue, Simon Fraser University.

Sims, Barbara, Berwood Yost, e Christina Abbott. 2006. "The Efficacy of Victim Services Programs: Alleviating the Psychological Suffering of Crime Victims?" *Criminal Justice Policy Review* 17, 4: 387–406.

Sinclair, Murray. 1994. "Aboriginal Peoples, Justice and the Law." Em Richard Gosse, James Youngblood Henderson, e Roger Carter (eds.), *Continuing Poundmaker & Riel's Quest: Presentations Made at a Conference on Aboriginal Peoples and Justice*. Saskatoon: Purich Publishing.

Smandych, Russell C. 1991. "Beware of the 'Evil American Monster': Upper Canadian Views on the Need for a Pentitentiary, 1830–1834." *Canadian Journal of Criminology* 33, 2: 125–47.

Smeyers, Paul. 1999. "'Care' and Wider Ethical Issues." *Journal of Philosophy of Education* 33, 2: 233–52.

Smith, Polly Ashton. 1998. "William Godwin's Moral Education Theory of Punishment: Is it a Restorative Approach to Justice?" *Contemporary Justice Review* 1, 1: 87–101.

Solomon, Eldra P., e Kathleen M. Heide. 2005. "The Biology of Trauma: Implications for Treatment." *Journal of Interpersonal Violence* 20, 1: 51–60.

Spitz, R.A. 1978. *O Não e o Sim – a Genese da Comunicação Humana*, Martins Fontes, São Paulo.

Sting. 1987. "Fragile." *Nothing Like the Sun*. Album. A&M Records.

Striblen, Cassie. 2007. "Guilt, Shame, and Shared Responsibility." *Journal of Social Philosophy* 38, 3: 469–85.

Stuart, Barry D. 1998. "Key Differences: Courts and Community Circles." *The Justice Professional* 11: 89–116.

Sub-Committee on the Penitentiary System in Canada, Standing Committee on Justice and Legal Affairs. 1977. *Report to Parliament*. Mark MacGuigan (Chairman). Ottawa: Minister of Supply and Services Canada.

Sullivan, Dennis. 2003. "Facing into the Wind's Teeth: An Interview with Hal Pepinsky." *Contemporary Justice Review* 6, 1: 69–80.

Sullivan, Dennis, e Larry Tifft. 2005. *Restorative Justice: Healing the Foundations of Our Everyday Lives.* Second edition. Monsey, NY: Willow Tree Press, Inc.

Surette, Ray. 1992. *Media, Crime and Criminal Justice: Images and Realities.* Belmont, CA: Wadsworth.

Szmania, Susan J., e Daniel E. Mangis. 2005. "Finding the Right Time and Place: A Case Study Comparison of the Expression of Offender Remorse in Traditional Justice and Restorative Justice Contexts." *Marquette Law Review* 89: 335–58.

Tarnovich, David M. 2004. "Why Race Matters on Sentencing." *Toronto Star*, February 25.

Taylor, Peter. 2008. "Where Crocodiles Find Their Power: Learning and Teaching Participation for Community Development." *Community Development Journal* 43, 3: 358–70.

Tedeschi, Richard G., e Lawrence G. Calhoun. 2004. "Post-Traumatic Growth: Conceptual Foundations and Empirical Evidence." *Psychological Inquiry* 15, 1: 1–18.

Thibaut, J., e L. Walker. 1975. *Procedural Justice: A Psychological Analysis.* Hillsdale, NJ: Earlbaum.

Tifft, Larry L. 2002. "Crime and Peace: A Walk With Richard Quinney." *Crime & Delinquency* 48, 2: 243–62.

Timmerman, Irma G.H., e Paul M.G. Emmelkamp. 2001. "The Relationship Between Traumatic Experiences, Dissociation, and Borderline Personality Pathology among Male Forensic Patients and Prisoners." *Journal of Personality Disorders* 15, 2: 136–49.

Toews, Barb, e Howard Zehr. 2003. "Ways of Knowing for a Restorative Worldview." Em Elmar G.M. Weitekamp e Hans-Jürgen Kerner (eds.), *Restorative Justice in Context: International Practice and Directions.* Portland, OR: Willan Publishing.

Tonry, Michael. 1999. "Why Are US Incarceration Rates So High?" *Crime & Delinquency* 45, 4 (October): 419–37.

_____. 1994. "Proportionality, Parsimony, and Interchangeability of Punishments." Em Antony Duff e David Garland (eds.), *A Reader on Punishment.* Oxford: Oxford University Press.

Trenczek, Thomas. 2002. "Victim-Offender Reconciliation: The Danger of Cooptation and a Useful Reconsideration of Law Theory." *Contemporary Justice Review* 5, 1: 23–34.

Tronto, Joan. 1993. *Moral Boundaries: A Political Argument for an Ethic of Care.* New York: Routledge.

Tutu, Desmond. 1999. *No Future Without Forgiveness.* New York: Image Doubleday.

Tyler, Tom. 2006. "Restorative Justice and Procedural Justice: Dealing with Rule Breaking." *Journal of Social Issues* 62, 2: 307–26.

Tyler, Tom R., Lawrence Sherman, Heather Strang, Geoffrey C. Barnes, e Daniel Woods. 2007. "Reintegrative Shaming, Procedural Justice, and Recidivism: The Engagement of Offenders' Psychological Mechanisms in the Canberra rise Drinking-and-Driving Experiment." *Law & Society Review* 41, 3: 553–85.

Useem, Bert, Raymond V. Liedka, e Anne Morrison Piehl. 2003. "Popular Support for the Prison Build-up." *Punishment & Society* 5, 1 (January): 5–32.

Van der Plaat, Madine, e Gene Barrett. 2005. "Building Community Capacity in Governance and Decision-Making." *Community Development Journal* 4, 1: 25–36.

Van Ness, Daniel W. 1993. "New Wine and Old Wineskins: Four Challenges of Restorative Justice." *Criminal Law Forum* 4, 2: 251–76.

Verity, Fiona, e Sue King. 2007. "Responding to Intercommunal Conflict—What Can Restorative Justice Offer?" *Community Development Journal* 43, 4: 470–82.

Vikan, Arne, Cleonice Camino, e Angela Biaggio. 2005. "Note on a Cross-Cultural Test of Gilligan's Ethic of Care." *Journal of Moral Education* 34, 1: 107–11.

Vinocur, Barry. 1997. "Investors Rush Into a Prison REIT, Though Some View It as Pricey." *Barron's*, July 14: 31.

Von Hirsch, Andrew. 1994. "Censure and Proportionality." Em A. Duff e D. Garland (eds.), *A Reader on Punishment*. Oxford: Oxford University Press.

Walgrave, Lode. 2002. "From Community to Dominion: In Search of Social Values for Restorative Justice." Em Elmar G.M. Weitekamp and Hans-Jürgen Kerner (eds.), *Restorative Justice: Theoretical Foundations*, Portland, OR:

Willan Publishing. Walker, Lawrence J., e Jon H. Taylor. 1991. "Family Interactions and the Development of Moral Reasoning." *Child Development* 62: 264–83.

Walklate, Sandra. 2005. "Researching Restorative Justice: Politics, Policy and Process." *Critical Criminology* 13, 2: 165–79.

Wall, Barbara E. 2001. "Navajo Conceptions of Justice in the Peacemaker Court." *Journal of Social Philosophy* 32, 4: 532–46.

Walmsley, Roy. 2003. "Global Incarceration and Prison Trends." *Forum on Crime and Society* 3, 1 & 2 (December): 65–78.

Waters, Everett, and E. Mark Cummings. 2000. "A Secure Base from Which to Explore Close Relationships." *Child Development* 71, 1: 164–72.

Way, Ineke, Karen M. VanDeusen, Gail Martin, Brooks Applegate, e Deborah Jandle. 2004. "Vicarious Trauma: A Comparison of Clinicians Who Treat Survivors of Sexual Abuse and Sexual Offenders." *Journal of Interpersonal Violence* 19, 1: 49–71.

Webster, Christopher D., Grant T. Harris, Marnie E. Rice, Catherine Cormier, e Vernon L. Quinsey. 1994. *The Violence Prediction Scheme: Assessing Dangerousness in High Risk Men*. Toronto: Centre of Criminology, University of Toronto.

Weinstein, Lee, e Richard Jaccoma (eds.). 2005. *Prison Voices*. Kingston, ON: John Howard Society of Canada.

Weitekamp, Elmar. 1999. "History of Restorative Justice." Em Gordon Bazemore and Lode Walgrave (eds.), *Exploring Restorative Justice for Juveniles*. Monsey, NY: Criminal Justice Press.

Welch, James. 1986. *Fool's Crow*. Toronto: Penguin Books.

Wenar, C. 1982. "On Negativism." *Human Development* 25, 1: 1–23.

Westcott, Scott. 2002. "Jailhouse Shock." *Utne* November–December: 73–75.

Western, Bruce, Jeffrey R. Kling, e David F. Weiman. 2001. "The Labour Market Consequences of Incarceration." *Crime & Delinquency* 47, 3 (July): 401–27.

White, Rob. 2000. "Social Justice, Community Building, and Restorative Strategies." *Contemporary Justice Review* 3, 1: 55–72.

_____. 2003. "Communities, Conferences and Restorative Social Justice." *Criminal Justice* 3, 2: 139–60.

Whitman, James Q. 2007. "What Happened to Tocqueville's America?" *Social Research* 74, 2: 251–68.

Wilson, John P., Boris Drozdek, e Silvana Turkovic. 2006. "Post-Traumatic Shame and Guilt." *Trauma, Violence & Abuse* 7, 2: 122–41.

Witvliet, Charotte V.O., Everett L. Worthington, Lindsey M. Root, Amy F. Sato, Thomas E. Ludwig, e Judy J. Exline. 2008 "Retributive Justice, Restorative Justice, and Forgiveness: An Experimental Psychophysiology Analysis." *Journal of Experimental Social Psychology* 44: 10–25.

Woolford, Andrew, e R.S. Ratner. 2008. *Informal Reckonings: Con ict Resolution in Mediation, Restorative Justice and Reparations*. New York: Routledge-Cavendish.

Wright, Martin. 2002. "The Court as Last Resort: Victim-Sensitive, Community- Based Responses to Crime." *British Journal of Criminology* 42, 3: 654–67.

_____. 2003. "Is it Time to Question the Concept of Punishment?" Em Lode Walgrave (ed.), *Repositioning Restorative Justice*. Portland, OR: Willan Publishing.

Wright, Paul. 1998. "Citizen Anti-Crime Initiatives? How the Gun Lobby Bankrolls the War on Crime." Em Daniel Burton-Rose, Dan Pens, e Paul Wright (eds.), *The Celling of America: An Inside Look at the US Prison Industry*. Monroe, ME: Common Courage Press.

Yahgulanaas, Michael Nicoll. 2008. *Flight of the Hummingbird*. Vancouver: Greystone Books.

Yazzie, Robert. 1994. "Life Comes from It: Navajo Justice Concepts." *New Mexico Law Review* 24: 175–90.

Yazzie, Robert, e James W. Zion. 1996. "Navajo Restorative Justice: The Law of Equality and Justice." Em Burt Galaway e Joe Hudson (eds.), *Restorative Justice: International Perspectives*. Monsey, NY: Criminal Justice Press.

Zehr, Howard. 2008. *Trocando as Lentes*, Palas Athena, São Paulo.

_____. 2012. *Justiça Restaurativa – Teoria e Prática*, Palas Athena, São Paulo.

Zhang, Lening, e Sheldon Zhang. 2004. "Reintegrative Shaming and Predatory Delinquency." *Journal of Research in Crime and Delinquency* 41, 4: 433–53.

Zion, James W. 1995. "Living Indian Justice: Navajo Peacemaking Today." Paper presented at the Alternative Dispute Resolution Conference, Vancouver, Canada.

_____. 1999. "Monster Slayer and Born for Water: The Intersection of Restorative and Indigenous." *Contemporary Justice Review* 2, 4: 359–82.

Zion, James W., e Elsie B. Zion. 1993. "Hozho'sokee'—Stay Together Nicely: Domestic Violence under Navajo Common Law." *Arizona State Law Journal* 25, 2: 407. 234

Impressão e acabamento:

Orgrafic
Gráfica e Editora
tel.: 25226368